SOCIAL WORK
PRACTICE

사회복지실천론

김경민 구근완 김지현 김태희 김희진 나선후
서윤주 소재진 안경애 이용환 조미경 황여울
공저

양성원

머리말

사회복지 분야는 다양한 사회적 문제를 해결하고, 개인과 집단의 복지를 증진시키기 위한 실천적 접근을 요구한다. 이러한 사회복지실천은 단순히 이론적인 지식에 그치지 않고 실제 현장에서의 기술적 접근이 필수적이다. 즉, 사회복지사의 전문성 향상을 위해 다양한 사회복지실천의 모델, 클라이언트와의 관계형성, 평가, 개입 전략 등을 익히고, 실제 현장에서 적용할 수 있는 기술과 지식을 습득하는 것이 무엇보다 중요하다고 할 수 있다.

따라서 본 책은 사회복지학을 공부하는 예비 전문가들이 사회복지실천에 대한 전문성을 향상시키고, 클라이언트와의 상호작용을 효과적으로 이끌어 내는 데 도움을 주고자 시작되었으며, 특히 한국사회복지교육협의회(2022)의 『사회복지 교과목 지침서』에 근거하여 내용을 충실히 반영한 총 3부 12장으로 구성하였다.

구체적으로 1부 사회복지실천의 토대는 4장으로 구성하였는데, 1장 사회복지실천의 개념과 목적에서는 사회문제의 개념 및 접근방법, 사회복지실천의 개념과 특성, 사회복지실천의 통합적 접근 및 사회복지실천에서의 인간행동에 대해 소개하였으며, 2장 사회복지실천현장의 이해에서는 사회복지실천교육 및 사회복지실천현장의 최신 동향에 대해 자세하게 기술하였으며, 3장 사회정의와 사회복지실천의 가치에서는 인권, 사회복지의 가치와 윤리, 윤리적 딜레마 및 사회복지사의 윤리에 대해 소개하였으며, 4장 사회복지사의 전문성과 성찰적 실천에서는 사회복지사의 정체성과 전문성, 사회복지사의 주요 직무와 역할 및 사회복지사의 자기인식과 자기성찰에 대해 기술하였다.

2부 사회복지실천의 접근방법은 3개의 장으로 구성하였는데, 5장 사회복지실천의 관점에서는 환경 속의 인간 관점, 생태체계적 관점, 심리사회 관점, 임파워먼트 관점, 다문화 관점, 사회구성주의 관점 및 증거기반실천의 관점에 대해 소개하였으며, 6장 사회복지실천의 통합적 접근에서는 전통적 실천방법론 및 통합적 접근으로서의 사례관리에 대해 기술하였으며, 7장 사회복지실천에서의 관계와 의사소통에서는 사회복지실천에서의 관계, 사회복지실천에서의 면접 및 사회복지실천을 위한 의사소통에 대해 자세하게 소개하였다.

3부 사회복지실천의 기록과 과정은 5개의 장으로 구성하였는데, 8장 사회복지실천의 기록에서는 기록의 이해, 기록의 방법, 기록의 종류 및 기록 시 유의사항에 대해 기술하였으며, 9장 초기단계에서는 사회복지실천의 과정 및 초기단계에 대해 소개하였으며, 10장 사정 및 계획단계에서는 사정, 계획단계 및 계약에 대해 기술하였고, 11장 실행단계에서는 개입의 기술, 문제해결기술 및 개입의 유형에 대해 소개하였으며, 12장 종결단계에서는 종결의 기술, 종결시기의 결정, 정서적 반응 다루기, 평가, 의뢰 및 사후관리에 대해 자세하게 기술하였다.

본 책이 사회복지실천가로서 클라이언트와 상호작용하고, 문제를 해결하며, 클라이언트의 복지를 증진시키기 위해 사용하는 기술과 방법에 대한 구체적인 기술을 습득하고 활용하는 데 도움이 되기를 소망해 본다. 마지막으로 출판을 맡아 주신 양성원의 강철원 사장님과 임직원 여러분의 수고에 진심으로 감사를 드립니다.

2025년 1월
저자일동

차례

머리말 / 3

PART 1 사회복지실천의 토대

Chapter 01 사회복지실천의 개념과 목적 10

1. 사회문제의 개념 및 접근방법 12
2. 사회복지실천의 개념 및 특성 15
3. 사회복지실천의 통합적 접근 20
4. 사회복지실천에서의 인간행동 23

Chapter 02 사회복지실천현장의 이해 26

1. 사회복지실천교육 28
2. 사회복지실천현장의 최신 동향 34

Chapter 03 사회정의와 사회복지실천의 가치 56

1. 인권 58
2. 사회복지의 가치와 윤리 68
3. 윤리적 딜레마 74
4. 사회복지사의 윤리 84

Chapter 04 사회복지사의 전문성과 성찰적 실천 92
1. 사회복지사의 정체성과 전문성 94
2. 사회복지사의 주요 직무와 역할 110
3. 사회복지사의 자기인식과 자기성찰 114

PART 2 사회복지실천의 접근방법

Chapter 05 사회복지실천의 관점 122
1. 환경 속의 인간 관점 124
2. 생태체계적 관점 126
3. 심리사회 관점 138
4. 임파워먼트 관점 141
5. 다문화 관점 144
6. 사회구성주의 관점 152
7. 증거기반실천의 관점 157

Chapter 06 사회복지실천의 통합적 접근 170
1. 전통적 실천방법론 172
2. 통합적 접근으로서의 사례관리 217

Chapter 07 사회복지실천에서의 관계와 의사소통 230
1. 사회복지실천의 관계 232
2. 사회복지실천에서의 면접 244
3. 사회복지실천을 위한 의사소통 250

PART 3

사회복지실천기록과 과정

Chapter 08 사회복지실천의 기록 256

1. 기록의 이해 258
2. 기록의 방법 263
3. 기록의 종류 270
4. 기록 시 유의사항 277

Chapter 09 초기단계 280

1. 사회복지실천의 과정 282
2. 초기단계 287

Chapter 10 사정 및 계획단계 292

1. 사정 294
2. 계획수립 302
3. 계약 303

Chapter 11 실행단계 304

1. 개입의 기술 306
2. 문제해결기술 308
3. 개입의 유형 320

Chapter 12 종결단계 324

1. 종결의 기술 326
2. 종결시기의 결정 328
3. 정서적 반응 다루기 329
4. 평가 330
5. 의뢰 333
6. 사후관리 334

참고문헌 / 336
찾아보기 / 346

PART 1

사회복지실천의 토대

Chapter 01 사회복지실천의 개념과 목적
Chapter 02 사회복지실천현장의 이해
Chapter 03 사회정의와 사회복지실천의 가치
Chapter 04 사회복지사의 전문성과 성찰적 실천

Chapter 01

사회복지실천의 개념과 목적

배울 내용

1. 사회문제의 개념 및 접근방법
2. 사회복지실천의 개념 및 특성
3. 사회복지실천의 통합적 접근
4. 사회복지실천에서의 인간행동

학습 목표

1. 사회문제의 개념 및 접근방법을 설명할 수 있다.
2. 사회복지실천의 개념 및 특성을 설명할 수 있다.
3. 통합적 접근을 이해하고 주요 관점을 설명할 수 있다.
4. 사회복지실천에서의 인간행동을 파악한다.

사회복지사(social worker)는 단지 메뉴얼에 의존하여 기계적으로 일하는 기술자(technician)가 아닌 전문가(professionals)이다. 따라서 다양한 상황에 놓인 클라이언트의 문제 및 욕구에 개입하는 사회복지사는 상황의 변화에 따라 요구되는 개입에 필요한 이론, 가치 및 기술을 재구성하면서, 어떻게 개입할지를 판단하고 결정할 수 있는 능력을 갖추어야 한다. 사회복지실천에 대한 전문 지식과 건강한 가치체계 확립은 바로 그러한 전문적 판단을 위한 기본적인 전제가 된다고 할 수 있다.

사회복지실천에 대한 구체적인 개념 및 특징에 대해 살펴보기 전에 사회문제에 대해 어떻게 접근할 수 있는지에 대해 살펴볼 필요성이 있다. 왜냐하면 사회문제에 대한 개념과 분류기준 및 접근방법에 따라 사회복지의 방향이 달라질 수 있기 때문이다.

1. 사회문제의 개념 및 접근방법

사회문제에 대한 관점을 논의하기 위한 기초과정으로써 사회문제의 동향을 살펴보는 것은 매우 중요하다. 사회문제를 바라보는 입장에 대한 몇 가지 중요한 질문을 살펴보면, '사회문제는 무엇인가?, '사회문제는 왜 생기는가?', '사회문제를 어떻게 해결할 것인가?' 등이다. 먼저 '사회문제는 무엇인가?'라는 질문 속에는 두 가지 의미가 내포되어 있는데, 하나는 '어떤 경우의 사회현상을 사회문제로 보는가?' 하는 개념적 문제이고, 다른 하나는 '어떤 현상을 사회문제로서 구체적으로 다루는가?' 하는 연구대상의 문제라고 할 수 있다. 사회문제의 개념과 분류기준(사회구조적 문제, 가족과 세대문제, 삶의 문제, 일탈문제, 사회변동에 따른 문제 등)을 구체적으로 살펴보면 **그림 1-1, 그림 1-2**와 같다.

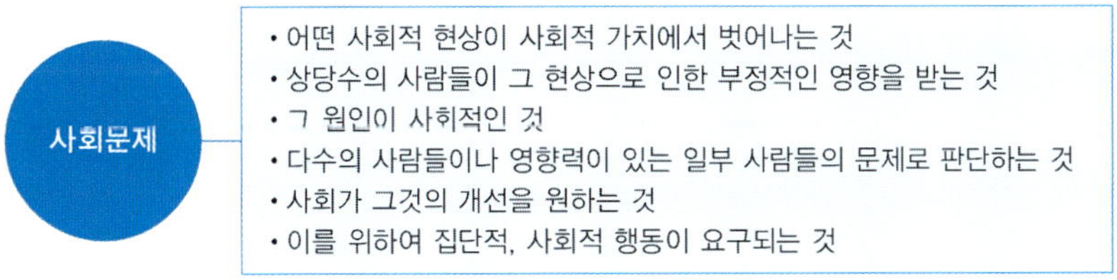

그림 1-1. 사회문제의 개념

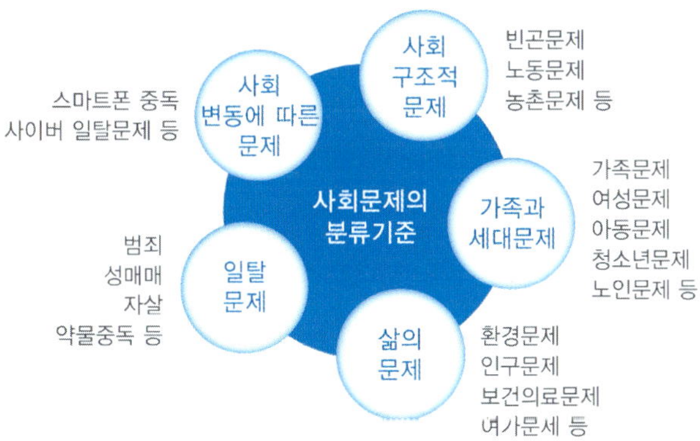

그림 1-2. 사회문제의 분류기준

그리고 '사회문제가 왜 생기는가?'의 질문도 두 가지 의미를 포함하고 있는데, 하나는 '어떤 사회현상이 이미 사회문제로 규정되었다면, 그 사회문제가 발생하게 된 원인은 무엇인가?' 하는 원인적 문제이고, 다른 하나는 '여러 사회현상 중 어떤 현상이 사회문제로 부각되느냐?' 혹은 '부각되지 않는가?' 하는 구성적 문제로 볼 수 있다.

또한 '사회문제를 어떻게 해결할 것인가?'의 질문, 즉 '사회문제의 원천이 어디인가?'에 대한 전제가 있어야 하고, 어떻게 분석할 것인가의 방법적 모색이 있어야 하며, 그 바탕 위에서 해결접근이 이루어져야 할 필요가 있는 것이다. 이와 같은 사회문제의 해결은 그림 1-3과 같이 미시적 해결방법과 거시적 해결방법으로 구분할 수 있다.

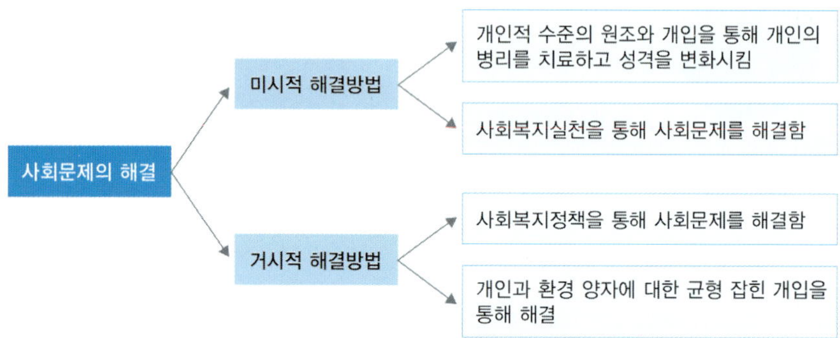

그림 1-3. 사회문제의 해결방법

지금까지 살펴본 사회문제의 개념, 분류기준, 원인적 문제와 구성적 문제 및 해결방법에 대한 접근방법은 '정책적 접근방법', '전문적(기술적) 접근방법', '통합적 접근방법' 등으로 구분할 수 있는데, 구체적인 내용은 그림 1-4와 같다.

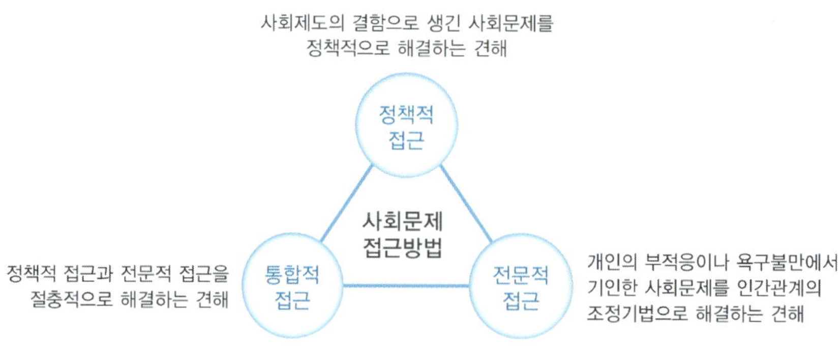

그림 1-4. 사회문제의 접근방법

첫째, 정책적 접근방법이다. 이 접근법은 사회제도의 결함으로 생긴 사회문제를 정책적으로 해결하려는 견해이다. 이것은 사회문제를 개인의 책임이 아닌 국가와 사회의 책임으로 보고, 국가정책에 의하여 사회문제를 해결해야 한다는 관점이다.

둘째, 전문적(기술적) 접근방법이다. 이 접근법은 개인의 부적응이나 욕구불만에서 기인한 사회문제를 인간관계의 조정기법으로 해결하려는 견해이다. 이 방법은 인간의 욕구나 개인의 일탈행위 등에 대해 환경조건의 개선과 개인 성격의 개발을 통해 해결접근을 모색한다는 관점이다.

마지막으로 통합적 접근방법이다. 이 접근법은 정책적 접근과 전문적 접근을 절충적으로 해결하려는 견해이다. 즉, 주로 사회해체, 가출문제, 이혼문제, 빈곤문제 등을 예방하고 치료하는 데 역점을 두고 있다. 특히 현존하는 사회문제는 정책적 접근방법이나 전문적(기술적) 접근방법 중 한 가지에 의해 해결될 수 있는 것이 아니고, 두 가지 방법이 동시에 통합적으로 적용되어야 해결이 가능하다고 보는 것이다.

2. 사회복지실천의 개념 및 특성

사회사업에서 사회복지실천으로 변천되어 온 과정을 다 설명할 수는 없지만 사회복지실천은 사회복지를 전문적으로 실천하는 활동을 의미한다. 국제사회사업협회에서는 사회사업을 '개인, 집단, 지역사회가 사회적 기능을 수행할 수 있도록 능력증진이나 회복을 돕고 이러한 목표를 달성할 수 있는 사회적 여건을 조성하는 전문적 활동'으로 정의하고 있다. 이러한 사회사업실천의 목적은 개인이나 집단이 사회체계 안에서 일상적인 사회적 기능수행을 하지 못하는 경우, 그 기능을 향상시켜 나타날 수 있도록 도와주는 것과 이들의 기능수행이 어려움을 겪지 않도록 사회적 조건들을 변화시키는 것이라고 볼 수 있다. 여기에서 사회적 기능수행이라 함은 특정한 상황에서의 역할과 관련된 기대를 해결할 수 있는 개인의 능력을 언급하는 것이다. 따라서 사회복지사는 각 개인의 사회적 기능 수행상 문제에 봉착하였을 경우, 또는 사회적 여건이나 열악한 상황을 개선하기 위하여 지역주민, 지역사회조직, 사회제도 등을 변화시키고 문제를 사전에 막기 위한 예방 활동 및 구체적인 해결 방안을 제시하는 역할을 수행하게 된다. 사회복지실천의 구체적인 목표는 학자들마다 주장하는 견해가 다르지만 대체적으로 **표 1-1**과 같이 요약하여 설명할 수 있다.

표 1-1. 사회복지실천의 목표

- 개인의 문제해결을 위한 역량강화 및 대처능력 증진을 위한 도움을 제공한다.
- 각종 행정적인 지원을 하기 위해 자원을 확보하거나 도움을 제공한다.
- 개인이나 집단의 욕구 조사를 통하여 욕구를 해결하거나 사회복지기관이나 조직이 업무를 수행할 수 있도록 지원, 협조 및 감독을 수행한다.
- 개인과 지역사회 주민들 간의 상호작용을 촉진한다.
- 사회복지기관과 타 기관과의 상호협력, 조직과 조직 사이의 역동적인 상호작용을 하도록 영향력을 행사한다.
- 사회 · 환경 간의 정책에 영향력 행사를 통하여 문제해결에 도움을 제공한다.

사회복지실천은 다양한 상황에 있는 각계각층의 사람들에게 원조서비스(helping service)를 제공하는 흥미롭고 도전적인 전문직이다(Cournoyer, 1991). 구체적으로 도움이 필요해서 사회복지사를 찾게 되는 클라이언트의 문제와 욕구는 매우 다양하기 때문에 클라이언트의 특성을 기술할 수 있는 명확한 객관적 기준을 제시할 수 없다. 따라서 이건(Egan, 2002)은 클라이언트의 문제상황, 기회 상실, 잠재력 미활용 등이 클라이언트를 위한 원조 과정을 성립시키는 출발점이라고 주장하였다.

클라이언트는 위기, 문제, 의심, 회의, 어려움, 좌절 또는 걱정 등을 가진 '문제상황(problems situations)'에서 원조를 필요로 한다. 대개 '문제(problems)'라고 명명되는 '문제'는 수학적인 정확한 의미에서의 문제가 아니다. 클라이언트가 제대로 대처하기 어려운 클라이언트의 생활 속에 있는 복잡하고 복합적인 문제이기 때문에, '문제'라기보다는 '문제상황'이라고 표현하는 것이 더 바람직할 것이다.

또한 클라이언트는 '문제상황'에서만 원조를 필요로 하지는 않는다. 어떤 클라이언트는 자신의 생활과업을 대처하는 데 있어서, 자신이 원하고 예상한 만큼 실제로 잘되지 않기 때문에 도움을 원한다. 즉, 기회를 상실하였거나, 잠재력을 제대로 활용하지 못한 경우에도 사회복지사의 원조를 요구할 수 있는 것이다.

원조기관의 문을 두드리는 클라이언트는 자신의 삶을 스스로 대처하는 데 명백한 한계를 인정하고, 자원들(물질적 · 정서적 · 영적 자원 등)과 서비스 그리고 기회를 얻기를 소망한다. 클라이언트 중에는 자원을 가지고 있지만, 잘 활용하지 못하거나 개발하지 않아 종종 기회를 놓친 경우도 많다.

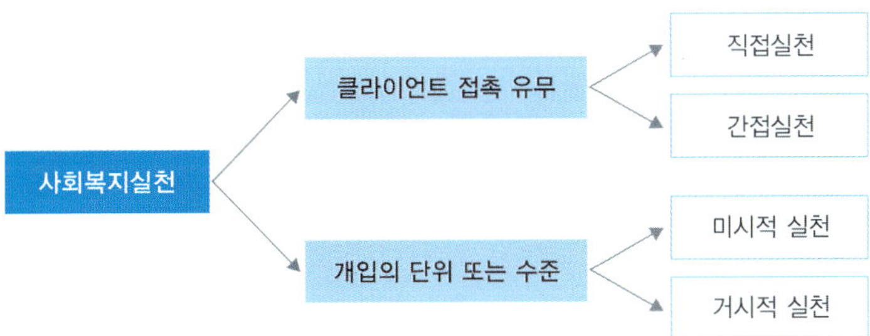

그림 1-5. 사회복지실천의 구분

사회복지실천은 일반적으로 **그림 1-5**와 같이 클라이언트의 접촉유무에 따라서 직접실천(direct practice)과 간접실천(indirect practice)으로 구분하고, 개입의 단위 또는 수준에 따라 미시적 실천(micro practice)과 거시적 실천(macro practice)으로 구분한다(신성자 외, 2000; Netting et al., 1993). 미시적 실천 및 직접실천에서는 인간이 환경과 원활한 상호작용을 할 수 있는 능력, 즉 사회기능(social functioning)을 향상시키는 것이 주요 목표이다. 사회복지사의 원조가 필요한 클라이언트는 자신들의 행동, 욕구, 신념 등이 환경의 어느 부분과 상호작용하는, 기능이 손상된 대상들이다. 따라서 사회복지실천은 사회적 요구(demand)와 사람들의 욕구(need), 갈망, 기대, 열망 등 간의 긴장, 갈등 또는 좌절 등을 중재하기 위하여 개입하는 사회적 기제(social mechanism)이다(신성자 외, 2000).

사회복지사는 인간과 환경을 끊임없이 변화하는 존재로 보고, 인간과 환경 모두 변화할 수 있는 잠재성도 가지고 있다는 긍정적 전제를 가지고 있다. 그러므로 계획된 개입을 통해서 인간도 환경도 변화될 수 있다는 실천가정(practice assumption)을 가진다. 어떤 실천현장에서 종사하든지, 사회복지사는 '상황 속의 개인(person in situation)'을 개입의 기본 단위로 생각한다. 그리고 사회복지사는 광범위한 사회적 단위에 개입하게 된다. 따라서 사회복지사의 클라이언트는 개인, 가족, 집단, 지역사회, 조직, 제도 등 다양한 사회적 단위(social unit)가 포함된다.

클라이언트를 위한 사회복지사의 개입을 위한 사회적 단위(social units) 또는 체계(systems)는 상담가, 심리치료사, 정신과 의사 등을 포함한 타 정신건강전문가(mental health professionals)들의 개입 단위에 비해 폭이 넓고 다양하다. 그것은 사회복지실천의 특성이 클라이언트를 개인(들)이 아닌 '상황 · 환경 속의 개인'을 항상 강조하기 때문이다.

직접실천은 주로 개인, 가족, 집단을 대상으로 클라이언트를 직접 대면하여 개입하는 미시적 실천을 말하지만, 지역사회의 집단이나 단체들에게 제공하는 거시적 방법들의 측면을 포함하기도 한다. 사회복지실천을 위해 사회복지사는 사람들의 욕구 및 문제를 사회적 맥락에서 확인하고 이해하며, 그러한 문제들을 위하여 자원을 찾고 동원하여, 개인 또는 다른 사회적 단위가 욕구와 문제에 대처하기 위해 자원을 사용하게 할 뿐만 아니라, 새롭고 보다 더 적합한 자원을 창출할 수 있도록 클라이언트와 상호 노력하면서 개입한다. 따라서 클라이언트의 원조 과정에서 사회복지사는 클라이언트의 사회기능 향상에 필요한 자원 동원뿐만 아니라 적절한 자원을 창출하기 위한 노력을 한다. 그리고 사회복지사는 클라이언트의 변화뿐만 아니라, 클라이언트의 사회기능을 억압하는 사회적 제약 조건의 변화에까지도 개입을 위한 관심이 확장된다.

이상 논의를 정리하면, 사회복지사를 찾는 클라이언트는 환경 속의 개인이 '문제 상황', '기회 상실', '잠재력 미활용' 등으로 사회기능 수행에 어려움을 가지고 있는 존재이다. 이러한 클라이언트는 다양한 사회적 단위가 포함되지만, 어떤 실천현장에 종사하든지, 사회복지사는 '환경(상황, 체계) 속의 개인'을 개입을 위한 기본 단위로 생각한다.

따라서 클라이언트를 위한 사회복지사의 업무는 정서적 지원뿐만 아니라, 물질적 지원과 각종 서비스 연결 등 실제적 지원을 포함한다. 그러므로 직접실천 업무를 담당하는 사회복지사는 클라이언트를 위한 원조 과정에서 상담가로서의 역할은 물론, 체계적인 연결을 위한 다양한 역할을 하게 된다. 그리고 사회복지사는 자원 동원 및 창출을 위한 노력과 클라이언트의 사회기능에 억압적인 체제나 제도 개선에 필요한 사회개혁에 대한 사명(commitment)을 가지고 역동적으로 활동한다. 이러한 사회복지실천이 가지는 특성은 심리치료사나 상담가 등의 타 원조 전문직과 구별되며, 사회복지 전문직(social work profession)이 가지는 정체성을 돋보이게 해주는 측면이다.

3. 사회복지실천의 통합적 접근

사회복지실천의 관심분야는 개인, 가족, 집단, 지역사회에서부터 사회정책에 이르기까지 다양하고 광범위하다. 1960년대에 공통적인 요소를 찾으려는 노력을 시도하고 있을 때, 문제해결(problem solving)은 개인지도, 집단지도, 지역사회조직사업에서 공통적으로 발견되는 개념 중의 하나였고, 통합적이고 일반적 실천이론을 개발하는 데 중요한 개념이 되었다. 대표적 학자로는 핀커스와 미나한(Pincus & Minahan)의 『Social Work Practice』, 콤프턴과 갤러웨이(Comton & Galaway)의 『Social Work Process』를 들 수 있다.

1970년대에는 사회체계이론이 사회사업의 지식에 급속도로 많이 활용되었고 사회사업실천방법(예: 개별, 집단, 지역사회조직사업)의 공통적 요소를 찾으려는 노력이 활발히 전개되어 사회복지실천에서는 사회복지사가 수행하는 어떤 공통적인 역할과 요소가 있다는 점에 착안하여 통합방법론(integrated methods)이 소개되기 시작하였다.

1) 통합적 접근의 개념 및 특징

사회복지실천에서 통합적 방법(intergrated or unitary, generalist approach)이란 사회복지사가 개인, 집단, 지역사회에서 제기되는 사회문제에 활용할 수 있는 공통된 하나의 원리나 개념을 제공하는 방법의 통합화를 의미한다. 이에 밀레이 등(Miley et al., 1995)은 "통합적 접근방법이란 사회복지실천의 목적을 달성하기 위한 현대적인 접근방법이며, 이러한 관점은 개별적인 접근의 한계를 넘어 다양한 인간 체계에 대한 개입으로, 사회복지실천 영역의 확장이다"라고 주장하였다. 즉, 통합적 방법이란 전통적인 방법의 전부 또는 일부를 조합하여 교육함으로써 한 명의 사회복지사가 복수의 방법을 통합적으로 사용하여 클라이언트에게 개입하는 것이다. 이러한 통합적 접근방법의 특징에 대한 여러 학자들의 견해를 살펴보면 **표 1-2**와 같다.

표 1-2. 통합적 접근방법의 특징

구분	내용
Tolson 등 (1994)	• 사회복지사가 개인, 집단, 지역사회에서 나타나는 모든 문제를 해결하는 데 사용할 수 있도록 공통의 원칙과 개념 및 기술을 제공해 준다. • 클라이언트의 문제를 인간과 환경과의 전체 관련성하에 복합적으로 접근한다. • 개별사회사업, 집단사회사업, 지역사회조직사업 등으로 분리된 종전의 방법론에서부터 그 관점을 통합된 것으로 보고, 문제발생을 개인과 집단 및 지역사회와의 상호영향적 관점에서 접근한다.
김융일 등 (1995)	• 통합적 방법은 사회복지실천에 본질적인 개념, 활동, 기술, 과업 등에 공통적인 기반이 있음을 전제로 한다. • 통합적 방법의 가치는 클라이언트의 잠재성을 인정하며, 이들 잠재성이 개발될 수 있다고 보고 미래지향적인 접근을 강조한다. • 사회복지의 지식은 과거의 심리 내적인 정신역동적 측면에서부터 상황 속에서 인간을 이해하고자 하는 일반체계이론까지 확대된 개념을 사용한다. • 과거 사회복지개입은 주로 인간에게 초점을 두거나 환경에 초점을 두는 2궤도 접근으로서 이루어져 왔으나 통합적 방법은 이 양면적 상호작용에 초점을 둠으로써 인간과 환경의 공유영역, 즉 사회적 기능수행 영역에 사회복지사가 개입해야 함을 강조한다. • 클라이언트의 존엄성을 인정하고 클라이언트의 참여 자기결정 그리고 개별화를 극대화할 것을 강조하며 사회복지실천과정의 계속적인 평가를 주장한다.

그리고 통합적 모델의 접근방법은 **표 1-3**과 같은 원칙을 따른다(Tolson et al., 1994).

표 1-3. 통합적 모델의 원칙

- 사회복지실천을 위한 일반적 기초의 통합과 다양한 수준의 문제해결의 방법을 사용한다.
- 인간문제, 삶의 상황 그리고 사회적 조건의 상호 관계성을 인정하는 생태체계모델을 포함한 다양한 이론적 방법을 적용한다.
- 지식, 가치 그리고 기술은 다양한 문제의 맥락과 상황 그리고 장소에 따라 변경될 수 있다.
- 어떤 특정한 이론이나 개입에 국한되지 않는 개방적인 사정을 한다.
- 개입의 전략 선택과 개입의 역할은 개입된 체계의 크기와 상황, 목적, 문제에 따라 결정된다.

2) 통합적 접근에서의 주요 관점

통합적 접근은 일반체계이론과 생태체계이론에 기초하여 과거의 심리학적 패러다임보다는 사회적 측면에서 사회문제와 인간의 욕구에 초점을 두는 것을 강조하고 있다. 체계이론과 생태체계적 관점은 사회복지실천가에게 사회체계를 분석하는 이론적 틀을 제공하고 있는데, 구체적으로 체계이론은 개인, 가족, 조직과 같은 클라이언트 체계와 변화과정을 설명해 주는 용어와 비유 등을 제고하기 때문에 사회복지사에게 유용하다. 그리고 전통적인 사회복지실천 모델을 적용하기 어려운 문제는 생태체계적 관점의 접근이 도움이 되고, 클라이언트를 총체적으로 이해하고 넓은 관점을 갖게 하는 사정의 도구로서도 직접적인 유용성을 가진다.

4. 사회복지실천에서의 인간행동

인간행동과 사회환경이 사회복지사가 갖추어야 할 중요한 기초지식 중의 하나라는 것은 이 지식을 통해 인간을 온전히 이해해야 한다는 데 근거한다. 따라서 사회복지실천에서는 인간행동과 사회환경에 있어 인간의 생물학적 · 사회적 · 심리학적 · 문화적 체계가 인간행동에 의해 서로 영향을 주고받으면서 나타나는 상호작용을 이해할 수 있어야 한다. 사회복지실천에서 인간행동과 사회환경에 관한 의미와 이해의 틀은 다음과 같다.

1) 인간행동과 사회환경의 의미

인간행동과 사회환경이 사회복지실천에서 지니는 특별한 의미는 사회복지실천에 대한 토대의 맥락에서 찾아볼 수 있다. 왜냐하면 사회복지실천의 토대인 가치, 목표, 지식, 기술, 환경에 인간행동과 사회환경이 근간을 이루고 있기 때문이다. 즉, 사회복지실천의 가치 중에서 특별히 인간으로서 클라이언트의 존엄성과 개별성에 관한 이해는 인간행동에 관한 이해를 바탕으로 이루어져야 하며, 사회복지사는 사회복지실천의 목표가 클라이언트의 변화라고 할 때, 그 목표를 온전히 이해하고 충실히 수행하기 위해서는 인간행동과 사회환경에 관한 철저한 이해가 필요하기 때문이다. 또한 인간행동과 사회환경은 사회복지사가 갖추어야 할 광범위한 지식 중 한 가지로서 매우 중요한 위치를 차지하고 있으며, 복잡한 기술을 익히거나 활용하는 시점에서 인간행동과 사회환경은 기초지식으로 적용되며, 인간행동과 사회환경은 사회복지실천에 관련하고 있는 환경을 이해하는 데 중요한 기초지식이 되기 때문이다. 이런 근거로 인간행동과 사회환경이 사회복지실천에서 가지는 의미를 클라이언트와의 관계를 중심으로 정리하면 다음과 같다.

첫째, 사회복지실천에서, 특히 인간행동은 클라이언트의 욕구나 문제를 파악할 수 있는 핵심체로서 중요한 의미를 지닌다. 아울러 환경 속의 클라이언트를 이해하기 위해서는 클라이언트가 관계하는 다양한 체계 수준의 환경(가족, 집단, 조직, 지역사회 등)을 고려하여 통합적으로 이해해야 한다는 측면에서 사회환경은 중요한 의미를 가진다.

둘째, 사회복지실천에서, 인간행동과 사회환경은 사회복지사의 활동 현장으로서 중요한 의미를 지닌다. 사회복지사는 클라이언트, 클라이언트의 가족과 동료집단과의 관계는 물론 자신이 근무하고 있는 기관, 조직, 지역사회 안에서 활동하고 있기 때문에 이들 개인과 사회환경은 사회복지사의 주요 활동 현장이라고 할 수 있기 때문이다.

셋째, 사회복지실천에서, 사회환경은 클라이언트에게 중요한 영향을 미치는 체계로서의 의미를 갖는다. 클라이언트를 둘러싼 사회환경으로서 가족, 집단, 조직, 지역사회 등은 클라이언트에게 다양한 유형의 영향을 미친다. 즉, 클라이언트는 가족으로부터 긍정적인 영향이나 부정적인 영향을 받을 수 있다. 따라서 클라이언트에게 긍정적인 영향을 미치는 가족은 클라이언트를 위한 지지체계나 자원체계로 활용될 수 있으며, 부정적인 영향을 미치는 가족은 클라이언트의 욕구나 문제의 상황을 악화시키는 표적체계로 간주할 수 있기 때문이다.

2) 인간행동과 사회환경 이해의 틀

인간행동과 사회환경에 관한 적절한 이해를 위해서는 여러 주요 이론과 개념들을 바탕으로 체계적인 학습이 필요하다. 생태체계이론의 관점에서도 개인행동을 구성하고 있는 다양한 요인과 개인이 서로 관계하는 사회환경의 부분들 간의 상호작용을 파악하는 데 중점을 두고 있는 바와 같이, 사회복지사는 클라이언트와 사회환경의 상호작용 안에서 클라이언트를 이해해야 한다. 먼저 인간행동에 관한 이해는 대체로 정신역동 이론을 비롯하여 인지 이론, 행동주의 이론, 인본주의 이론, 생태체계 이론을 통해 가능하다. 이러한 다양한 인간행동에 관한 어느 한 가지 이론만으로는 인간행동을 완전히 설명할 수 없으며, 사회환경을 이해하는 과정에 기초로 활용되거나 인간행동과 사회환경을 연결지어 설명할 수 있는 기반이 된다. 예를 들어, 생태체계 이론은 환경 속 개인을 규명함과 동시에 개인의 행동은 가족, 집단, 조직, 지역사회 등과 같은 체계와 관련하면서 서로 영향을 주고받는데, 이 과정을 생태체계 이론이 규명하고 있다. 한편 인간행동은 그 자체로 이해되는 것보다는 인간을 둘러싼 사회환경으로서 가족, 집단, 조직, 지역사회, 문화 등에 관한 이해를 바탕으로 이루어지는 것이 바람직하다. 이 뿐만 아니라 인간과 이들 사회환경 간 상호작용의 과정도 이해해야 한다.

따라서 사회복지사는 사회환경을 각 분야의 관련 주요 이론과 개념을 중심으로 이해하고, 이들 사회환경과 인간행동 간 상호작용은 생태체계 이론을 중심으로 이해할 수 있다. 그리고 이러한 생태체계 이론을 기반으로 생애주기에 따른 인간행동과 사회환경을 연결지어 파악할 수 있어야 한다. 왜냐하면 사회복지사는 자신이 만나는 개인, 즉 클라이언트의 협력자로서 그들을 제대로 이해하기 위해서는 그들 개인이 현재 속하고 있는 특정 생애주기의 특성에 주목해야 하기 때문이다.

02

Chapter

사회복지실천현장의 이해

배울 내용

1. 사회복지실천교육
2. 사회복지실천현장의 최신 동향

학습 목표

1. 사회복지실천교육의 역사를 이해하고 사회복지실천이론과 사회복지실천교육을 구분한다.
2. 사회복지실천현장의 최신 동향을 파악하고 개입방안을 모색해 본다.

1. 사회복지실천교육

1) 사회복지실천교육의 태동

한국의 사회복지교육은 한국전쟁 이후 사회적으로 매우 혼란한 상황에서 시작되었다고 할 수 있는데, 즉 우리나라는 전쟁의 후유증으로 인해 자국의 힘만으로는 사회적 상황을 감당할 수 없었기 때문에 미국의 기독교 민간단체로부터 구호를 받고 있었다. 그리고 당시 미군정청에서 일하고 있던 사회사업가들은 위기개입적인 구호사업 이외에 체계적인 사회사업의 필요성을 인지하기 시작하였으며, 이와 같은 필요성에 따라 이화여자대학교에서 야간 강좌 형식의 사회사업 강좌가 개설되었다(이준우, 2021).

이를 계기로 이화여자대학교는 한국 대학의 사회사업교육의 시작으로 볼 수 있는 기독교 사회사업학과를 1947년에 설치하여 운영하였지만 1948년에 시행되었던 이화여자대학교 기독교 사회사업학과의 교과과정을 살펴보면, 전공 교과목의 대부분은 기독교 과목이었으며, 사회사업과목(Case work, Group work, 아동심리, 청소년심리, 사회문제 등)은 제한적으로 구성되어 있었다. 또한 그 당시 교육의 성격을 살펴보면 사회사업학의 성격보다는 인성교육에 초점을 두었으며, 뚜렷한 사회복지실천의 현장 없이 미국식 지식을 전달하는 데 초점이 맞춰져 있었다는 한계를 지니고 있었다(이준우, 김광선, 2023).

이후 1953년에는 중앙신학교(현 강남대학교)가 문교부(현 교육부)로부터 4년제 대학의 사회사업학과 설치 인가를 받아 우리나라 최초로 대학 과정의 사회사업학과를 설립하게 되었다. 당시 중앙신학교는 설립 초기부터 미국의 사회사업대학에서 가르치고 있는 전통 사회사업 교육과정을 바탕으로 구성하였다. 따라서 중앙신학교의 교과과정은 개별사회사업(Case work), 지역사회조직 등의 사회사업방법론과 함께 분야별 과목을 포함하여 미국과 일본의 사회사업 기초이론을 중점으로 구성되었으며, 사회사업의 이론과 실천을 겸비한 '사회사업 실무자 양성'에 초점을 맞추어 교육을 진행하였다. 한편 1954년 6월에는 미국 미네소타대학교 사회사업대학장인 키드네이(Kidneigh) 박사의 건의에 따라 1958년 서울대학교 대학원과 1959년 서울대학교 문리대학 내에 사회사업학과가 만들어지게 되었다(박종우, 1992).

이처럼 해방 이전까지 국내에서 학문적 입지가 전무했던 사회복지학은 기독교와 미국 정부의 지배적인 영향 아래 출발하게 되었다고 할 수 있다.

2) 사회복지실천교육의 중요성 확대

'사회사업'이란 용어는 자선조직협회운동(Charity Organization Society: COS)과 인보관운동(Settlement House Movement)에서 시작된 것으로 알려져 있으나, 한국에 사회사업이라는 용어가 어떻게 도입되었는지는 분명하지 않다. 그러나 최원규(2007)에 의하면 1800년대 말에 발간된 문헌을 통해 한국 사회에서는 일제 식민통치 이전부터 서구의 사회사업 및 사회정책에 대한 관심이 있었고, 1921년 조선사회사업연구회가 사회사업이란 용어를 공식적으로 사용한 것을 확인할 수 있다. 그러나 우리나라에서는 외원기관이 들어오기 전까지 '자선사업'과 '사회사업'이 동의어로 사용되었고, 외원기관이 들어온 후에 Social Work의 개념이 도입되면서 이를 번역한 사회사업이란 용어가 소개되었다(김성이, 1991). 이후 1970년 1월 1일에는 「사회복지사업법」이 제정됨으로써 사회복지제도의 필요성이 제기되었고, 사회사업이라는 용어에 대한 국민의 부정적 이미지를 극복하기 위해 학과 명칭을 사회사업학과에서 '사회복지학과'로 바꾸기 시작하였다. 사회사업학과에서 사회복지학과로의 변화는 사회행정과 사회정책, 사회사업을 모두 포괄하는 학문으로 영역이 확대됨을 의미하는 것이었다(이혜경, 남찬섭, 2005).

한편 1970년대에 들어서면서 사회복지관이 다양한 설립 주체들로부터 생겨나기 시작하였다. 구체적으로 성심여자대학교 부설 사회복지관(1971년), 선명회 설립 성남복지관(1974년), 대한기독교개혁선교회의 사당복지관(1974년), 중앙대학교 부설 사회복지관(1975년), 캐나다 유니테리언봉사회의 영등포복지관(1975년) 등이 설립되었다(이준우, 2021).

또한 1980년대에 들어서면서 '복지사회의 건설'을 주창하는 정부가 등장하였다. 당시 선언적인 형태의 법령이 대부분이었으나 「아동복리법」이 「아동복지법」으로 확대·개정되었고, 「노인복지법」(1981), 「심신장애자복지법」(1981) 등이 제정되는 등 사회복지제도가 점차 구축되었다. 이에 따라 사회복지학도 사회복지제도를 포괄하는 방향으로 나아가게 되었다. 게다가 민간분야로 한정적이었던 사회복지실천 현장도 공공분야까지 점차 확대되었고, 아동, 노인, 장애인, 지역, 의료 등 서비스대상별 사회복지 분야도 확대되었다. 특히 1987년에 도입된 사회복지전문요원제도를 통해 사회복지인력의 공공부문 투입이 이루어졌으며, 5급과 7급 사회복지직이 중앙과 지방 행정고시에 신설되면서 정책 결정 과정에 참여할 수 있는 기회가 확대되었다.

그리고 1970년대 이전에는 사회복지사를 위한 별도의 자격제도가 없는 무자격 시대였다. 1970년에 제정된 「사회복지사업법」을 통해 사회사업종사자격증이 처음으로 도입되었고, 사회복지학을 대학에서 4년간 전공하거나 사회복지시설에서 5년간 근무한 사람에게 사회복지시설종사자 자격증을 배부하게 되었다. 이후 1983년에는 자격증에 대한 전문성을 강화하고 사회적 인정도를 높이기 위하여 「사회복지사업법」이 개정되면서 '사회복지사' 자격제도로 변경하게 되었다. 그리고 1997년에는 사회복지사협회의 주도적 노력으로 「사회복지사업법」을 전면 개정함으로써 1999년 입학생부터 이들이 졸업하는 2003년에 국가자격시험을 시작하게 되었다(이원숙, 임수정, 2020).

3) 사회복지실천이론과 사회복지실천교육

한국의 사회복지학은 상담과 원조에 치중한 '사회사업학'에서 '사회복지학'으로 전환되었음에도 불구하고 실천 위주의 학문으로 인식되면서 오랜 시간 동안 '이론이 빈약' 하거나 '매뉴얼적 성격'이며, '내용이 없는' 학문이라는 비난을 받아 온 것은 사실이다(이혜경, 1996). 그러나 과학적 이론이 기초가 되지 않은 사회복지실천은 학문으로서 또는 전문직으로서 존재할 수 없다. 따라서 사회복지실천이 전문성을 갖기 위해서는 고도의 '지식'과 '기술'이 활용되어야 하고, 이를 뒷받침하는 '이론'이 확고하게 자리 잡아야 한다.

사회복지실천이론은 사회문제를 해결하는 데 타당한 이론을 선택하여 적용하는 과정에서 구체적인 개입 방향과 방법을 일관되게 반영하도록 돕는 '개념적 준거틀(conceptual framework)'로서의 역할이 매우 중요하다. 왜냐하면 이론은 문제를 명료화하며, 문제를 효과적으로 해결할 수 있는 기본적인 관점을 제공하고, 사회복지사가 다루는 상황과 문제유형에 맞는 개입을 이끌어 실천의 목적을 달성하도록 하기 때문이다. 그러나 사회복지실천의 이론적 틀은 사회복지실천에서 나타나는 미시 혹은 개인의 심리적으로 편향된 경향이 있다. 그러므로 미시적 차원에서 벗어나 거시 사회와 제도의 영향을 포섭한 통합성을 갖추어야 할 필요가 있다(김기덕, 최명민, 2014).

이처럼 사회복지실천교육은 사회복지실천을 위한 전문적 역량뿐만 아니라 사회복지라는 제도와 사회, 그 사회의 구성원이자 사회와 상호작용하는 개인에 대한 가치, 철학, 윤리를 갖추기를 요구받는다. 그러므로 사회복지실천교육에서는 사회복지실천과 직접적으로 관련된 이론은 물론이고, 실천방법과 기법의 적절한 적용에 필요한 가치, 철학, 이론을 포함한다. 그리고 사회 · 경제적 문제를 심층적 차원에서 비판적으로 볼 수 있게 하는 가치, 철학, 이론도 교육하게 된다(남찬섭, 최권호, 2023).

이와 같은 사회복지실천이론은 다양하게 형성되어 있는데, 관점에 따라 다르게 분류되는 경향이 있다. 먼저 하우(Howe, 1987)는 인간은 객체와 주체의 측면에서 그리고 사회는 질서정연하고 안정된 것과 분열되고 갈등된 것으로 분류기준을 설정하여 이데올로기 관점에서 사회복지이론을 **그림 2-1**과 같이 분류하였다(김성천, 1995).

급진적 사회학

주관적 ←	→ 객관적
급진적 사회복지이론	**맑시스트 사회복지이론**
페미니스트, 급진주의	맑시스트
실존주의적 사회복지이론	**전통적 사회복지이론**
현실지향적 치료, 클라이언트 중심치료, 상호작용주의, 의사소통	심리사회주의, 문제해결 사회행태주의, 위기개입 행동수정, 과제중심 인지-행동주의, 사회체계주의

규제의 사회학

그림 2-1. 이데올로기 관점에서 분류한 사회복지이론

그리고 헤일리(Healy, 2005)는 근대 사회복지실천이론의 역사적 흐름을 '문제해결 → 체계이론 → 강점관점 → 비판주의 → 포스트모더니즘'으로 소개하고 있다(김성천, 김수경, 2020). 또한 페인(Payne, 2014)은 사회복지실천이론을 세 가지 관점에 따라 11개의 이론으로 분류하여 제시하였는데, 먼저 '문제해결 관점'은 사회의 욕구에 당사자가 잘 적응하도록 서비스를 전달하는 것에 목적을 둔다. 그리고 '임파워먼트 관점'은 당사자의 역량과 자존감을 증가시켜 문제를 극복하도록 하는 접근이다. 마지막으로 '사회변화 관점'은 사회구조가 개인을 억압하고 있다고 전제하여 사회구조의 변화 없이 개인과 사회의 역량강화가 이루어질 수 없다는 접근이다(양만재, 2016). 페인(2014)이 분류한 11개의 사회복지실천이론을 구체적으로 살펴보면 **그림 2-2**와 같다(강이슬, 2023).

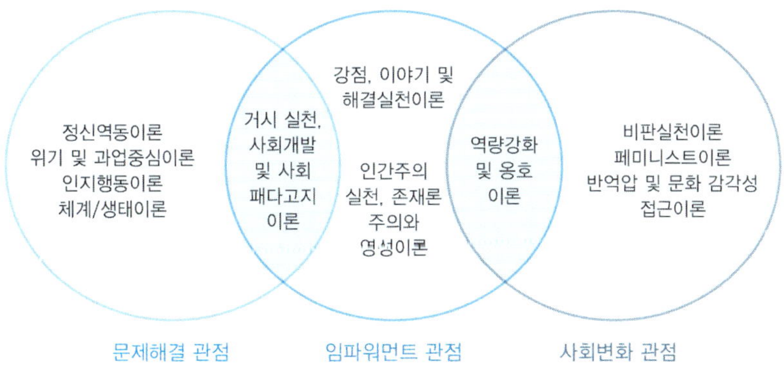

그림 2-2. 페인의 세 가지 관점에서의 분류

한편 NASW(1998)는 사회복지실천의 이론적, 개념적 패러다임과 실천 접근방법 간의 연결점을 제시하였는데, 구체적으로 실천모델과 이론, 지식의 관계는 시간에 따라 발달되었으며, 이를 일반적인 실천 접근방법을 중심으로 정리하면 **그림 2-3**과 같다(강이슬, 2023).

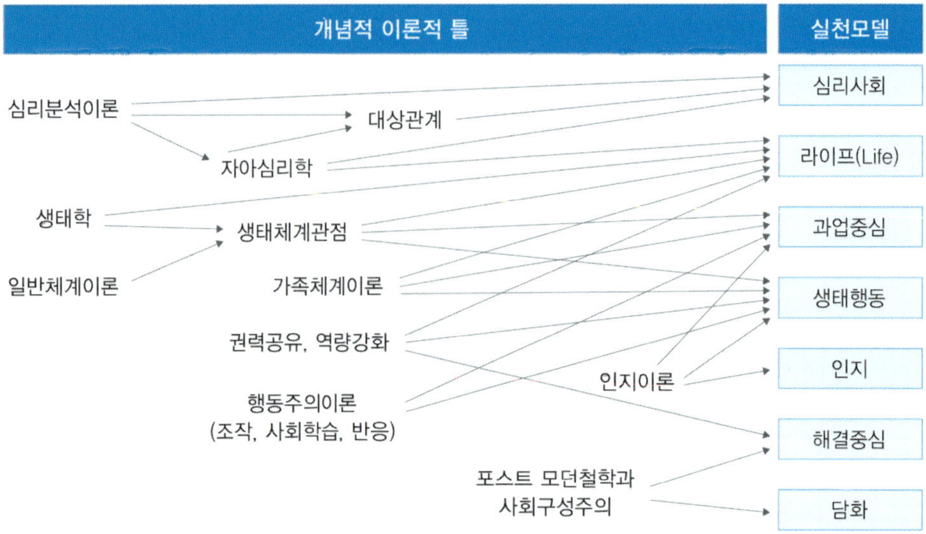

그림 2-3. 사회복지실천이론의 개념적 이론적 틀과 실천모델

2. 사회복지실천현장의 최신 동향

세계적으로 사회복지실천은 역사적, 사회적, 경제적 변화에 따라 다양한 형태로 진화해 왔는데, 우리나라 사회복지의 역사는 **표 2-1**, 시대별 주요 변화를 구체적으로 살펴보면 **표 2-2**와 같다.

표 2-1. 사회복지의 역사

구분	내용
1921년	태화여자관 설립(현재 태화기독교사회복지관, 최초의 지역사회복지관으로 평가됨)
1947년	이화여자대학교 기독교 사회사업학과 최초 설립
1952년	외국 민간원조기관 한국연합회(KAVA) 결성
1959년	국립의료원, 원주기독병원 등에서 의료사회사업 시작
1967년	한국사회사업가협회 조직(1985년 한국사회복지사협회로 명칭 변경)
1985년	1985년부터 시·도 단위로 종합사회복지관이 설립되기 시작
1987년	사회복지전문요원의 공공영역 배치
1989년	저소득층 영구임대아파트 건립 시 일정 규모의 사회복지관 건립 의무화
1992년	「사회복지사업법」 개정을 통해 사회복지전담공무원에 관한 규정 마련
1996년	「정신보건법」 시행(1995년 제정), 1997년부터 정신보건사회복지사(현 정신건강사회복지사) 국가자격 취득을 위한 수련이 시작됨
1997년	한국학교사회복지학회 창립
1999년	시설평가 첫 시행(제도 마련은 1997년)
2000년	별정직 사회복지전문요원→일반직 사회복지전담공무원 전환·배치
2000년	한국학교사회사업실천가협회 창립, 매년 9월 7일 사회복지사의 날 지정
2003년	제1회 사회복지사 1급 자격시험 제도 시행(1997년 「사회복지사업법」 개정으로 도입)
2004년	사회복지사무소 시범사업 실시
2005년	건강가정지원센터 설립
2005년	1기 지역사회복지계획 수립(2007년 시행)
2005년	지역사회복지협의체 시행
2006년	주민생활지원서비스 실시
2007년	전자바우처 사회서비스 사업 시행
2010년	사회복지통합관리망(행복e)→2013년 사회보장정보시스템
2012년	희망복지지원단 출범
2016년	「정신보건법」→「정신건강증진 및 정신질환자 복지서비스 지원에 관한 법률」
2016년	읍·면·동 복지허브화 사업실시
2018년	학교사회복지사 국가자격 인정

구분	내용
2019년	사회서비스원 개소, 커뮤니티케어
2019년	여성가족부가 건강가정지원센터 주관
2019년	보건복지부의 통합돌봄 · 사례관리를 통한 함께 살아가는 지역 만들기 제안
2021년	노인복지정책으로 요양원 돌봄 서비스 확대 및 질적 향상 방안 발표

표 2-2. 시대별 주요 변화

구분	내용
자선과 구제 시기 (19세기 이전)	초기의 사회복지실천은 주로 종교기관이나 부유한 개인의 자선활동으로 이루어졌다. 빈민과 약자를 돕는 구제활동이 중심이었으며, 도덕적 의무와 자비심에 기반을 두었다. 이 시기의 사회복지활동은 체계적이거나 전문적인 방법보다는 기부와 봉사의 형태가 주를 이루었다.
산업화와 사회복지의 제도화(19세기 후반 ~ 20세기 초반)	산업혁명 이후 도시화와 산업화로 인한 사회문제(빈곤, 실업, 열악한 주거환경 등)가 심화되면서 사회복지의 필요성이 대두되었다. 이 시기에는 사회문제해결을 위한 조직적이고 제도적인 접근이 강조되었다. 자선조직협회(COS)와 같은 조직이 등장하였고, 과학적 방법론을 도입하려는 움직임이 시작되었다.
복지국가의 확립 (20세기 중반)	세계대전 이후 경제적 번영과 복지국가 이념이 확산되면서, 국가가 사회복지의 주요 제공자가 되었다. 전 국민을 대상으로 하는 보편적 복지서비스 제공이 목표였으며, 사회보장제도, 공공부조, 사회보험 등의 체계적인 복지시스템이 구축되었다.
신자유주의와 복지의 민영화(1980년대 ~ 2000년대)	신자유주의의 영향으로 정부의 역할이 축소되고 민간 부문과 시장의 역할이 강조되었다. 이 시기에는 효율성과 자립을 강조하면서 정부의 복지 책임을 줄이고 개인과 민간의 참여를 유도하였다. 복지서비스의 민영화, 비영리 기관과의 파트너십, 자원봉사와 지역사회의 역할이 확대되었다.
현대적 사회복지실천 (21세기)	현대 사회복지실천은 다양성과 포용성, 인권중심의 접근이 강조되면서 글로벌화와 정보화사회에 적응하는 복지실천이 중요해졌다. 즉, 개인의 삶의 질 향상뿐만 아니라 사회적 불평등 해소와 지속 가능한 발전을 목표로 하고 있다. 다학제적 접근, 통합적 서비스 제공, 클라이언트 중심의 맞춤형 서비스, 기술과 데이터 활용 등이 두드러지게 나타나고 있다.

우리나라 사회복지실천의 역사적 발달과정은 크게 1947년 이화여자대학교에 사회사업학과가 신설되면서 사회복지 교육영역이 시작되었으며, 1958년 한노병원에

서 최초로 의료사회복지사를 채용함으로써 의료사회복지 영역이 시작되었고, 1921년 태화여자관의 설립(우리나라 최초의 사회복지관)으로 지역사회복지가 시작되었으며, 1987년 사회복지전문요원(별정직)을 공공영역에 배치함으로써 공공영역이 활성화되었고, 1995년 「정신보건법」의 제정으로 정신보건 영역이 시작되었다고 할 수 있다. 또한 1997년 교육부에서 학교사회사업 시범연구사업을 실시함으로써 학교영역에 대한 서비스가 시작되었으며, 2004년 「건강가정기본법」의 제정으로 가족복지영역의 서비스가 시작되었다고 할 수 있다.

그리고 최근의 사회복지실천은 다양성과 포용성, 인권중심의 접근이 강조되면서 다학제적 접근, 통합적 서비스 제공, 클라이언트 중심의 맞춤형 서비스, 기술과 데이터 활용 등이 강조되고 있는 특징을 지니고 있다. 이러한 맥락에서 사회복지실천의 최신 동향을 공공부문 사례관리 사업, 사회서비스의 전자바우처 및 지역사회통합돌봄으로 구분하여 살펴보면 다음과 같다.

1) 공공부문 사례관리 사업

최근 등장한 공공부문 사례관리 사업은 사회복지사, 간호사, 영양사, 물리치료사, 작업치료사, 치위생사, 정신건강전문요원 등 사회복지 및 보건의료분야의 전문지식과 기술을 가진 숙련된 인력에 의하여 진행되는 전문적이고 개별화된 서비스를 제공하는 사업으로 노인맞춤돌봄서비스, 드림스타트, 방문건강관리, 의료급여사례관리, 자활사례관리, 중독사례관리(중독관리통합지원), 정신건강사례관리, 통합사례관리 사업을 일컫는다(보건복지부, 2020).

이 사업은 중앙정부 차원에서나 지방정부 차원에서 매우 중요한 의미를 지니는 데, 먼저 중앙정부 차원에서는 한국사회의 인구고령화에 대응하는 커뮤니티케어 정책의 성패는 사례관리 수행의 성패에 달려 있기 때문이다. 최근 정부는 '통합돌봄 · 사례관리를 통한 함께 살아가는 지역 만들기'를 제안하면서, 공공서비스 플랫폼 기능 확대, 공공서비스 연계 · 지역화를 제시하였다(보건복지부, 2019). 이는 공공서비스를 통합하여 지역 기반의 포괄적 서비스 제공 체계를 만들겠다는 의도이다. 이러한 변화는 2017년에 제안된 중앙정부의 커뮤니티케어 전략과도 맥을 같이하고 있다. 이와 같은 두 전략 모두 휴먼서비스의 촘촘한 연결을 통하여 커뮤니티케어의 지속성(continuity of community care)을 담보하고, 필요하다면 공공 전달체계를 개편하겠다는 것을 의미한다(민소영, 2019). 이러한 정부의 정책은 근거법령과 사업의 내용은 다르지만 사례관리라고 하는 공통된 업무수행 과정을 가지고 있다.

그리고 공공부문 사례관리 사업은 지방자치단체의 성과평가를 위한 지표이기 때문에 중요하다. 중앙정부는 커뮤니티케어 정책에 막대한 예산을 투여하는 만큼 가시적인 성과를 내려고 정부합동평가를 비롯한 다양한 평가지표를 통해 사업수행기관을 독려하고 있다. 문제는 단순한 독려가 아니라 지자체 수준(광역, 기초)에서 순위를 매기고 인센티브를 부여하여 경쟁을 유도하게 되는데, 이때 지자체는 평가를 잘 받아 인센티브를 받기 원한다. 따라서 사례관리 사업 수행인력과 수행기관에 대하여 지속적이고 반복적으로 평가지표를 초과하는 성과를 기대하고 독려하게 된다는 것이다. 하지만 정부의 평가지표에 어떤 것이 포함되느냐에 따라 차이는 있겠지만 대개 정량평가가 주를 이루기 때문에 사업 수행기관은 사업 추진에 있어서 질적인 측면보다 양적인 측면에 관심을 기울이게 된다는 점을 유의해야 한다. 즉, 사례관리 대상자 발굴과 서비스 지원 과정에서 평가지표에서 정한 목표 인원을 발굴하는 것이 중요하므로 다양한 요구를 가진 대상자에게 양질의 서비스를 제공하는 것보다 발굴 목표 수를 채우는 데 더 신경을 쓰게 된다는 것이다.

일반적으로 공공부문 사례관리 사업은 노인맞춤돌봄서비스, 드림스타트, 방문건강관리, 의료급여사례관리, 자활사례관리, 중독사례관리, 정신건강사례관리, 통합사례관리 사업을 말한다. 이 사업들의 공통점은 공공행정에서 서비스 전달 조직과 절차를 직접 관리하고 재정을 지원하며, 대상자의 욕구 파악과 서비스 연계 및 제공이라는 사례관리의 주요 기능을 채택하고 있는 사업으로 보건복지부가 공공부문 사례관리 사업의 범주로 정한 사업들이라는 것이다. 유형별 공공부문 사례관리 사업을 구체적으로 살펴보면 **그림 2-4**와 같다.

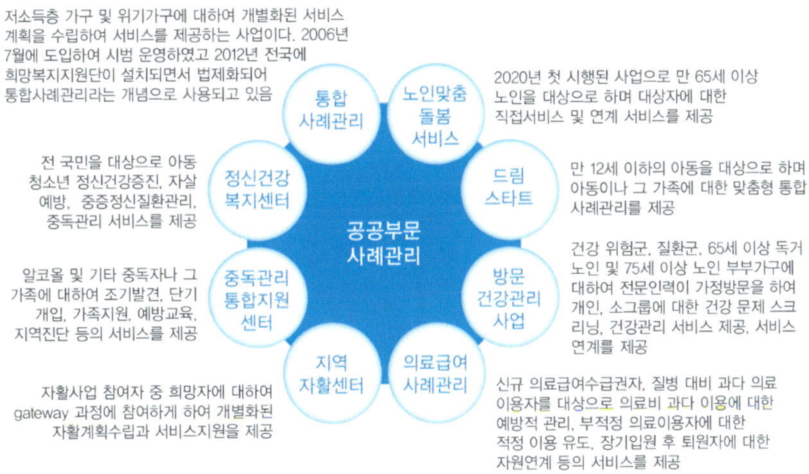

그림 2-4. 유형별 공공부문 사례관리

그리고 **그림 2-5**는 **그림 2-4**에서 제시한 8가지 사례관리 사업을 공공사례관리라고 칭한 이유를 보여 준다. 즉, **그림 2-5**는 읍 · 면 · 동 게이트웨이 기능과 절차를 도식화한 것으로 사례관리업무의 흐름을 보여 주고 있다. 사례관리대상자의 주거지인 읍 · 면 · 동에 찾아가는 보건복지팀이 있고 지역에 설치된 개별사업기관들이 여러 경로를 통해 의뢰 · 접수된 대상자에 대하여 찾아가는 복지팀과 상호 연계를 통하여 접수에서 종결까지 지속적인 소통을 하게 된다. 여기에는 기본적으로 행복e음이라는 복지행정시스템을 중심으로 개별행정시스템이 연계되는 방식으로 대상자 선정과정을 공유하고 통합사례회의 개최를 통해 대상자와 관련된 기관 사례관리자들 간의 주 사례관리자 선정, 제공될 서비스에 대한 상호제공, 모니터링 계획 등을 협의하도록 하는 지침을 따르고 있다. 결과적으로 '읍 · 면 · 동 찾아가는 보건복지팀'이라는 공공기관이 주도하는 사례관리 사업 수행방식이라고 할 수 있다(윤원일, 2021).

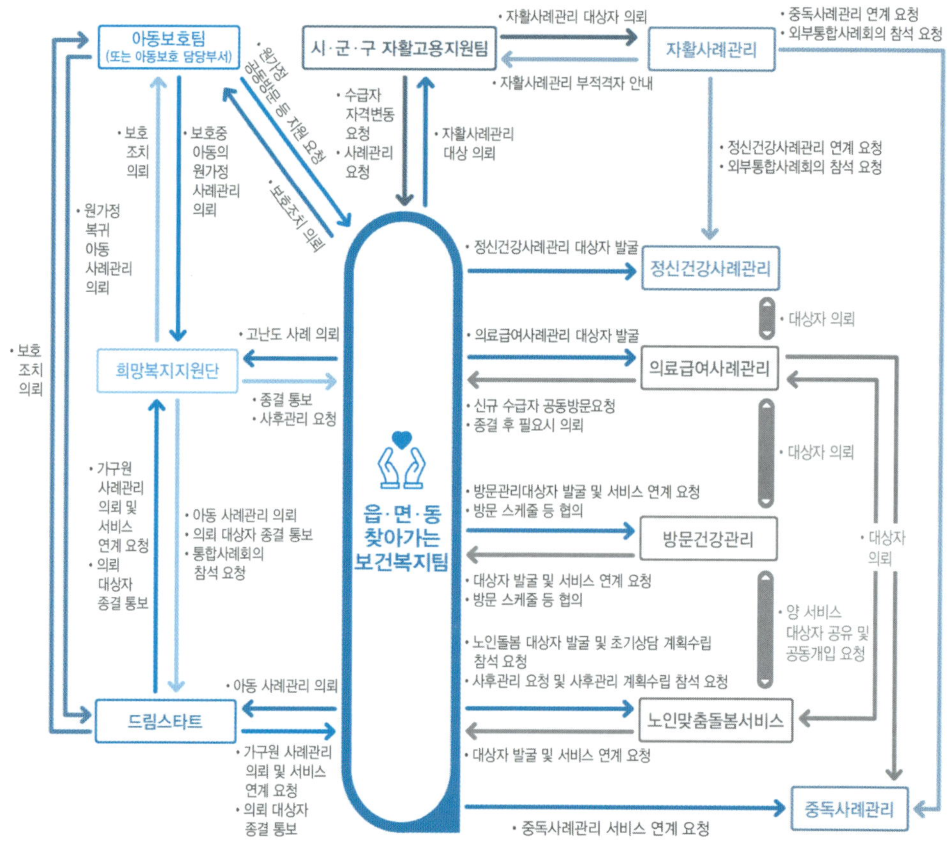

그림 2-5. 읍 · 면 · 동 게이트웨이 기능과 절차

이와 같은 각 사업이 사례관리를 수행하는 종사자들에게 부여하고 있는 업무의 내용을 살펴보면 표 2-3과 같다.

표 2-3. 공공부문 사례관리 수행인력의 업무 내용

사업명	지침상 직무내용
노인맞춤돌봄서비스	1. 사업계획 수립 및 추진 2. 생활지원사 교육 · 관리 및 업무 배정 · 조정 3. 대상자 선정조사, 서비스 상담 및 서비스 제공계획 수립 4. 서비스 제공현황 모니터링 및 재사정 · 종결처리 5. 집단프로그램 기획 및 운영 6. 지역자원 발굴 · 연계, 후원금품 모집 · 배분 7. 사업추진실적 관리 8. 심의회 참석 및 안건보고 9. 특화서비스 제공 및 대상자 관리 10. 방문요양 수급자 현황보고 11. 타 권역 수행기관 실무협의체 참석 12. 사례관리 관리 인원 기준(1인당): 약 240명
드림스타트	1. 지역 내 복지 자원 발굴 및 연계망 구축 2. 맞춤형 정서 및 사회성 발달, 보건, 보육 서비스 기획 및 운영 3. 자원봉사자 및 학교연계 프로그램 관리 등 4. 취약계층 아동가구 조사 5. 월 1회 기본서비스(가정방문) 6. 보건소 등 연계 프로그램 관리 7. 담당자 대상 주 1회 이상의 사례회의 주관참여 8. 사례관리 관리 인원 기준(1인당): 20명~70명 이하
방문건강관리	1. 건강관리서비스를 제공하기 위해 간호인력 중심으로 다학제 팀 접근 2. 의사, 한의사, 간호사, 물리/작업치료사, 치과위생사, 영양사, 사회복지사, 간호조무사, 자원봉사자 등의 인력을 활용하여 운영 3. 각 직종별로 관련 법령이 정한 건강 관련 서비스계획 및 제고업무 4. 방문건강관리사업은 상시 · 지속적 국고보조사업임. 따라서 수행인력은 전문자격을 소지한 종사자가 대부분이나 거의 비정규직인 2년 이내의 계약직으로 업무 시작 5. 사례관리 관리 인원 기준(1인당): 관련 지침 없음

사업명	지침상 직무내용
의료급여사례관리	1. 시 · 군 · 구 특성을 고려한 사례관리사업 계획 수립 및 결과보고 2. 의료급여사례관리 수행: 신규수급권자, 외래이용자, 장기입원자 등 3. 의료급여일수 연장승인 관리, 조건부 승인(선택의료급여기관) 4. 상해요인조사, 중복청구 업무 등 5. 실적보고 및 자체평가 실시 6. 사례검토회의, 유관부서와 연계회의 등 개최 7. 시 · 군 · 구 특성을 고려한 지역 특화사업 8. 사례관리사업홍보 및 교육 9. 사례관리 관리 인원 기준(1인당): 300명
자활사례관리	1. Gateway를 비롯하여 참여자 상담, 교육지원, 근로의욕 고취, 각종 서비스 연계, 사후관리 등 사례관리 업무를 수행 2. 사례관리 관리 인원 기준(1인당): 10명
중독사례관리 · 정신건강사례관리	1. 사례관리 업무 수행 2. 행정기본업무 수행 3. 정신건강증진 사업 및 지역사회 조직사업(지역사회 교육 등) 수행 4. 사례관리 관리 인원 기준(1인당): 관련규정 없음
통합사례관리	1. 대상자 접수, 욕구 및 위기도 조사 실시, 서비스 제공계획 수립, 서비스 제공의뢰 및 점검, 종결업무 수행 등 2. 보건복지상담센터(129)로부터의 이관민원 처리 3. 사례관리 관리 인원 기준(1인당): 20명

구체적으로 노인맞춤돌봄서비스의 사례관리자는 기관의 행정업무, 대상자 선정 등 관리업무, 프로그램 운영, 자원관리, 회의 참석, 현황보고 등 사업안내에 명시된 11가지 업무를 수행하고 있다. 이 사업은 거의 대부분 위탁 운영되고 있으며, 기한을 정하지 않는 일반적 고용계약으로 채용되고 있고 사례관리자당 사례관리 대상자 수는 약 240명 내외로 한국사례관리학회가 제시한 사례관리 담당 인원 20명의 12배에 이르는 것으로 나타나고 있다.

드림스타트의 사례관리자는 사례관리 업무를 포함한 명시된 7개의 업무를 담당하고 있으며, 운영 주체가 지방자치단체로 공무원과 고용계약에 따른 일반인이 채용되어 있고 1인당 사례관리 인원은 약 240명이다.

방문건강관리 사업은 다학제팀 접근방식을 택하고 있으며, 각 사례관리자가 본인의 전문분야에 대한 서비스를 직접 수행하는 특징을 가지고 있고, 지자체의 보건소 팀에 속해 있으며 공무원 신분의 사례관리자도 있지만 대체로 고용계약에 따른 일반인이 채용되어 사업을 수행한다. 사례관리 인원은 사업안내에 명시된 사항은 없지만, 현장 사례관리자들은 연간 300~500명 정도까지 관리하고 있다. 이런 높은 수치는 사례관리자의 잦은 입·퇴사로 인한 것으로 채용이 제때 이루어지지 않으면 일시적으로 500명 이상을 관리하는 때도 있기 때문이다.

의료급여사례관리 사업은 사례관리업무를 포함한 8개의 명시된 업무를 담당하고 있으며, 모두 지자체 소속의 고용계약에 따른 일반인이 채용되어 있고 1인당 사례관리 인원은 300명이다.

자활사례관리는 민간위탁운영하고 있으며 자활사업 종사자와 별개로 사례관리대상자가 10명 이상 있는 경우 별도 채용하도록 하고 있고, 그 이하인 경우 센터 내 팀장들이 역할을 수행하고 있다. 1인당 사례관리 인원은 규정되지 않았으나 사례관리 대상자가가 10명 이상일 경우 사례관리자를 채용하도록 되어 있다.

중독사례관리·정신건강사례관리에서는 사례관리업무를 포함한 3가지 업무를 병시하고 있으며, 직영·위탁운영이 혼재되어 있으나 사례관리인력은 공무원이 아닌 고용계약에 따른 민간인이 대부분이다. 1인당 사례관리 인원은 규정하지 않고 있다.

통합사례관리 사업은 사례관리 업무 2가지를 명시하고 있으며 사례관리자는 공무원과 고용계약에 따른 일반인이 채용되어 근무하고 있다. 1인당 사례관리 인원은 한국사례관리학회 '사회복지 사례관리 표준 실천지침'이 제시하고 있는 20명을 적정 사례 수로 명시하고 있다.

지금까지 살펴본 공공부문 사례관리 사업에서 각 사업의 사례관리자가 담당하고 있는 업무는 사례관리업무를 포함하여 개별 사업이 갖는 고유 사업의 업무를 동시에 하는 것을 알 수 있다. 또한 현재 업무의 많고 적음을 알 수 있는 1인당 사례관리 인원은 사업의 특성에 따라 10명에서 300명까지 폭넓게 분포하고 있는 것을 알 수 있다.

이상의 공공부문 사례관리 사업은 아동, 노인, 정신장애인, 알코올 · 도박중독자, 자활대상자 등의 다양한 대상자들에게 다양한 명칭의 사례관리 사업이 진행되고 있다. 공공부문 사례관리 사업의 사업수행과정을 살펴보면, **표 2-4**와 같이 각 과정의 세부 명칭을 약간씩 다르게 사용하고 있으나 초기면접단계에서 최종단계인 평가 및 종결단계에서 수행되는 업무의 내용은 유사하다고 할 수 있다.

표 2-4. 공공부문 사례관리 사업의 수행체계 비교

사업명	사업수행과정
노인맞춤돌봄서비스	접수 – 상담 – 심의결정 – 서비스계획 수립 – 서비스 제공 – 서비스 종결(재사정) – 종결 및 사후관리
드림스타트	접수 – 사정 – 계획 – 실행 – 점검 – 종결(재조사)
방문건강관리	발굴 – 면접 및 신체계측 – 사정 및 분류 – 건강관리계획 수립 –서비스 제공 – 재평가
의료급여사례관리	대상자 선정 – 요구사정 – 목표설정 및 계획 수립 – 수행 – 평가 및 종결
자활사례관리	인테이크 – 사정단계 – 계획 수립단계 – 실행 및 점검단계 – 평가 및 종결단계 – 사후관리단계
중독사례관리	상담접수 – 사정 – 서비스계획 수립 – 서비스 제공 – 점검 – 종료(재사정)
정신건강사례관리	의뢰접수 – 상담 및 욕구조사 – 대상자 선정 – 서비스계획 수립 – 서비스 제공 – 점검 – 종료(재사정)
통합사례관리	대상자 접수 – 욕구 및 위기도 조사 – 대상자 선정 – 서비스 제공 계획 수립 – 서비스 제공 및 점검 – 종결(재사정)

2) 사회서비스의 전자바우처

국내의 사회서비스는 일자리 창출이라는 주요한 목적에 따라 관련 정책이 수립되면서 그에 맞은 사회서비스 개념이 정립되었다. 그러므로 사회서비스의 개념 또한 각각의 정책에 따라 개념이 각기 달리 사용되기 시작하였다. 사회서비스(social service)는 개인 또는 사회 전체의 복지증진 및 삶의 질 향상을 위해 사회적으로 제공되는 서비스를 말하며, 공공행정(일반행정, 환경, 안전), 사회복지(보육, 아동, 장애인, 노인보호), 보건의료(간병, 간호), 교육(방과 후 활동, 특수교육), 문화(도서관, 박물관, 미술관 등 문화시설 운영)를 포괄하는 개념이며, 모든 국민을 대상으로 하는 공공부조, 긴급구호, 4대 보험 등과 같은 최소한의 사회적 안전망의 하나로 수요계층에 따라 계획 및 진행되는 서비스로 구분된다(주옥인, 2020).

일반적으로 사회서비스라는 의미는 정부에서 정책적으로 추진하고 있는 전자바우처 관련 사업을 중심으로 노인 돌봄 서비스, 장애인 돌봄 서비스, 가사 간병 방문사업 등 서비스 분야로 의미를 축소화할 수 있으며, 이러한 서비스는 기존의 사회보장정책 서비스와는 달리 수혜자들의 선택권을 강조한다는 특징을 지니고 있다. 이처럼 사회서비스는 공공서비스에 속하는 개인과 사회 전체의 복지증진 및 삶의 질 향상을 위하여 제공되는 서비스로서 수혜자에게 직접 제공되는 수혜자중심의 서비스이다.

이와 더불어 바우처(voucher)의 의미는 일반적으로 증서나 상품권을 의미하지만, 학술적으로는 정부가 제공하고자 하는 특정상품(서비스)에 대한 지불인증권을 말한다. 즉, 정부가 일정한 자격 기준이 되는 개인에게 특정한 재화 및 서비스에 대해 쿠폰이나 카드 형태로 구매권을 인정해 주는 정책수단이라고 할 수 있다. 따라서 바우처 제도는 정부가 제한하는 특정한 서비스 또는 재화가 있어야 하는 수혜자에게 총금액의 일정 부분에 해당하는 구매에 대한 권리를 부여하며 공급자에 대해서 특정 서비스 제공에 대한 비용을 사후에 지불하는 서비스 전달체로 대부분 상품을 구매할 수 있는 구매권이나 상품권을 제공하는 형태를 취하고 있다.

이러한 바우처의 특징은 상품을 이용할 수 있는 구매력을 제공할 수 있으며, 구매하는 상품의 종류 및 양, 범위 등에 대한 제한이 가능하고, 특정한 정책 목적이나 취지에 따라 선택권을 조정하거나 통제할 수 있다는 것이다. 또한 수요자와 공급자에게 별도의 자격 기준을 설정하여 이용의 합리성을 추구할 수 있다. 이처럼 바우처 제도는 정부지원금과 수혜자가 일정 부분을 부담함으로써 선택권의 강화 및 권리의식을 강화하고 다수의 공급자 간의 시장경쟁을 통하여 서비스의 품질 제고 및 효율성 제고를 유도하여 질 좋은 사회서비스를 제공할 수 있다. 공공서비스 분류상에서의 바우처 제도의 특징을 살펴보면 **표 2-5**와 같다.

표 2-5. 공공서비스 분류상에서의 바우처 제도의 특징

비용부담	공동			민간		
공급형태	계약	직접	바우처	시장	자원체제	셀프서비스
	민간위탁/ 아웃소싱	기관에 직접교부금 형태로 지원	보육, 교육, 주택, 식품권 등	민간탁아, 노인 장애자 요양시설	자원봉사기관	가족 구성원 간의 비공식 서비스 전달
생산/전달	민간	민간/공공	민간/공공	민간기업	민간	민간

출처: 한국개발연구원(2006). 재정 효율성 제고를 위한 시장원리 활용방안.

이와 더불어 전자바우처는 이용 가능한 서비스의 금액이나 수량이 기재된 이용권으로 전자바우처는 서비스 신청, 이용, 비용 지불 및 정산 등의 전 과정을 전산시스템으로 처리하는 전달수단을 말한다. 즉, 전자바우처는 전산시스템을 이용하여 사회서비스를 필요로 하는 사람에게 카드를 발급하여 서비스를 받게 하고, 카드로 비용을 지불하게 하는 방식이다. 이러한 서비스를 설계할 때에는 적용대상을 전 국민에게 보편적으로 할 것인지, 소외계층의 잔여적 부문으로 설계할 것인지를 고려하여야 한다. 또한 서비스 수요자의 소득을 고려하여 소득에 반비례하는 누진적 방식으로 할 것인지, 아니면 모두가 동일하게 적용되는 정액 방식으로 할 것인지 등 대상, 지원 수준, 서비스 요금을 고려하여 설계되어야 한다.

전자바우처는 원칙적으로 기존의 수혜 혜택을 종이나 수표 방식으로 제공하는 대신 전자결제방식에 의하여 수혜자의 은행 계좌를 통하여 정부의 수혜 혜택을 직접 제공하는 것을 말하는데 입금된 금액의 범위 내에서 수혜자들이 현금을 직접 인출하여 사용할 수 있으면 전자식 현금보조(electronic cash support)가 되고, 금액 내에서 상품과 서비스를 구입할 수 있으면 전자바우처(electronic voucher)이다.

이처럼 전자바우처 제도는 일차적으로 공공서비스 부문에 바우처 제도를 활용하여 효율성과 형평성 제고를 할 수 있지만 이러한 목적 외에도 표 2-6과 같이 다양한 목적을 가지고 전자바우처 제도가 사용되고 있다.

표 2-6. 전자바우처 제도의 목적

- 전자바우처는 공공서비스의 효율성과 형평성 제고로 사용되고 있으며, 바우처의 선택권 행사에 따른 이용자의 만족도 향상과 경쟁에 따른 생산비용 절감 등 효율성 실현의 목적이 있다.
- 정부가 의도하는 특정한 분야의 재화나 서비스의 소비 촉진을 목적으로 시행되거나 문화관광산업의 활성화를 목적으로 사용되기도 한다.
- 공공부문의 비효율성을 해결하기 위해 민간부문의 생산시설이나 제도를 이용할 경우에도 활용될 수 있다. 정부 내 생산을 하면 관료제에 의한 비효율성이 높아서 시장메커니즘에 근거한 바우처를 이용할 경우 이러한 문제를 극복할 수 있기 때문이다.
- 전자바우처는 특정 공공서비스에 대한 구매액을 한정함으로써 정부 예산을 통제할 목적을 가지고 활용되기도 한다.
- 전자바우처는 계약생산 방식에 수반된 대리인 비용을 최소화할 수 있어 수혜자들의 선호도와 수요 정도를 파악할 수 있어서 최적 규모의 공공서비스 제공을 소비자에게 선택권을 부여함으로써 시장기능을 통해 이룰 수 있다.

이와 같은 바우처 제도는 그 지급형태에 따라 명시적 바우처, 묵시적 바우처 및 환급형 바우처로 분류된다. 쿠폰이나 전자바우처 등 바우처가 명시적으로 사용되는지 그렇지 않은지에 따라 명시적 바우처와 묵시적 바우처로 구분되고, 서비스 거래 후에 지원금을 환급받는지 여부에 따라 환급형 바우처로 구분되며, 수혜대상이 전체 소비자인지 특정 자격요건을 갖춘 일부의 소비자인지에 따라 보편적 바우처(universal voucher)와 선별적 바우처(selective voucher)로 구분된다. 이 외에도 바우처 지급액이 균등한지 아니면 수혜자 조건이나 공급자 가격에 따라 차등화되는지에 따라 균일바우처(uniform voucher)와 차등바우처(differenced voucher)로 구분된다. 서비스 성격에 따른 전자바우처의 특징을 살펴보면 표 2-7과 같다(주옥인, 2020).

표 2-7. 서비스 성격에 따른 전자바우처의 특징

구분	아동 보육	초·중등 교육	직업 훈련	고등 교육	식료품 바우처 (Food stamp)	공공 주택	공적 부조
기본목표	가치재 소득재분배	가치재 소득재분배	가치재 소득재분배	가치재	소득재분배	소득재분배	소득재분배
경쟁정도	양호	가변적	양호	양호	양호	양호	양호
정보공개범위	낮음	중간	중간	중간	낮음	낮음	중간
초기공급구조	공적/사적	공적	공적/사적	공적	사적	공적/사적	공적/사적
바우처금액의 차별정도	높음	중간	높음	중간	낮음	높음	높음
보편성의 정도(보편적–U, 아닐 경우–C)	U 혹은 C	U	U	C	C	C	U 혹은 C
자산조사	대체적	대부분	없음	대부분	예	예	대체적
사적공급자의 바우처 상환	가능할 것	가능하지 않을 것	불가능	가능성 있음	가능	가능	가능할 것
추가소비비용(Top–up fee) 부가여부	예	아니오	아마도	가능할 것	예	예	예

출처: Cave & Martin(2001). Voucher Program and their Role in Distributing Public Services.

이처럼 전자바우처 시스템하에서의 서비스는 신청에서부터 이용, 비용 지급, 정산 등의 전 과정이 전자시스템으로 관리 및 기록되기 때문에 각 이용자의 서비스 이용이 누락 없이 축적되어 향후 빅데이터 활용을 통해 시스템의 효율화 및 서비스 만족을 추구할 수 있다. 전자바우처 시스템의 운영상의 특징을 살펴보면 표 2-8과 같다(주옥임, 2020).

표 2-8. 전자바우처 시스템의 운영상의 특징

- 전자바우처의 시스템은 표준화된 결제 수단을 통해 소비자가 원하는 서비스를 자발적으로 선택하고, 서비스 수요변화 등에 신속하게 대응할 수 있다.
- 전자바우처의 시스템은 서비스 운용정보를 실시간으로 받아 개별적인 바우처의 이용 형태 및 이용 실적에 대한 실시간 모니터링이 가능하여 부정사용 방지가 가능하다.
- 전자바우처의 시스템은 상호인증시스템의 전용 단말기를 사용함으로써 행정업무가 경감되고 전자결재와 지급정산에 따른 관리비용이 절감되며 서비스 이용 시 도우미의 신분확인과 서비스 내용이 보증되어 이용자에게는 편익을 관리자에게는 감독의 용이성을 제공해 준다.

3) 지역사회통합돌봄

'지역사회통합돌봄'은 자신이 살던 곳, 즉 집에서 거주하며 개인의 욕구에 맞는 복지서비스를 제공받는 새로운 사회서비스 체계라고 할 수 있다. 김승연 등(2018)의 지역사회통합돌봄 서비스에 관한 연구에서는 건강, 의료, 주거지원서비스를 제시하고 있다. 첫째, 지역사회통합돌봄은 1차 의료체계를 통해 심뇌혈관질환, 근골격계질환 등 만성질환을 관리, 예방하고 지역사회 내(공공의료체계) 방문진료, 방문재활, 방문간호 등 재택의료 시스템을 구축하여 가정에서 치료를 받을 수 있도록 관리하는 것이다. 둘째, 사회적 돌봄서비스(social care)는 이용자의 집에서 서비스가 제공되고 재가서비스와 지역사회 시설에서 낮시간 동안 서비스를 이용하며, 주간 활동 서비스 등이 제공되는 것이다. 셋째, 주거지원 돌봄은 지역사회에서 개인에 대한 직접적인 돌봄서비스 외에 소득, 주거, 교통, 여가 활동 등 지역사회 인프라를 확대하여 자립생활을 지원하는 것이다. 즉, 자신이 살던 주거지 외 간호와 돌봄 서비스가 포함된 공동주거지원 재가와 준재가 중심 돌봄이 가능하도록 주거지원 서비스가 제공되어야 하며, 자립생활 지원은 공적 서비스뿐만 아니라 지역공동체나 민간자원을 활용하여 제공한다.

이와 같은 지역사회통합돌봄의 주요정책은 '지역주도형 정책'으로 지자체가 지역 여건에 적합한 통합돌봄의 모형을 발굴 · 검증 · 보완할 수 있는 지자체의 자율성 및 다양성을 보장하고 있다(보건복지부, 2020). 중앙정부에서는 가이드라인만을 제시하고 지자체가 자율적으로 시행한다는 점에서는 이전 시범사업과는 차이점이 있다. 즉, 지자체의 자체적인 기획과 추진 역량을 요구하고 있으며, 정부가 제시하는 기본계획을 바탕으로 지역고유성과 자율성을 살린 지역중심모델을 구축하는 것으로 기본원칙은 **표 2-9**와 같다(박성아, 2023).

표 2-9. 지역사회통합돌봄 정책의 기본원칙

- 중앙정부의 역할로서 지역사회통합돌봄 핵심요소 구현을 통해 건강한 노후를 보낼 수 있도록 제공기반을 구축한다. 핵심사업으로 주거지원 인프라 확충, 방문건강 및 방문보건의료 실시, 재가 장기요양 및 돌봄서비스 확충, 돌봄 대상자 중심의 민관서비스 연계 및 통합제공, 법률과 제도 반영 등이다.
- 중앙정부와 지방자치단체의 역할로서 지역사회가 주도하여 다직종 연계를 구현하고 지역적 특성에 적합한 통합돌봄 모형을 개발하는 것이다.
- 지방자치단체의 역할로, 지역 진단을 기반으로 핵심 돌봄 대상자를 발굴하고 통합돌봄 프로그램을 운영하여 지자체별 통합돌봄 모형을 개발한다. 이를 위해 보건의료와 복지 간 통합을 위한 노력에 집중하고, 지역실정에 맞는 서비스 및 모형을 개발하여, 다직종 연계협력을 통한 대상자 발굴 및 연계를 강화한다.

지역사회통합돌봄 사업의 개요는 시 · 군 · 구 기본사업 단위 노화 · 사고 · 질환 · 장애 등으로 케어가 필요한 상태에서 평소 살던 곳에서 지내기를 희망하는 노인과 장애인, 만성질환자 대상자 등 욕구에 기반한다. 따라서 주거 · 보건의료 · 요양 · 돌봄서비스를 연계하고 통합적으로 제공하여 지역사회 독립생활을 지원하는 사업내용으로 구성되어 있다(보건복지부, 2019).

다시 말해 보건복지부에서는 지역사회통합돌봄을 "돌봄이 필요한 주민(노인, 장애인, 정신장애인 등)이 살던 곳(자기 집, 그룹홈 등)에서 개개인의 욕구에 맞는 서비스를 누리고, 개인의 존엄성과 독립성 유지하며, 지역사회와 함께 어울려 살아갈 수 있도록 주거, 보건의료, 요양, 돌봄, 일상생활 지원이 통합적으로 확보되는 지역주도형 정책"으로 정의하고 있다(보건복지부, 2018).

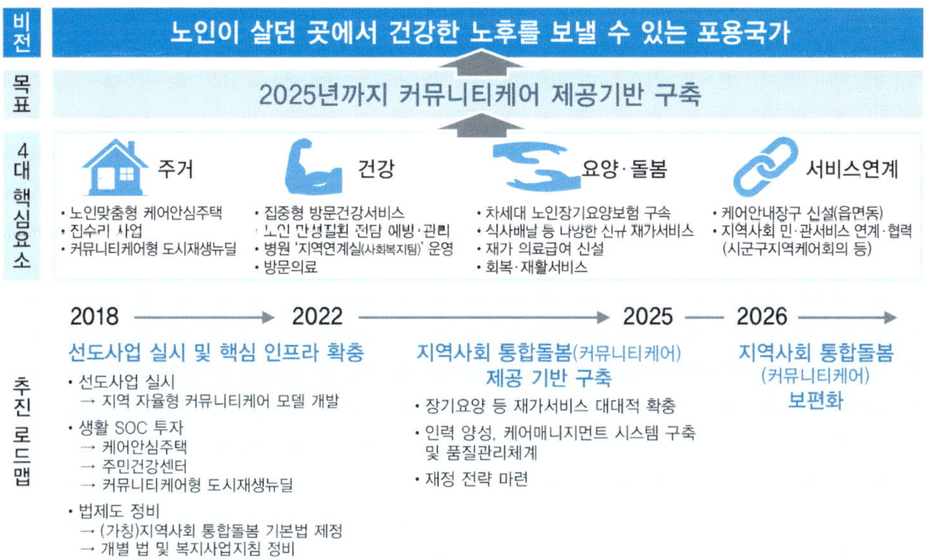

그림 2-6. 지역사회통합돌봄의 로드맵

출처: 보건복지부(2018). 지역사회통합돌봄자체추진 가이드 북.

2018년에서 2022년까지 선도사업 실시 후 핵심인프라 확충, 2025년까지 지역사회통합돌봄 제공기반을 구축하고자 하는 것이 지역사회통합돌봄사업 목표라고 볼 수 있다. 2026년 이후는 지역사회통합돌봄을 보편화하기 위한 로드맵을 구성하고 있다.

기본계획 발표 이후 정부는 전국 지자체 16개 기초지방자치단체를 대상으로 지역주도형 정책으로 지역실정에 적합한 통합돌봄의 모형을 발굴, 검증 보완할 수 있는 지자체의 자율성과 다양성을 보장하는 지역중심 모델 구축을 기본원칙으로 제도를 시행하였다.

지역사회통합돌봄 대상으로는 노화 · 사고 · 질환 · 장애 등으로 돌봄이 필요한 상태로 평소 자신이 살던 곳에서 지내기를 희망하는 사람으로 규정한다. 2020년 노인실태조사에 따르면, 응답자 56.5%가 건강이 악화되어 거동이 불편해질 때에도 재가서비스를 받으면서 현재 살고 있는 집에서 계속 살기를 희망하는 것으로 조사되었다. 이는 대상자가 시설이나, 병원 대신 자신의 집에서 독립성, 존엄성을 최대한 지키며 지역사회의 일원으로 생활할 수 있도록 의료의 연속성을 보장 · 예방 · 지원하는 것이 중요하다는 것을 의미한다(보건복지부, 2020).

지역사회통합돌봄을 운영하기 위한 핵심요소는 통합돌봄 주요서비스와 공통기반 구축 영역으로 구분된다. 먼저 보건복지부(2020)의 『지역사회통합돌봄 추진 가이드북』에서 제안하고 있는 지역사회통합돌봄 추진방향에서는 중앙정부의 역할로서 지역사회통합돌봄 핵심요소 구현을 통해 건강한 노후를 보낼 수 있도록 제공기반을 구축하는 것이다. 지역사회통합돌봄 선도사업 핵심은 주거지원 인프라 확충, 방문건강 및 방문보건의료 실시, 재가 장기요양 및 돌봄서비스 확충, 돌봄 대상자 중심의 민관서비스 연계 및 통합제공, 법률과 제도 반영 등이며, 중앙정부와 지방자치단체의 역할로서 지역사회가 주도하여 다직종 연계를 구현하고 지역 특색에 맞는 통합돌봄 모형을 개발하는 것이다.

둘째, 지방자치단체의 역할로서 지역 진단을 기반으로 핵심 돌봄대상자를 발굴하고 통합돌봄 프로그램을 운영하여 지자체별 통합돌봄 모형을 개발하는 것이다. 이를 위해 보건의료와 복지 통합을 위한 노력에 집중하고, 지역실정에 맞는 서비스 및 모형을 개발하여, 다직종 연계협력을 통한 대상자 발굴 및 연계를 강화한다는 것이다.

그리고 지역사회통합돌봄사업의 4가지 핵심은, 첫째, 노인통합돌봄사업으로 재가에서 병원 및 요양시설에 '사회적 입원'을 예방하기 위한 모델로, 노인들은 자택 등 지역사회에 거주하고 있다. 그러나 노화, 사고, 질병, 상태 저하 등으로 지역사회의 케어가 없으면 요양병원 입원이나 시설 입소가 불가피해지는 노인층을 주요 대상으로 한다. 의료기관 입원 후 퇴원이 임박한 대상자의 경우에는 '지역연계실'의 의사, 간호사, 사회복지사가 읍 · 면 · 동 케어안내 창구의 사회복지 담당자와 공조하여 퇴원계획을 수립한 후 지역사회자원과 서비스를 연계하겠다는 것이다. 또한 여기에는 집에서 독립생활을 할 수 있도록 주거 개보수 및 케어 안심주택을 운영하는 것도 계획에 포함되어 있다.

둘째, 장애인을 대상으로 하는 선도사업으로 자립생활 및 지역정착을 포함하는 사업이다. 현재 거주시설에 입소 중이지만 지역사회에서 생활을 희망하는 장애인이나 집 또는 지역사회에 거주하고 있으나 장애가 심하거나 부양가족이 없어 일상생활의 어려움을 겪고 있어 케어가 필요한 장애인을 주요 대상으로 한다. 저소득층은 소득지원을 위해 기초생활보장특례를 적용하고, 직업재활 프로그램과 건강주치의를 통한 장애인 건강관리, 발달장애인을 위한 주간활동 서비스, 공공후견, 법률지원 등 다양한 서비스를 연계 · 제공함으로써 지역사회에서 장애인이 스스로 자립하여 살 수 있도록 지원한다.

셋째, 정신질환자의 지역사회 정착지원 선도사업이다. 정신의료기관 입원 치료 중 증상 호전으로 지역사회로의 복귀가 가능하다고 판단되는 대상자, 주거지 또는 지역사회에 거주하고 있지만 경증 · 초기 정신질환 등으로 서비스를 제공하지 않을 경우, 질환의 악화 또는 입원이 우려되는 사람을 주요 대상으로 한다. 정신의료기관 미시설의 퇴원 · 퇴소 예정자 본인이나 보호자 동의를 받아 퇴원 · 퇴소 예정인 자의적 정보를 연계하여 환자 평가 및 퇴원계획 수립에 이용하고, 퇴원 후 지역사회 정착을 위한 자립훈련이 필요한 경우 약 3~6개월 동안 자립체험주택에 거주하면서 집중 사례관리를 제공한다.

넷째, 노숙인 자립지원 선도사업은 거리 노숙인과 노숙시설에서 생활하고 있는 자들에 대하여 개인별 자립지원계획을 수립하고, 주거문제 등 자립에 필요한 서비스를 지원하며 노숙인 자활사업 등을 통해 일자리를 주고 자립할 수 있도록 지원할 계획이였지만 선도사업에서는 제외되었다.

지금까지 살펴본 지역사회통합돌봄에서 제안하고 있는 구체적인 사례관리 절차는 **그림 2-7**과 같다.

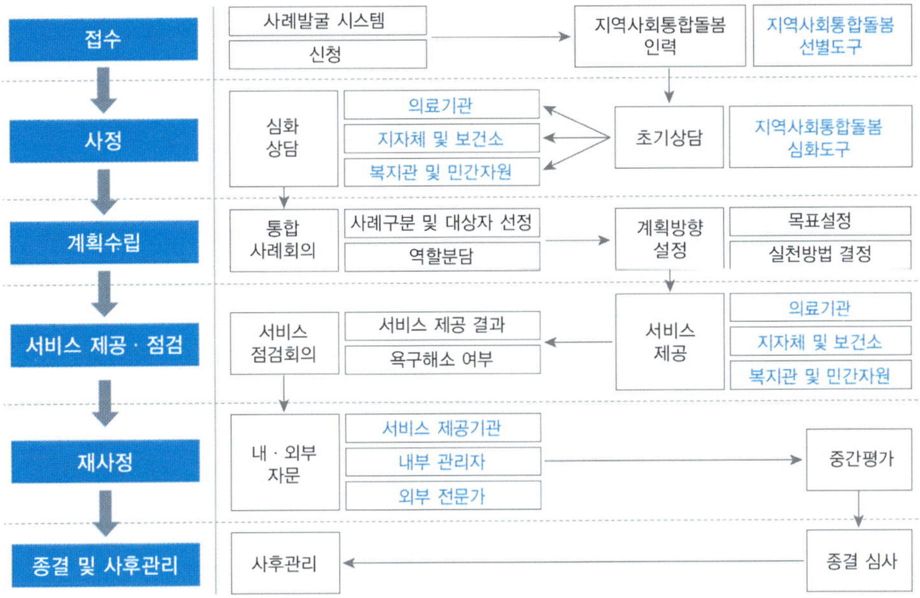

그림 2-7. 지역사회통합돌봄에서 제안하는 사례관리 절차

출처: 보건복지부(2018). 지역사회통합돌봄 자체추진 가이드 북.

03

Chapter

사회정의와 사회복지실천의 가치

배울 내용

1. 인권
2. 사회복지의 가치와 윤리
3. 윤리적 딜레마
4. 사회복지사의 윤리

학습 목표

1. 인권의 개념, 유형 및 위배 요인을 파악하고 사회복지와 인권을 설명할 수 있다.
2. 사회복지의 가치를 이해하고 사회복지실천의 윤리를 숙지한다.
3. 사회복지실천에서의 윤리적 딜레마의 상황과 원칙을 숙지한다.
4. 사회복지사의 윤리기준들을 숙지한다.

1. 인권

1) 인권의 개념

인권(Human Rights)은 천부적인 권리로서 인간이 내재적으로 갖는 존엄과 가치에서 파생된 개념 중의 하나로, 인권은 자신의 성장과 발전에 필수적이며, 모든 인간은 태어날 때부터 자유롭고 존엄성과 권리에 있어서 평등하다는 것이다(세계인권선언, 1948). 다시 말해 인간에 대한 본질적인 고민에서 출발한 인권은 인간이라면 누구나 태어나면서부터 가지는 기본적인 권리이자, 이것 없이는 인간으로 살 수 없는 권리이다.

우리나라 「헌법」에서도 "모든 국민은 인간으로서의 존엄과 가치를 가지며, 행복을 추구할 권리, 국가는 개인이 가지는 불가침의 기본적 인권을 확인하고 이를 보장할 의무를 지며 국가에 대해 인간다운 생활을 요구할 권리, 불합리한 차별을 받지 않을 권리, 국가권력이나 타인으로부터 간섭받지 않을 권리" 등을 보장하고 있다. 또한 인권은 국제법 및 국내법에 구체적인 권리로 보장되어 있고, 인권실현을 위한 다양한 노력에 의해 점차 확대, 발전되고 있는 개념 중의 하나이다.

2) 인권의 발전

전통적으로 인권은 법적 차원에서 주로 논의되어 왔다. 법적 차원에서의 인권은 「헌법」 이하의 법률을 통하여 보장하거나 대한민국이 가입·비준한 국제인권조약 및 국제 관습법에서 인정하는 인간으로서의 존엄과 가치 및 자유와 권리를 말한다.

인권의 개념은 17세기 이후 서유럽의 자유주의 정치사상에 입각한 자연법사상에서 비롯되었으며, 인권이란 용어는 인간의 권리라는 페인(Paine, 1791)의 저서 제목과 동의어인 '인간의 권리(right of man)'에서 유래되었다(허은실, 2010).

토머스 페인(Thomas Paine)

그리고 사회계약론과 천부인권사상 등은 미국독립혁명과 프랑스혁명에 영향을 주어 근대의 인권선언문을 탄생시켰고, 노동운동이나 사회주의 사상은 독일 「바이마르 헌법」 제정을 가능하도록 하였다.

또한 1945년 창설된 UN은 UN 헌장에서 인권보호에 관한 기본원칙을 밝히고 있다. UN 헌장은 국내 문제로 인식되던 인권문제를 국제적 관심사로 전환하였으며, UN이 이를 합법적으로 다룰 수 있게 하였다. UN 총회는 1948년 12월 10일 "세계인권선언"을 채택했는데, 1948년 당시 UN 회원국인 58개 국가들은 서로 다른 경제발전의 단계뿐만 아니라 다양한 정치체제와 문화 · 종교, 이데올로기적 배경을 가지고 있었다.

이와 같은 환경 속에서 세계인권선언은 두 가지 측면에서 중요한 의미를 가지는데(이동욱, 2018), 첫째는 세계인권선언은 세계에서 가장 많이 알려진 선언이라는 것이다. 이 선언은 약 250여 개의 언어로 번역된 세계에서 가장 많이 인용된 문서이다. 이러한 세계인권선언은 많은 국제조약의 모델이 되었고, 국제 인권법의 토대인 수많은 나라의 「헌법」 및 법률에 수용되었다. 따라서 세계인권선언은 인권을 보호하는 동시에 권익증진을 위한 법적 구속력을 가지게 되었다. 또한 조약체계를 포괄적으로 구성하는 60개 이상의 국제인권 규범을 고무시킨 이 선언은 간결하고 명확한 30개 조항으로 여러 인권영역을 고루 다루고 있다.

둘째, 세계인권선언은 법률에 나타난 인권영역에 대한 일반적인 기본권(행복추구권, 평등권), 자유권적 기본권(신체의 자유, 사생활에 관한 자유권, 정신적인 활동에 관한 자유권, 정치활동에 관한 자유권), 생존권적 기본권(인간다운 생활과 교육을 받을 권리, 근로 및 근로자의 3권, 보건에 관한 보호를 받을 권리, 환경권, 청구권적 기본권)의 유형을 제시하고 있다는 것이다.

19세기 후반부터 20세기에 접어들면서 1차 세계대전과 급속한 자본주의 발전은 기존의 자유권 중심의 인권의 개념이 한계를 드러내기 시작하였다. 이에 따라서 사회·경제적 강자의 경제활동자유에 대해서는 적극적으로 제한을 두고, 사회·경제적 약자의 기본적 생존을 보장하기 위해서 사회권이라는 개념이 본격적으로 등장하게 되었다(김경미, 2013). 이 두 개의 권리(자유권과 사회권)는 대립되는 부분도 있지만 상호 보완에 따른 중요성과 인식이 높아지면서 서로의 경계가 허물어져 가고 있다. 즉, 사회권은 인간다운 생존을 위하여 필요한 적극적인 권리로서, 교육, 건강, 주거, 수입 보장, 고용과 관련된 국가의 의무 등을 다루고 있는데, 이것은 자유권을 제대로 보장하기 위해 반드시 필요한 인권의 구성요소로 인식되고 있다(김경미, 2013). 그리고 또 하나의 성격을 가지는 평등권은 자유권, 사회권, 제3세대의 인권인 연대권 중 어느 인권에 포함될 수 없는 별도의 중요한 개념으로 부각되고 있다.

인권은 사회복지실천분야에서 매우 중요한 개념이다. 왜냐하면 인권이 사회복지의 목표나 가치를 달성하는 데 인권과의 연관성을 무시하고는 목적을 달성할 수 없기 때문이다. 인권은 말 그대로 사람의 권리이다. 근대 이후 인권의 개념이 남성만의 권리를 의미하고 있었지만 여성주의의 등장으로 인권은 남성만의 권리가 아니라 여성까지 포함하는 모든 인간의 권리를 의미하게 되었다. 그러므로 인권은 사람으로서 사람답게 살기 위해 요구되는 권리이며, 인간 모두에게 인정되는 권리이다. 따라서 인권은 인류의 보편적인 권리라고 할 수 있다.

3) 인권의 유형

인권의 핵심 개념인 인간의 존엄성은 고대 그리스의 스토아학파 철학자인 클레안테스(Kleanthes, BC 330~231년 추정)와 로마시대의 철학자 치체로(Cicero, BC 106~43)에 의해 처음으로 등장하였다(오혜경, 2008). 인권개념의 기원은 미국의 독립신언(1776)과 프랑스 혁명(1789)이 진행되고 있던 시기에 국민의회가 국민으로서 누려야 할 권리에 대해 선포한 인권선언에서 찾을 수 있다(김흥수, 2014).

인권의 개념은 단계적으로 소극적에서 적극적으로 발전해 왔으며, 이의 출발점인 억압에 저항하는 것으로 인간의 물질적 · 비물질적인 욕구를 충족하기 위한 권리와 자원생산 및 분배에 대한 참여를 평등하게 할 권리 등으로 발전되어 왔다. 인권규범의 가장 기본이 되고 있는 세계인권선언(1948)을 통해 인권의 3단계 발전과정에 따른 보편적 인권개념을 세 가지로 구분할 수 있는데, 즉 자유권을 제1세대, 생존권을 제2세대, 연대권을 제3세대로 구분하여 설명할 수 있다(김경미, 2013).

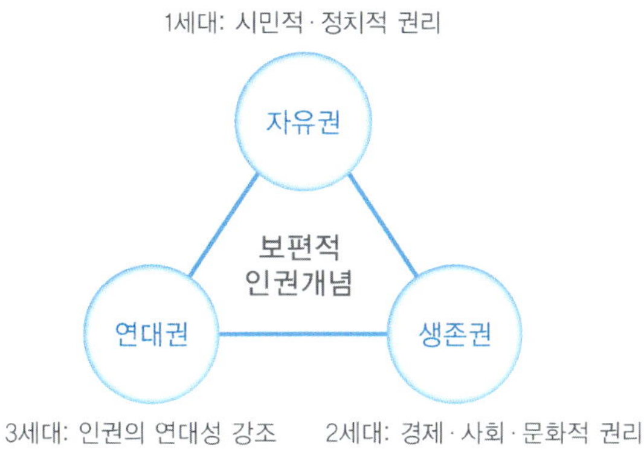

그림 3-1. 보편적 인권의 개념

첫째, 자유권은 시민적 · 정치적 권리로써 개인주의적 요소가 강하고 이는 정부의 역할을 제한하기 때문에 소극적 권리로도 불린다.

둘째, 생존권으로 경제 · 사회 · 문화적 권리이다. 인간의 잠재력을 최대한으로 실현시키는 데 필요한 사회적 제반 지원을 요구하는 적극적 권리를 정부는 제공해야 한다. 사회복지는 제2세대 권리 중 사회권과 밀접한 관계가 있으며, 이는 복지권의 시각에서 이해는 되지만 일반 대중에게서 인권의 문제로까지는 인식하지 못하고 있다.

셋째, 연대권은 인권의 연대성을 강조하는 권리이다. 연대는 국가 간의 집단적인 권리도 포함되며 인류 공동체적인 연대, 즉 평화, 경제발전, 환경보호 등에 대해 국가 간의 상호협력을 필요로 한다.

카렐 바삭(Karel Vasak)은 인권의 단계를 자유권과 사회권, 그리고 연대권의 3세대 인권론으로 분류하고 있다(장경희, 2018; Vasak, 1982). 자유권은 제1세대 인권으로서 신체의 자유와 사상의 자유, 시민 · 정치적 권리를 의미하며, 참정권도 이에 해당한다. 사회권은 경제 · 사회 · 문화적 권리로서 제2세대 인권에 해당하며 노동권과 교육권, 그리고 의 · 식 · 주 등의 생존과 사회보장, 평등권도 여기에 해당된다. 제3세대 인권의 집단권 또는 연대권은 발전권과 자결권, 그리고 최근 문제시되고 있는 미세먼지 등의 환경권과 평화권을 포함하고 있다. 이것은 국제정치 및 경제, 문화적 변화의 과정 속에서 계속적으로 문제가 제기되고 연대적 논쟁을 통해 인권의 이름으로 재확립되고 있다.

또한 아이프 등(Jim Ife)도 역사적인 발전단계를 기준으로 인권의 발전과정을 3세대 인권론으로 분류하고 있다(장경희, 2018). 제1세대 인권은 자유권으로 시민적 · 정치적 자유권이 이에 해당되며, 기본적 자유와 정치적 기본권 등의 개인주의적 관점에 기반을 두고 있다. 사생활 보장과 거주, 출판과 언론의 자유, 종교와 집회 · 결사의 자유, 이전의 자유, 자유로운 사회활동의 참여와 자유권에 해당하는 인간으로서 존엄하게 대우받을 권리, 국민투표권 및 선거 · 피선거권과 공무담임권 등의 정치적 기본권, 차별을 받지 않을 권리가 자유권에 해당한다. 제2세대 인권은 사회권으로 이것은 국민이 국가에게 인간다운 삶을 영위하기 위하여 필요한 사회적 보장을 요구할 수 있는 권리이다. 구체적으로 경제적 · 사회적 · 문화적 권리가 이에 해당하며, 이것은 인간으로서의 잠재성을 개발할 수 있도록 사회서비스와 사회적 급여 등을 받을 적극적 권리를 의미한다. 노동권인 적정임금을 받고 일할 권리, 의료서비스와 사회보장 등의 복지권, 교육을 받을 권리와 자유로운 문화생활의 참여에 대한 문화권, 여가에 대한 권리 등도 사회권에 해당한다. 제3세대 인권은 연대적 또는 집단적 권리로 평화권과 최근에 대두되고 있는 미세먼지 등으로부터 자유로울 수 있는 환경적 권리 등이 해당하며 공동체적인 지역사회 중심의 삶을 강조하기도 한다. 또한 깨끗하고 건강한 환경과 오염되지 않은 물 · 식량 · 공기에 대한 권리, 경제개발과 성장에 대한 권리, 경제성장의 혜택과 안정적이며 공동체적 사회에서 살 권리 등도 이에 해당한다.

4) 인권의 위배 요인

인권의 위배 요인을 편견과 차별로 구분하여 자세하게 살펴보면 다음과 같다.

(1) 편견

편견은 부정적 의미로서의 다름에 기인한다. 모든 인간은 외모도 다르고, 얼굴 크기 및 피부도 다르다. 그렇지만, 남보다 잘난 외모나 작은 얼굴과 피부 등은 부러

움의 대상이기보다는 편견의 대상이 된다. 그렇기 때문에 편견은 부정적 이미지를 가진 대상 또는 현상에 한하여 나타난다. 정신질환자, 장애인, 성적 소수자, 매춘부, 범법자, 노숙인 등이 아마도 대표적 편견의 대상일 것이다.

(2) 차별

차별은 힘에 의하여 발생하게 된다. 즉, 힘이 센 사람들을 힘이 약한 사람들은 차별할 수 없다. 그렇기 때문에 힘이 약한 사람들이 함께 모여서 시위하는 것은 모이면 힘이 생기기 때문이다. 차별을 다음과 같이 몇 가지 유형으로 분류할 수 있다(대한신경정신의학회, 2013).

첫째, 직접적 차별(direct discrimination)은 대상을 대놓고 차별하는 것이다. 이것은 흑인이니까, 전과가 있기 때문에, 정신질환이 있기 때문에 위험하다는 등의 '누구'이니까 또는 '무엇'이니까 안 된다는 식의 차별을 말한다. 대개의 직접적 차별은 흔하게 나타나지만 대외적으로 "나는 이런 사람들 차별합니다"라고 공개하지 않고 벌어지는 경우가 대부분이다.

둘째, 구조적 차별(structural discrimination)은 사회의 구조가 일반인들과 특정 대상이 동등한 입장에서의 경쟁을 할 수 없거나 또는 경쟁에서 아예 배제되는 상황을 말한다. 구조적 차별 때문에 정신질환자는 법적 제한으로 할 수 없는 직업이 생기고, 민간보험에서는 정신장애인이라고 가입하는 것을 거부당하기도 한다. 구조적 차별은 직접적 차별보다 사회적으로 공식화된 차별이라고 볼 수 있지만, 직접적 차별과 잘 구별하기 어려운 경우도 있다.

셋째, 내재화된 차별(internalized discrimination)은 자신에게 차별하는 것을 말한다. 이는 그동안 경험했던 차별의 학습된 결과일 수 있다. 이를테면 취업 면접 자리에서 면접관이 묻지 않았어도 정신질환이 있다고 말하는 것은 솔직한 것이라기보다는 '정신질환자인 나를 온전히 받아들여 줘야 한다'라는 절박함에 기인한다고 볼 수 있다. 즉, 스스로가 고혈압이나 당뇨병과 같은 신체적 질환과 자신의 정신질환을 다르게 취급하는 것을 말한다. 정신질환자들은 자신이 받는 차별에 실제로는 많이 분노하면서도 그 차별에 마음속으로 어쩔 수 없다는 수긍을 하며 차별에 동조하는 모습을 보인다. 따라서 이들이 당연한 듯 받아들이고 있는 차이를 차별이 아닌 다를 뿐이라는 인식을 심어 주기 위한 교육이 필요하다.

표 3-1. 차별의 유형

① 직접적 차별	② 간접적 차별

장애인 및 장애인 관련자(이하 "장애인 등"이라 한다)를 장애인이 아닌 사람과 구별하여 제한 · 배제 · 분리 · 거부 등 불리하게 대하는 경우이다.	장애인 등에 대하여 형식상으로 제한 · 배제 · 분리 · 거부 등 다르게 대하지 않지만 장애가 없는 사람과 획일적인 기준을 적용함으로써 정당한 사유 없이 장애인에게 불리한 결과를 초래한 경우이다.
③ 정당한 편의제공 거부	**④ 차별적 행위의 조장**

과도한 부담, 현저히 곤란한 사정 등의 정당한 사유 없이 장애인 등에 대하여 정당한 편의제공을 거부하는 경우이다.	장애인 등에 대한 차별행위를 부추기는 문서, 도화, 영상, 공연, 음반, 전기 · 전자 매체 등을 통한 표현물, 기타 물건을 배포 · 판매 · 임대하거나, 공연을 전시 · 상영하는 경우이다.

5) 사회복지와 인권

사회복지와 인권은 서로 깊은 연관성을 지니고 있으며, 인간의 삶을 더 나은 방향으로 이끄는 데 매우 중요한 역할을 하게 된다. 사회복지와 인권의 관련성 및 중요성에 대해 살펴보면 다음과 같다.

(1) 사회복지와 인권의 연관성

사회복지와 인권의 연관성을 모든 개인의 존엄성 보장, 인간의 기본적 권리 및 사회적 불평등 해소 측면에서 구체적으로 살펴보면 표 3-2와 같다.

표 3-2. 사회복지와 인권의 연관성

구분	내용
모든 개인의 존엄성 보장	사회복지와 인권은 모든 개인의 존엄성을 보장하는 데 중점을 두고 있다. 사회복지는 사회적으로 취약한 개인 및 집단에게 지원을 제공하여 그들의 기본 인권을 보호하고 존중한다. 이것은 식량, 주거, 의료, 교육 및 기타 필수 서비스에 대한 접근을 보장함으로써 실현되는 것이다.
인간의 기본적 권리	인권은 모든 사람이 태어날 때부터 가지고 있는 기본적인 권리를 나타낸다. 이러한 권리에는 생명과 자유, 차별 금지, 표현의 자유, 공정한 재판, 인간 존엄성 등을 포함한다. 사회복지는 인간의 기본적 권리를 실현하기 위해 노력하며, 경제적, 사회적, 문화적 권리의 보장에 기여하게 된다.
사회적 불평등 해소	사회복지는 사회적 불평등을 해소하고 모든 개인에게 기회와 자원에 공정하게 접근할 수 있는 환경을 조성하는 역할을 해야 한다. 이것은 경제적 불평등, 인종 차별, 성 차별, 장애인 차별 등을 줄이고 공정한 사회를 구축하기 위해 노력해야 함을 의미한다.

(2) 사회복지와 인권의 중요성

사회복지와 인권은 긍정적인 상호작용을 가지며, 이 두 분야 간의 협력은 더 나은 세상을 만들기 위해 매우 중요하다. 인권과 사회복지의 중요성을 사회적 포용, 권리의 보호 및 지속 가능한 발전 측면에서 구체적으로 살펴보면 표 3-3과 같다.

표 3-3. 사회복지와 인권의 중요성

구분	내용
사회적 포용	사회복지는 사회적 포용을 증진하고, 모든 개인이 자신의 역량과 능력을 최대한 발휘할 수 있는 기회를 제공한다. 이것은 인권의 핵심 원칙 중 하나인 모든 개인의 평등한 권리와 기회를 실현하는 데 기여하게 되는 것이다.
권리의 보호	인권은 사회복지를 통해 보호된다. 사회복지 전문가는 취약한 개인과 집단의 권리를 보호하고 지원함으로써 인권을 실현하는 데 기여하게 된다. 예를 들어, 어린이의 권리를 보호하기 위해 아동복지서비스를 제공하게 되는 것이다.
지속 가능한 발전	사회복지와 인권은 지속 가능한 사회발전을 위한 중요한 역할을 하게 된다. 사회복지는 사회적, 경제적, 환경적으로 지속 가능한 사회를 구축하는 데 도움을 주며, 이는 인권을 보호하고 존중하는 데 필수적이다.

이처럼 사회복지와 인권은 서로 긴밀하게 연결되어 있으며, 인간의 존엄성과 기본적 권리를 보호하며 사회적 공정과 평등을 실현하는 목표를 공유하게 된다. 따라서 두 분야 간의 협력을 강화하고, 모든 개인이 존엄하고 자유롭게 살 수 있는 세상을 만들기 위해 노력하는 자세가 필요하다.

2. 사회복지의 가치와 윤리

1) 사회복지의 가치

(1) 가치의 개념

가치(value, 價値)는 문화, 인간집단, 개인이 바람직한 것으로 생각하는 관습, 신념 및 원칙을 의미한다. 또한 가치란 인간에 대해 그리고 인간을 다루는 적절한 방법에 대하여 전문직이 갖는 신념을 의미하기도 한다. 이러한 가치는 그 속성이 고정되어 영원불변하는 것이 아니라 시대와 장소 그리고 가치를 주장하는 사람들에 따라 다양하게 변화할 수 있다. 사회복지 분야에서 거론되는 일반적 가치로서는 평등, 자유, 민주, 정의, 사회통합, 이타주의, 상부상조 등을 제기할 수 있으며 보다 전문적인 사회복지실천과 관련해서는 인간의 존엄성, 개인의 독특성, 클라이언트의 자기의사결정권, 자아실현의 기회제공, 보편적 인간욕구 충족, 클라이언트의 능력강화(임파워먼트), 차별금지, 공평한 기회, 사회변화와 사회정의, 다양성에 대한 존중, 비밀보장과 사생활보호 등 다양한 가치가 제시될 수 있다.

(2) 가치의 역할

가치는 사회복지가 그 사회에서 담당해야 할 기본적인 임무와 목표를 제시하는 역할을 한다. 따라서 현재 사회복지가 한 사회에서 어떠한 목표와 역할을 담당하고 있는지를 알 수 있는 방법 중의 하나는 사회복지 전문직이 어떠한 가치를 지향하고 있는가를 살펴보는 것이다. 사회복지가 지향하는 가치는 사회복지사나 사회복지기관이 사회복지실천활동 속에서 구체적으로 어떤 종류와 성격의 사회적 관계들을 형성해 나가야 할지를 제시하여 준다. 구체적으로 첫째, 사회복지의 가치는 사회복지사가 실천과정에서 선택할 수 있는 다양한 실천 대안들 중에서 무엇이 가장 바람직한 개입방법인지를 선택하는 데 직접적인 영향을 미친다. 둘째, 사회복지사가 지향하는 가치는 그들이 실천과정에서 직면하는 다양한 윤리적 교착상태와 갈등을 분석하고 해결하는 데 있어 가장 중요한 이론적 자원이 된다. 이러한 윤리적 갈등이나 교착상태를 합리적으로 해결할 수 있는 최선의 이론적 도구가 바로 가치이다.

(3) 사회복지의 전문적 가치

사회복지의 전문적 가치를 인간의 존엄성, 자기결정권, 기회의 균등, 봉사와 인간관계 및 통합과 능력으로 구분하여 살펴보면 다음과 같다.

① 인간의 존엄성

모든 인간은 인간으로서 존엄과 가치를 갖는다는 의미로 사회복지의 전문적 실천 가치 중 가장 중요한 가치이다. 인간은 태어나서 죽을 때까지 성별, 나이, 빈부, 인종, 경제적 · 정치적 지위, 종교, 국적 등 인간이 어떤 상황에 있든지, 실제로 무엇을 하고 있고, 무엇을 할 수 있는가와 관계없이 귀중한 생명과 인격을 갖추고 살아가는 가치 있는 존재이다. 오늘날 사회복지의 전문적 실천은 인간의 존엄성을 확보하는 것이며, 차별과 불평등에 저항하고 평등한 사회를 창조해 가는 것을 목표로 한다고 할 수 있다. 이러한 인간의 존엄성은 전문적 실천 가치 중 자기결정권과 기회균등의 가치와 직결되어 있다고 볼 수 있다.

② 자기결정권

자기결정권(self determination)은 인간에게 주어진 선택적 상황에서 자기 스스로 결정을 내리는 권리로 인간의 존엄성과 함께 매우 중요한 전문적 실천 가치이다. 즉, 자기결정권이란 인간은 스스로 선택하고 결정을 내릴 수 있는 자유로운 선택권을 가지고 있다는 것을 말한다. 최근 사회복지 분야에서 자기결정권은 가장 중요한 이슈 중의 하나이다. 왜냐하면 자기결정권에 대한 가장 기초적인 관심은 서비스 대상자의 욕구에 맞는 서비스 조정과 서비스 공급자보다 대상의 욕구·선호도를 강조하기 때문이다. 서비스의 개별화를 추구하는 자기결정권과 선택의 자유는 사회복지에서 점점 더 중요한 이슈로 발전될 것이다. 대상자의 자기결정에서 잘못 선택하는 것 자체도 중요한 개인적인 권리이다. 그러나 많은 클라이언트는 자기 스스로 서비스에 대한 적절한 선택과 자기결정을 할 수 없는 상황인 경우도 빈번하게 발생한다.

③ 기회의 균등

기회의 균등(equality of opportunity)은 오늘날 자본주의 사회에서 가장 널리 퍼져 있는 평등의 범주이다. 이는 각 개인은 자신의 소질과 능력을 자유롭게 계발할 평등한 권리와 기회를 가진다는 의미이다. 사회복지의 전문적 실천과정에서 대상자에게 주어지는 기회의 균등은 그들 자신의 욕구와 그들의 욕구충족을 위한 서비스의 종류를 규정하는 데 어느 정도의 현실적인 기회를 제공하게 된다. 기회의 평등이 완성되려면 단순히 기회의 제공뿐 아니라 조건의 평등(equality of condition), 즉 동일한 조건하에서 경쟁하는 것이 필요하다. 또한 모든 사람을 동일하게 취급하여 사람들의 욕구나 능력, 기여의 차이에 관계없이 사회적 자원을 똑같이 분배하는 수량적 평등이 아니라 개인의 욕구, 노력, 능력, 기여에 따라 사회적 자원을 상이하게 배분하는 비례적 평등을 추구해야 한다.

④ 봉사와 인간관계

사회복지의 일차적인 목표는 욕구를 갖고 있는 사람들을 원조하고 사회문제를 해결하는 것이다. 따라서 욕구를 가지고 있는 사람들을 돕고 문제를 해결하려고 하는 봉사성신이 무엇보다 필요하고, 이러한 문제들을 해결하기 위해 사회복지사는 개인, 가족, 집단, 지역사회의 복지를 증진하고, 회복·유지시키기 위한 활동에서 사람들 간의 관계를 강화시키는 것이 무엇보다 중요하다고 할 수 있다.

⑤ 통합과 능력

사회복지사는 전문직의 사명, 가치와 윤리적 기준을 인식하고 이에 부합하는 실천을 수행해야 한다. 또한 사회복지사는 자신의 능력범위 내에서 실천하며, 전문적 지식과 기술을 향상시키고 이를 실천에 적용하기 위하여 끊임없이 노력해야 한다.

2) 사회복지실천의 윤리

윤리적 의사결정의 방향성을 제시해 주는 것이 가치이며, 이 가치를 토대로 하여 실질적으로 어떻게 행위해야 하는가에 초점을 두는 것이 윤리이다. 다시 말해 "행동화된 가치"가 곧 윤리인 것이다. 먼저 윤리의 일반적인 개념을 살펴보고, 이어서 사회복지실천 윤리에 대해 살펴보면 다음과 같다.

(1) 일반적인 윤리의 개념

윤리학은 일반적으로 인간의 행위에 관한 여러 가지 문제와 규범을 연구하는 학문이다. 영어의 'ethics'는 서양철학에서 아리스토텔레스(Aristotles)가 사용한 희랍어 'ethos'에서 유래한 것으로 처음에는 사회의 풍속, 습관의 뜻을 지녔으나 지금은 사회 안에서 반드시 실천되어야 할 인간의 행위로 정의되고 있다. 구체적으로 로웬버그와 돌고프(Lowenberg & Dolgoff, 1996)는 윤리란 사물의 이치나 어떤 행동이 도덕적으로 올바른가에 관한 질문과 관련되는 것이라 하였고, 양옥경 등(2000)은 어떠한 행동이 도덕적으로 바르며 옳은 판단과 행동은 어떠해야 하는지를 다루는 개념이라고 주장하였다.

이러한 윤리는 사람들에게 삶의 참된 가치를 지적하려고 노력할 뿐만 아니라 '윤리는 어떤 가치가 가장 중요한 것인가?, 왜 이런 행위가 다른 행위보다 더 좋은가?'와 같은 질문에 답하려는 노력을 한다. 왜냐하면 인간 사회에는 욕구의 대상으로서 다양한 가치가 산재해 있으며 동시에 이 가치를 추구하는 욕구도 다양하여 때로는 협력을 때로는 대립을 일으키는 현상이 동시에 벌어지고 있기 때문이다. 따라서 윤리가 있는 곳에 질서가 있기 때문에 인간이 있는 곳에 윤리가 있어야 한다. 만약 인간에게 윤리가 없는 상태는 홉스(Hobbes)가 말한 만인의 만인에 대한 투쟁으로서 무질서한 상태가 되며, 이런 상태하에서는 인간의 욕구 충족을 위한 협동 관계는 성립할 수 없게 된다. 그러므로 바로 여기에 윤리가 필요한 당위성이 도출된다고 볼 수 있다(김재운 외, 1997).

요약하면, 윤리란 인간관계에서 그 사회의 도덕률과 가치에 기초해서 행하고 지켜야 할 의무를 명확히 밝히는 것이며, 사회적 관계에서 인간으로서 당연히 행하거나 지켜야 할 도리라고 이해할 수 있다.

(2) 사회복지실천의 윤리

앞서 언급한 인간관계에서 타인에 대해 행하고 지켜야 할 의무인 일반적 윤리와는 달리 전문적 윤리는 어떤 특수한 입장의 역할, 즉 전문가 역할을 수행하는 데 수반하는 특수한 의무이다. 다시 말해 전문적 윤리는 전문인으로서 행하거나 지켜야 할 도리이자 전문적 행동의 기준이 되는 원칙인 것이다.

사회복지 역시 취약한 인간을 대상으로 도움을 주는 특수한 역할을 수행하는 전문직이다. 사회복지의 전문적 윤리는 사회복지사의 서비스 실천이 도덕적으로 바른 방법이어야 함을 인식하도록 돕기 위한 것이며, 윤리적 결정이 요구될 때 어떻게 결정하며 어떻게 바르게 행동하는가를 돕는 기준이다. 다시 말해 사회복지의 전문적 윤리란 어떤 행동의 옳고 그름에 대한 판단, 즉 사회복지 가치 기준에 맞는 실천을 하였는가에 대한 판단 기준이 되는 것으로(서미경 외, 2000), 클라이언트의 이익을 최우선시 하는 것과 전문직의 발전에 대한 의무와 그러한 전문직을 인가하고 자원을 제공하는 기관에 대한 의무를 특징으로 하고 있다. 그리고 이러한 판단 기준이자 행동규범이 명문화된 것이 바로 사회복지사 윤리강령이다.

요약하면, 인간이 인간답게 살 수 있도록 하기 위한 것이 사회복지실천이라면 그 바탕의 가치는 인간의 존엄성과 이타주의이다. 이러한 사회복지의 가치 기준에 맞는 옳은 행동이 사회복지실천 윤리이고, 이것을 명문화한 것이 사회복지사 윤리강령이며, 이 윤리강령인 사회복지사가 지킬 윤리적 책임감, 즉 올바르게 행동해야 할 의무에서 다양한 윤리적 문제(윤리적 딜레마)들이 나타나게 된다.

3. 윤리적 딜레마

1) 일반적인 딜레마의 개념과 특징

어원적 의미로 볼 때, 딜레마(dilemma)는 원래 희랍어에서 유래한 것으로 di는 둘(two)이란 의미이고, lemma는 가정(assumption)이란 의미로서 하나의 상황 안에 두 개의 가정이 있음을 뜻한다. 그러므로 우리는 흔히 두 개의 행동양식 중에서 한 개를 선택해야 하는 어려움 내지 곤경에 처한 상태를 딜레마로 인식하고 있다. 이러한 딜레마 현상의 특징을 살펴보면 **표 3-4**와 같다(윤견수 외, 2000).

표 3-4. 일반적인 딜레마의 특징

- 일반적으로 딜레마 상황에서는 상이한 가치가 개입된 두 개의 대안이 존재한다. 여기서 대안은 실행으로 옮길 수 있는 구체적인 행동을 의미하고, 가치는 그러한 대안을 정당화시키는 논리를 의미한다. 즉, 대안은 가치가 표상된 형태인 것이다. 더 나아가 두 개의 대안에서 어떤 선택을 내릴지 갈등하는 상황뿐만 아니라 명목상 대안이 하나의 경우에도 그것을 선택할 것인가 아니면 포기할 것인가 하는 딜레마 상황도 있을 수 있다.
- 두 개의 대안은 서로 단절적이다. 단절적이라 함은 대안들 간에 연속성이 없다는 의미인데, 연속성이 없다는 것은 대안들을 맞교환 할 수 있는 가치의 척도가 서로 다르거나 혹은 찾을 수 없다는 것이다. 그러므로 딜레마 상황은 대안들을 비교하거나 우선순위에 따라 나열하기가 애매모호한 상황을 말한다.
- 두 개의 대안이 가져올 결과의 가치가 엇비슷하다는 것이다. 왜냐하면 의사결정자들은 딜레마 상황에서 한 대안을 포기하고 다른 대안을 선택할 때 느끼는 심리적 부담감을 줄이기 위해 두 개의 대안이 가져올 결과의 가치를 엇비슷하게 평가할 수 있다는 것이다.
- 두 개의 대안은 서로 상충적이다. 상충적이라는 것은 두 개의 대안을 동시에 선택하거나 동시에 포기할 수 없는 상황과 한 개의 대안을 선택함으로써 다른 대안을 포기할 수밖에 없는 상황을 의미한다. 또한 서로 모순이 존재한다는 단순한 사실로 인해 딜레마 상황이 되는 것이 아니라, 구체적으로 실행에 옮길 수 있는 행동 대안 간의 실제적 충돌이 발생하여 선택문제에 봉착했을 때를 딜레마 상황이라 할 수 있다.
- 주어진 시간 내에 상충하는 대안들 가운데 하나를 선택해야 한다. 주어진 시간 내에 한 개를 선택할 때 따르는 심리적 부담감이 아무리 크다고 해도 모두를 선택하지 않을 때의 손실보다는 낫다는 의미이다. 그

리고 시간 제약이 있다는 것은 딜레마 상황에서 선택할 때 상황의 통제가 힘들다는 것이다.
- 딜레마 상황에서 두 개의 대안 중 어떠한 선택도 가치평가의 기준이 애매하기 때문에 결코 만족할 만한 것이 못된다는 것이 딜레마의 특징이라 볼 수 있다.

2) 사회복지실천에서의 윤리적 딜레마

사회복지사는 전문적인 지식과 개입의 기술을 갖추는 한편 사회복지실천의 가치와 윤리에 대한 이해가 필요하다. 가치는 무엇이 좋고 바람직한가에 관심을 두는 반면 윤리는 옳고 정확한가에 대한 구체적 행동 지침이라고 할 수 있다. 사회복지실천의 가치와 윤리, 사회복지사 개인의 가치와 윤리, 클라이언트의 가치와 윤리는 서로 얽히면서 나타난다. 사회복지사는 두 가지의 정당한 가치나 윤리 사이에서 갈등이 생길 때 하나의 가치나 윤리를 우선적으로 결정해야 하는 상황에 직면하는 경우 윤리적 딜레마에 빠지게 된다.

(1) 윤리적 상황과 원칙

사회복지 전문직 내에서의 윤리강령은 기본적 윤리기준, 클라이언트에 대한 윤리기준, 기관에 대한 윤리기준, 동료에 대한 윤리기준, 사회에 대한 윤리기준 등이 있지만 그대로 적용하기에는 어려움이 있다. 따라서 대부분의 사회복지실천에는 윤리적 딜레마가 존재하며, 두 가지 이상의 도덕 원칙 또는 의무가 서로 모순되거나 충돌하는 상황에서 사회복지사는 최선의 선택을 해야 한다.

전문가로서 지켜야 하는 윤리적 의무와 책무가 서로 상충됨에 따라 가치와 가치 사이에서 윤리적으로 올바른 결정을 내려야 하는데 선택하기가 어려운 상태일 때에는 갈등을 경험하게 된다. 사회복지사가 일반적으로 경험하게 되는 윤리적 상황은 **그림 3-2**와 같이, 가치의 상충, 의무의 상충, 클라이언트의 다중성, 결과의 모호성, 힘 또는 권력의 불균형, 한정된 자원의 배분 상황 등이다.

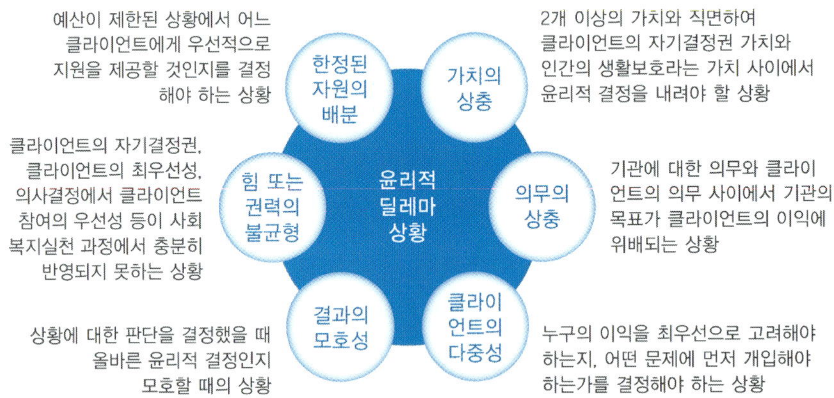

그림 3-2. 윤리적 딜레마 상황

그리고 양옥경(2000)은 사회복지실천과정에서 가장 빈번히 접하게 되는 윤리적 딜레마 상황에 대해 9가지로 설명하고 있는데 다음과 같다. 첫째, 인간에 대한 존엄성과 인간이 지닌 자율성을 인정하고, 클라이언트 자신이 생각하여 최선의 것을 선택할 수 있는 클라이언트의 자기결정권에서 딜레마가 발생하는 경우이다. 클라이언트가 결정의 능력이 없거나, 클라이언트가 내린 결정이 다른 사람이나 기관에 해를 초래할 경우, 사회복지사는 클라이언트의 자기결정권을 어느 범위까지 인정해야 하는지에서 딜레마 상황에 봉착하게 된다. 둘째, 비밀보장으로, 이것은 클라이언트가 말한 내용과 다른 사람이 제공한 클라이언트에 대한 내용은 원칙적으로 공개되어서는 안 된다는 것인데, 비밀보장을 지켜 줄 법적 의무가 없기 때문에 범법행위 시 심판의 요구가 있으면 대화내용을 공개해야 하는 경우와 전문가와의 면담에서 클라이언트의 대화내용을 공개해야 하는 경우 비밀보장의 원칙은 딜레마 상황에 놓이게 된다. 셋째, 진실성 고수와 알 권리로서, 진실성 고수는 어떤 사람(제3자)이 클라이언트에 대해 말한 것을 비밀보장의 원칙에 따르면 누설하지 말아야 한다. 그러나 클라이언트는 자신에 대한 정보를 알 권리가 있다. 이럴 때 클라이언트의 알 권리와 제3자에 대한 진실성 고수의 원칙이 상충되어 딜레마 상황이 표출된다. 넷째, 제한된 자원의 공정한 분배로, 공적 자원은 매우 제한적이어서 모든 클라이언트에게 똑같이 제공할 수 없음에도 불구하고 이들에게 공평하게 분배되어야 한다는 원칙은 그 자체로 상호 모순적이어서 윤리적 딜레마 상황이 불가피하게 나타난다. 다섯째, 사회복지사는 클라이언트, 동료, 기관, 사회 등에 대해 각각의 다양한 역할이 기대되는데, 이러한 다양한 역할에 있어서의 기대들이 상충될 때, 사회복지사는 대상의 선정과 그 대상에 따른 기대들이 상충하는 경우에 어떤 기대에 맞는 의무를 행사할지 딜레마에 빠지게 된다. 여섯째, 전문적 관계에서 발생하는 딜레마로서, 사회복지사와 문제를 가진 클라이언트와의 관계는 문제 그 자체에 초점을 두어 형성되는 전문적 관계이다. 그런데 클라이언트가 당면한 문제 이외의 것을 사회복지사에게 요청하거나 그 반대로 사회복지사가 클라이언트에게 사적인 감정을 개입시켜 문제해결의 초점을 흐리게 할 경우, 전문적 관계와 사적인 관계의 혼동에서 딜레마가 발생하게 된다. 일곱째, 클라이언트의 이익과 사회복지사의 이익으로서, 사회복지실천은 클라이언트의 이익과 이타주의를 기본 전제로 하고 있기 때문에 사회복지사들은 자신의 이익을 위해서 행동해선 안 된다. 그런데, 클라이언트의 이익을 우선시하는 것이 자신이 가진 직업의 희생을 요구할 경우에 딜레마에 휩싸이게 된다. 여덟째는, 전문적 동료관계인데, 사회복지사는 동료 사회복지사와 다른 전문가들을 존중해야 한다. 그런데 동료사회복지사가 전문가로서의 권위를 남용하여 클라이언트에게 해를 끼치거나, 전문직으로서의 위상을 실추시키는 행위를 했을 때, 사회복지사는 동료를 존중할 의무와 클라이언트를 보호해야 할 의무 사이에서 딜레마 상황을 경험하게 된다. 아홉째, 규칙과 정책 준수로, 사회복지사는 자신이 소속된 기관의 정책, 규칙을 준수해야 하는데, 클라이언트의 문제해결을 위해 내린 결정이 기관의 정책을 벗어날 경우, 사회복지사는 클라이언트의 이익 우선과 기관 정책의 준수 사이에서 딜레마를 맛보게 된다.

사회복지는 인간의 삶의 질을 향상시키기 위해 다양한 문제를 해결하는 데 초점을 맞추고 있다. 하지만 사회복지사는 역할을 수행하는 과정에서 종종 윤리적 딜레마에 직면하게 된다. 이러한 윤리적 문제를 이해하고 적절히 대응하는 것은 사회복지사의 중요한 책임이자 클라이언트의 권리와 복지를 보호하는 데 필수적이다. 윤리적 딜레마 상황에서 사회복지사가 가져야 하는 일반적 윤리적 원칙과 로웬버그와 돌고프의 의무의 우선순위를 결정함에 있어서 7가지 윤리적 결정 지침에 대해 살펴보면 **표 3-5, 표 3-6**과 같다.

표 3-5. 윤리적 원칙

구분	내용
자율성의 존중	사회복지사는 클라이언트의 자율성을 존중해야 한다. 이는 클라이언트가 자신의 문제를 스스로 결정할 수 있도록 돕고, 그 결정을 존중하는 것을 의미한다. 예를 들어, 클라이언트가 치료 방법을 선택하는 과정에서 충분한 정보를 제공하고, 그들의 결정을 지지하는 것이 중요하다.
비밀유지	클라이언트의 개인 정보와 상담 내용을 비밀로 유지하는 것은 사회복지사의 중요한 윤리적 의무이다. 이는 클라이언트의 신뢰를 유지하고 그들의 개인정보를 보호하는 데 필수적이다. 예를 들어, 클라이언트의 동의 없이 그들의 정보를 외부로 공개해서는 안된다.
정의와 공정성	사회복지사는 모든 클라이언트를 공정하고 정의롭게 대우해야 한다. 이는 인종, 성별, 경제적 배경 등 어떠한 이유로도 차별하지 않고, 동등한 서비스를 제공하는 것을 의미한다. 예를 들어, 특정 집단이나 개인을 우대하거나 차별하는 행동을 피해야 한다.

표 3-6. 로웬버그와 돌고프의 윤리적 결정 지침

구분	항목	내용
윤리 원칙 1	생명의 보호 원칙	사회복지사는 인간의 생명을 보호하여야 할 의무가 있다. 이는 기본적인 의 · 식 · 주의 해결에서 의료 보장, 소득 보장에 이르기까지 인간의 기본 생존권을 보장하는 것을 의미한다. 또한 저소득 계층의 최저 생계 보장 및 최저 생활 보장 등의 삶의 질을 높이는 데에도 기여해야 한다.
윤리 원칙 2	평등 및 불평등의 원칙	사회복지사는 모든 인간이 균등한 기회를 제공받을 수 있도록 하여야 한다. 이 원칙은 소득보장의 기회, 학업과 취업의 기회, 의료 혜택의 기회, 사회 · 문화적 노출에까지 균등한 기회 제공을 의미한다.
윤리 원칙 3	자율과 자유의 원칙	사회복지사는 클라이언트의 자유, 자율, 그리고 독립성을 최대한 보장하는 환경을 제공하여야 한다. 즉, 클라이언트가 자유로운 분위기에서 자신의 의지에 따라 스스로 결정할 수 있는 환경이 보장되어야 한다는 것이다. 그러나 클라이언트가 스스로 결정한 것이 자신이나 타인의 생명을 위협하는 것일 때에는 사회복지사는 우선적으로 생명보호를 생각해야 한다.
윤리 원칙 4	최소 손실의 원칙	모든 선택 대안들이 모두 유해하거나 또는 누구에게든지 유해할 때 가장 최소로 유해한 대안을 선택해야 하며, 가장 빠르고 쉽게 원상복귀 할 수 있는 대안을 선택해야 한다는 의미이다.
윤리 원칙 5	삶의 질의 원칙	삶의 질의 원칙이란 지역사회는 물론 개인과 모든 사람의 삶의 질을 좀 더 증진시킬 수 있는 것을 선택해야 한다는 것을 의미한다.
윤리 원칙 6	사생활 보호와 비밀보장의 원칙	클라이언트는 사회복지사와의 전문적인 관계 속에서 자신의 문제해결을 위해 많은 내용을 공개하게 된다. 사회복지사는 이 내용들을 클라이언트의 문제해결을 위한 목적 이외에는 타인에게 공개해서는 안 된다. 클라이언트의 비밀보장이 우선 순위가 첫째인 생명보호에 위배될 때에는 생명보호가 클라이언트의 비밀보장에 우선한다.
윤리 원칙 7	진실성의 원칙	사회복지사는 클라이언트가 진실을 알기 원하는 경우 알 권리를 보호해 주어야 한다. 사회복지사는 클라이언트에게 진실만을 이야기해야 하며, 그가 원하는 모든 정보는 진실하게 알려 주어야 한다.

(2) 윤리적 딜레마 해결을 위한 접근방법

사회복지사는 다양한 윤리적 딜레마에 직면하고, 이것을 해결하기 위한 지속적인 노력과 학습이 필요하다. 구체적으로 자율성의 존중, 비밀유지, 정의와 공정성 등 기본적인 윤리적 원칙을 바탕으로 클라이언트의 권리와 복지를 보호하는 것이 사회복지사의 중요한 책임이다. 또한 윤리적 딜레마를 해결하기 위해 윤리적 지침과 교육, 상담과 수퍼비전, 법적 자문과 지원, 클라이언트와의 열린소통, 정보제공과 선택, 보장 및 지지와 안전한 환경조성이 필요한데, 구체적인 내용은 표 3-7과 같다.

표 3-7. 윤리적 딜레마 해결을 위한 접근방법

구분	내용
윤리적 지침과 교육	사회복지사는 윤리적 딜레마를 해결하기 위해 관련 윤리적 지침과 교육을 지속적으로 받아야 한다. 이는 윤리적 문제를 정확히 이해하고 적절히 대응할 수 있는 능력을 키우는데 도움을 준다. 예를 들어, 정기적인 윤리 교육과 워크숍을 통해 최신 윤리적 지침과 사례를 학습하는 것이 도움이 된다.
상담과 수퍼비전	윤리적 딜레마를 경험할 때는 동료나 상사와의 상담과 수퍼비전이 큰 도움이 된다. 이를 통해 다양한 관점을 고려하고 보다 균형 있는 결정을 내릴 수 있게 된다. 예를 들어, 윤리적 딜레마에 대한 경험이 있는 동료와의 논의를 통해 해결책을 모색해 볼 수 있다.
법적 자문과 지원	법적 문제와 관련된 윤리적 딜레마의 경우, 법적 자문과 지원을 받는 것이 중요하다. 이는 법적 의무를 준수하면서도 윤리적 책임을 다하는 데 도움을 준다. 예를 들어, 변호사나 법률 전문가의 자문을 통해 법적 문제를 명확히 이해하고, 적절히 대응할 수 있다.
클라이언트와의 열린 소통	윤리적 딜레마를 해결하기 위해 클라이언트와의 열린 소통이 중요하다. 클라이언트의 의견을 경청하고 그들의 관점을 이해하는 것은 윤리적 결정을 내리는 데 중요한 요인이다. 예를 들어, 클라이언트와의 충분한 대화를 통해 그들의 욕구와 우려를 명확히 파악하고 이를 바탕으로 결정을 내릴 수 있다.
정보제공과 선택권 보장	윤리적 딜레마를 해결하기 위해 클라이언트에게 정확한 정보제공과 선택권을 보장하는 것이 필요하다. 예를 들어, 가정폭력을 경험한 클라이언트에게 가정폭력에 대한 정보, 피해자 지원서비스, 법적 절차 등을 명확하게 알려 주고, 클라이언트가 자신의 상황을 정확하게 이해하고 자신에게 맞은 선택을 할 수 있도록 도움을 주어야 한다.
지지와 안전한 환경 조성	클라이언트의 어려움에 공감하고, 지지하며, 필요한 경우 안전한 공간을 마련해 주어야 한다. 클라이언트를 비난하거나 강요하지 않고, 클라이언트의 안전과 자존감 회복을 최우선으로 생각해야 한다.

(3) 윤리적 딜레마 상황에서 사회복지사의 윤리적 결정하기

다음에 제시되어 있는 상황을 통해 사회복지실천 전문가로서 어떤 윤리적 결정을 하는 것이 효과적인지 살펴보면 다음과 같다(원해찬솔, 2016).

① 사례 1: 가족의 삶의 질 vs. 자유권 침해

10년간 알코올중독으로 입원치료 중인 M은 현재 입원기간 동안 한번도 술을 마시지 않았으나 입원당시 진단 그대로 알코올중독이다. 그는 퇴원을 요청하고 있으나 입원 전 20년 동안 한번도 금주에 성공한 적이 없고, 음주 후 가족에게 심각한 폭력을 행사했다. M의 가족들은 과거 가정폭력의 두려움으로 M의 퇴원을 강력히 반대하고 있다. 당신은 어떻게 결정하겠는가?

- 위의 사례에 대해 당신은 어떤 결정을 하시겠습니까?

____가. 가족들의 의견을 존중해 계속 입원시킨다.

____나. 가족에게 정기적인 면회를 조건으로 강제입원을 유지시켜 준다.

____다. 외출 혹은 외박을 통해 적응을 시도한 후 퇴원을 결정한다.

____라. 다시 음주 등을 할 경우 재입원 할 것을 약속받은 후 퇴원시킨다.

____미. 지속적인 입원치료는 인권침해이므로 퇴원시킨다.

② 사례 2: 강제입원 vs. 자기결정권 존중

K(만성조현병)의 보호의무자는 70대 노부모이다. 최근 그의 아버지는 위암수술을 앞두고 K를 돌봐 줄 사람이 없음을 걱정한다. 그의 부모는 아버지의 위암수술 동안(2달 정도)만이라도 K의 입원을 요청하고 있다. 현재 K는 약을 지속적으로 복용하면서, 잘 지내고 있어 굳이 입원이 필요한 상태는 아니다. K는 혼자 지낼 수 있다며 입원에 동의하지 않고 있다. K의 입원에 대해 당신은 어떤 결정을 할 것인가?

• 위의 사례에 대해 당신은 어떤 결정을 하시겠습니까?

____가. K의 보호를 위해 부모의 요청대로 강제입원 시킨다.

____나. K에게 현재 상황을 설명하고 자의입원 하도록 설득한다.

____다. 현재의 상태가 입원할 상황이 아니므로 입원을 시키지 않는다.

③ 사례 3: 배우자의 알 권리 vs. 비밀보장

조현병으로 치료받고 있는 27세 여성 M은 정신장애가 있다는 사실을 숨기고 결혼하였다. 최근 증상이 재발하여 병원에 입원하게 되었다. M의 어머니는 정신보건복지사에게 찾아와 사위에게 과거 치료경력에 대해 비밀로 해 달라고 요구하였다. 그리고 지금의 증상은 결혼 초 스트레스로 인한 일시적인 것으로 설명해 달라고 요청하였다. 만약 남편이 M의 상태를 물으면 당신은 어떻게 대답하겠는가?

• 위의 사례에 대해 당신은 어떤 결정을 하시겠습니까?

____가. 결혼의 파경을 막기 위해 어머니의 요청대로 남편에게 설명해 준다.

____나. 지속적인 치료를 위해 M이 스스로 남편에게 얘기하도록 설득한다.

____다. M과 가족이 스스로 얘기하지 않으면 남편에게 병력을 알릴 수밖에 없음을 설명한다.

____라. 남편의 알 권리와 지속적인 치료를 위해 남편에게 사실대로 알려 준다.

④ 사례 4: 클라이언트의 비밀유지 vs. 타인의 안전

A씨는 중년 여성으로 최근 가정폭력 피해자로 사회복지기관을 방문하였다. A씨는 남편으로부터 심각한 신체적, 정신적 학대를 받고 있으며, 아이들도 학대를 목격하고 있는 상황이다. A씨는 이 사실을 사회복지사에게만 비밀로 유지해 달라고 요청하였으며, 남편이 알게 되면 더 큰 폭력이 가해질 것이라고 두려워하고 있다.

- 앞의 사례에서 윤리적 딜레마, 고려사항 및 해결방안에 대해 생각해 봅시다.

윤리적 딜레마	사회복지사는 클라이언트의 비밀유지 의무와 함께 타인의 안전을 보호할 의무가 있다. A씨의 상황을 비밀로 유지할 경우 A씨와 아이들의 안전이 계속 위협받을 수 있으며, 반대로 비밀을 누설하면 A씨의 신뢰를 잃고 더 큰 위험에 처할 수 있다.
고려사항	• 비밀유지 원칙: 사회복지사는 클라이언트의 사생활과 비밀을 존중해야 한다. • 안전보호 의무: 사회복지사는 클라이언트와 관련된 모든 사람들의 안전을 최우선으로 고려해야 한다. • 법적 요구: 아동학대의 경우 법적으로 신고의무가 있을 수 있다. • 신뢰 관계: 클라이언트와의 신뢰관계가 무너질 경우 클라이언트가 도움을 받기 어려워질 수 있다.
해결방안	사회복지사는 우선 A씨와 신뢰관계를 유지하면서 A씨와 함께 상황을 논의하여 가능한 대안을 모색해야 한다. 필요시 법적 자문을 구하고, A씨의 동의를 얻어 적절한 보호조치를 취하는 것이 중요하다. A씨가 동의하지 않을 경우, 최소한의 정보 공개로 A씨와 아이들의 안전을 확보해야 할 필요가 있다.

⑤ 사례 5: 자원의 제한 vs. 공평한 서비스 제공

B씨는 실질 후 경제적 어려움으로 사회복지기관을 방문하여 긴급 생계비 지원을 요청하였다. 현재 기관은 자원이 부족하여 모든 요청을 다 수용할 수 없는 상황이다. B씨는 경제적 어려움이 심각하여 즉각적인 지원이 필요하다고 주장하고 있다. 동시에 여러 명의 클라이언트가 유사한 상황에서 지원을 요청하고 있다.

- 위의 사례에서 윤리적 딜레마, 고려사항 및 해결방안에 대해 생각해 봅시다.

윤리적 딜레마	사회복지사는 제한된 자원을 효율적으로 배분하면서도 공평하게 서비스를 제공해야 한다. B씨를 우선 지원할 경우 다른 클라이언트들이 불공평하다고 느낄 수 있으며, 반대로 모든 요청을 거부하면 실제로 긴급지원이 필요한 클라이언트가 피해를 볼 수 있다.
고려사항	• 공정성 원칙: 사회복지사는 자원을 공평하게 배분해야 한다. • 긴급성의 판단: 각 클라이언트의 상황을 정확하게 평가하여 긴급성을 판단해야 한다. • 자원 관리: 제한된 자원을 효율적으로 관리하여 최대한 많은 클라이언트에게 도움을 줄 수 있어야 한다.
해결방안	사회복지사는 각 클라이언트의 상황을 개별적으로 평가하고 긴급성을 기준으로 지원 우선순위를 결정해야 한다. 또한 자원을 투명하게 관리하고 배분 기준을 명확히 하여 클라이언트들이 불공평하다고 느끼지 않도록 해야 한다. 가능한 경우, 추가 지원을 확보하기 위해 지역사회와 협력하거나 다른 지원방안을 모색해야 한다.

4. 사회복지사의 윤리

1) 사회복지사의 기본적 윤리기준

사회복지사의 기본적 윤리기준을 전문가로서의 자세, 전문성 개발을 위한 노력 및 경제적 이득에 대한 태도로 구분하여 살펴보면 **표 3-8**과 같다.

표 3-8. 사회복지사의 기본적 윤리기준

구분	내용
전문가로서의 자세	• 사회복지사는 전문가로서의 품위와 자질을 유지하고, 자신이 맡고 있는 업무에 대해 책임을 진다. • 사회복지사는 클라이언트의 종교 · 인종 · 성 · 연령 · 국적 · 결혼상태 · 성 취향 · 경제적 지위 · 정치적 신념 · 정신, 신체적 장애 · 기타 개인적 선호, 특징, 조건, 지위를 이유로 차별 대우를 하지 않는다. • 사회복지사는 전문가로서 성실하고 공정하게 업무를 수행하며, 이 과정에서 어떠한 부당한 압력에도 타협하지 않는다. • 사회복지사는 사회정의 실현과 클라이언트의 복지 증진에 헌신하며, 이를 위한 환경 조성을 국가와 사회에 요구해야 한다. • 사회복지사는 전문적 가치와 판단에 따라 업무를 수행함에 있어, 기관 내외로부터 부당한 간섭이나 압력을 받지 않는다. • 사회복지사는 자신의 이익을 위해 사회복지 전문직의 가치와 권위를 훼손해서는 안 된다. • 사회복지사는 한국사회복지사협회 등 전문가단체 활동에 적극 참여하여, 사회정의 실현과 사회복지사의 권익 옹호를 위해 노력해야 한다.
전문성 개발을 위한 노력	• 사회복지사는 클라이언트에게 최상의 서비스를 제공하기 위해, 지식과 기술을 개발하는 데 최선을 다하며 이를 활용하고 전파할 책임이 있다. • 클라이언트를 대상으로 연구하는 사회복지사는 저들의 권리를 보장하기 위해 자발적이고 고지된 동의를 얻어야 한다. • 연구과정에서 얻은 정보는 비밀보장의 원칙에서 다루어져야 하고, 이 과정에서 클라이언트는 신체적, 정신적 불편이나 위험 · 위해 등으로부터 보호되어야 한다. • 사회복지사는 전문성을 개발하기 위해 노력하되, 이를 이유로 서비스의 제공을 소홀히 해서는 안 된다. • 사회복지사는 한국사회복지사협회 등이 실시하는 제반 교육에 적극 참여하여야 한다.
경제적 이득에 대한 태도	• 사회복지사는 클라이언트의 지불능력에 상관없이 서비스를 제공해야 하며, 이를 이유로 차별대우를 해서는 안 된다. • 사회복지사는 필요한 경우에 제공된 서비스에 대해, 공정하고 합리적으로 이용료를 책정해야 한다. • 사회복지사는 업무와 관련하여 정당하지 않은 방법으로 경제적 이득을 취하여서는 안 된다.

2) 사회복지사의 클라이언트에 대한 윤리기준

사회복지사의 클라이언트에 대한 윤리기준을 클라이언트와의 관계와 동료의 클라이언트과의 관계로 구분하여 살펴보면 표 3-9와 같다.

표 3-9. 사회복지사의 클라이언트에 대한 윤리기준

구분	내용
클라이언트와의 관계	• 사회복지사는 클라이언트의 권익 옹호를 최우선의 가치로 삼고 행동한다. • 사회복지사는 클라이언트에 대하여 인간으로서의 존엄성을 존중해야 하며, 전문적 기술과 능력을 최대한 발휘한다. • 사회복지사는 클라이언트가 자기결정권을 최대한 행사할 수 있도록 도와야 하며, 저들의 이익을 최대한 대변해야 한다. • 사회복지사는 클라이언트의 사생활을 존중하고 보호하며, 직무 수행과정에서 얻은 정보에 대해 철저하게 비밀을 유지해야 한다. • 사회복지사는 클라이언트가 받는 서비스의 범위와 내용에 대해 정확하고 충분한 정보를 제공함으로써 알 권리를 인정하고 존중해야 한다. • 사회복지사는 문서 · 사진 · 컴퓨터 파일 등의 형태로 된 클라이언트의 정보에 대해 비밀보장의 한계 · 정보를 얻어야 하는 목적 및 활용에 대해 구체적으로 알려야 하며, 정보 공개 시에는 동의를 얻어야 한다. • 사회복지사는 개인적 이익을 위해 클라이언트와의 전문적 관계를 이용하여서는 안 된다. • 사회복지사는 어떠한 상황에서도 클라이언트와 부적절한 성적 관계를 가져서는 안 된다. • 사회복지사는 사회복지 증진을 위한 환경 조성에 클라이언트를 동반자로 인정하고 함께 일해야 한다.
동료의 클라이언트와의 관계	• 사회복지사는 적법하고도 적절한 논의 없이 동료 혹은 다른 기관의 클라이언트와 전문적 관계를 맺어서는 안 된다. • 사회복지사는 긴급한 사정으로 인해 동료의 클라이언트를 맡게 된 경우, 자신의 의뢰인처럼 관심을 갖고 서비스를 제공한다.

3) 사회복지사의 동료에 대한 윤리기준

사회복지사의 동료에 대한 윤리기준을 동료와 수퍼바이저로 구분하여 살펴보면 표 3-10과 같다.

표 3-10. 사회복지사의 동료에 대한 윤리기준

구분	내용
동료	• 사회복지사는 존중과 신뢰로서 동료를 대하며, 전문가로서의 지위와 인격을 훼손하는 언행을 하지 않는다. • 사회복지사는 사회복지 전문직의 이익과 권익을 증진시키기 위해 동료와 협력해야 한다. • 사회복지사는 동료의 윤리적이고 전문적인 행위를 촉진시켜야 하며, 이에 반하는 경우에는 제반 법률규정이나 윤리기준에 따라 대처해야 한다. • 사회복지사가 전문적인 판단과 실천이 미흡하여 문제를 야기시켰을 때에는, 적절한 조치를 취하여 클라이언트의 이익을 보호해야 한다. • 사회복지사는 전문직 내 다른 구성원이 행한 비윤리적 행위에 대해, 제반 법률규정이나 윤리기준에 따라 조치를 취해야 한다. • 사회복지사는 동료 및 타 전문직 동료의 직무 가치와 내용을 인정 · 이해하며, 상호 간에 민주적인 직무 관계를 이루도록 노력해야 한다.
수퍼바이저	• 수퍼바이저는 개인적인 이익의 추구를 위해 자신의 지위를 이용해서는 안 된다. • 수퍼바이저는 전문적 기준에 의해 공정하게 책임을 수행하며, 사회복지사 수련생 및 실습생에 대한 평가는 저들과 공유해야 한다. • 사회복지사는 수퍼바이저의 전문적 지도와 조언을 존중해야 하며, 수퍼바이저는 사회복지사의 전문적 업무 수행을 도와야 한다. • 수퍼바이저는 사회복지사 · 수련생 및 실습생에 대해 인격적 · 성적으로 수치심을 주는 행위를 해서는 안 된다.

4) 사회복지사의 사회와 기관에 대한 윤리기준

사회복지사의 사회와 기관에 대한 윤리기준을 사회복지사의 사회에 대한 윤리기준 및 사회복지사의 기관에 대한 윤리기준으로 구분하여 살펴보면 표 3-11과 같다.

표 3-11. **사회복지사의 사회와 기관에 대한 윤리기준**

구분	내용
사회복지사의 사회에 대한 윤리기준	• 사회복지사는 인권존중과 인간 평등을 위해 헌신해야 하며, 사회적 약자를 옹호하고 대변하는 일을 주도해야 한다. • 사회복지사는 필요한 사회서비스를 개발하기 위한 사회정책의 수립 · 발전 · 입법 · 집행에 적극적으로 참여하고 지원해야 한다. • 사회복지사는 사회환경을 개선하고 사회정의를 증진시키기 위한 사회정책의 수립 · 발전 · 입법 · 집행을 요구하고 옹호해야 한다. • 사회복지사는 자신이 일하는 지역사회의 문제를 이해하고, 그것을 해결하는 일에 적극적으로 참여해야 한다.
사회복지사의 기관에 대한 윤리기준	• 사회복지사는 기관의 정책과 사업 목표의 달성, 서비스의 효율성과 효과성의 증진을 위해 노력함으로써, 클라이언트에게 이익이 되도록 해야 한다. • 사회복지사는 기관의 부당한 정책이나 요구에 대하여, 전문직의 가치와 지식을 근거로 이에 대응하고 즉시 사회복지윤리위원회에 보고해야 한다. • 사회복지사는 소속기관 활동에 적극 참여함으로써, 기관의 성장발전을 위해 노력해야 한다.

5) 사회복지윤리위원회의 구성과 운영

사회복지윤리위원회의 구성과 운영에 대한 구체적인 내용은 표 3-12와 같다.

표 3-12. **사회복지윤리위원회의 구성과 운영**

• 한국사회복지사협회는 사회복지윤리위원회를 구성하여, 사회복지윤리실천의 질적인 향상을 도모하여야 한다.
• 사회복지윤리위원회는 윤리강령을 위배하거나 침해하는 행위를 접수받아, 공식적인 절차를 통해 대처하여야 한다.
• 사회복지사는 한국사회복지사협회의 윤리적 권고와 결정을 존중하여야 한다.

6) 사회복지사 윤리강령

(1) 전문

사회복지사는 인본주의 · 평등주의 사상에 기초하여, 모든 인간의 존엄성과 가치를 존중하고 천부의 자유권과 생존권의 보장 활동에 헌신한다. 특히 사회적 · 경제적 약자들의 편에 서서 사회정의와 평등 · 자유와 민주주의 가치를 실현하는 데 앞장선다. 또한 도움을 필요로 하는 사람들의 사회적 지위와 기능을 향상시키기 위해 저들과 함께 일하며, 사회제도 개선과 관련된 제반 활동에 주도적으로 참여한다. 사회복지사는 개인의 주체성과 자기결정권을 보장하는 데 최선을 다하고, 어떠한 여건에서도 개인이 부당하게 희생되는 일이 없도록 한다.

이러한 사명을 실천하기 위하여 전문적 지식과 기술을 개발하고, 사회적 가치를 실현하는 전문가로서의 능력과 품위를 유지하기 위해 노력한다. 이에 우리는 클라이언트 · 동료 · 기관 그리고, 지역사회 및 전체사회와 관련된 사회복지사의 행위와 활동을 판단 · 평가하며 인도하는 윤리기준을 다음과 같이 선언하고 이를 준수할 것을 다짐한다.

(2) 윤리강령의 목적

한국 사회복지사 윤리강령은 사회복지 전문직의 가치와 윤리적 실천을 위한 기준을 안내하고, 윤리적 이해가 충돌할 때 고려해야 할 사항을 제시하고자 한다. 한국 사회복지사 윤리강령의 목적은 **표 3-13**과 같다.

표 3-13. 사회복지사 윤리강령의 목적

- 윤리강령은 사회복지 전문직의 사명과 사회복지실천의 기반이 되는 핵심 가치를 제시한다.
- 윤리강령은 사회복지 전문직의 핵심 가치를 실현하기 위한 윤리적 원칙을 제시하고, 사회복지실천의 지침으로 사용될 윤리기준을 제시한다.
- 윤리강령은 사회복지실천현장에서 발생하는 윤리적 갈등상황에서 의사결정에 필요한 사항을 확인하고 판단하는 데 필요한 윤리기준을 제시한다.
- 윤리강령은 사회복지사가 전문가로서 품위와 자질을 유지하고, 자기관리를 통해 클라이언트를 보호할 수 있도록 안내한다.
- 윤리강령은 사회복지의 전문성을 확보하고 외부 통제로부터 전문직을 보호할 수 있는 기준을 제공한다.
- 윤리강령은 시민에게 전문가로서 사회복지사의 역할과 태도를 알리는 수단으로 작용한다.

(3) 윤리강령의 가치와 원칙

사회복지사는 인간 존엄성과 사회정의라는 사회복지의 핵심 가치에 기반을 두고 사회복지 전문직의 사명을 다하기 위해 노력해야 한다. 이러한 핵심가치와 관련해 사회복지 전문직이 준수해야 할 윤리적 원칙을 제시하고 있다. 사회복지사의 윤리강령의 가치와 원칙을 살펴보면 **표 3-14**와 같다.

표 3-14. 사회복지사 윤리강령의 가치와 원칙

핵심가치	윤리적 원칙	내용
인간 존엄성	사회복지사는 인간의 존엄성과 가치를 인정하고 존중한다.	• 사회복지사는 개인적 · 사회적 · 문화적 · 정치적 · 종교적 다양성을 고려하며 개인의 인권을 보호하고 존중한다. • 사회복지사는 클라이언트의 자율성을 존중하고, 자기결정을 지원한다. • 사회복지사는 클라이언트가 역량을 강화하고, 자신과 환경을 변화시킬 수 있도록 지원한다. • 사회복지사는 사회복지실천 과정에서 클라이언트의 개입과 참여를 보장한다.
사회정의	사회복지사는 사회정의 실현을 위해 앞장선다.	• 사회복지사는 개인적 · 집단적 · 사회적 · 문화적 · 정치적 · 종교적 차별에 도전하여 사회정의를 촉진한다. • 사회복지사는 개인, 가족, 집단, 지역사회의 다양성을 존중하는 포용적 지역사회를 만들기 위해 노력한다.

핵심가치	윤리적 원칙	내용
		• 사회복지사는 부적절하고 억압적이며 불공정한 사회제도와 관행을 변화시키기 위해 사회의 다양한 구성원들과 협력한다. • 사회복지사는 포용적이고 책임 있는 사회를 만들어 가기 위해 연대활동을 한다.

7) 사회복지사 선서문

사회복지사 선서문의 내용은 표 3-15와 같다.

표 3-15. 사회복지사 선서문의 내용

- 나는 모든 사람들이 인간다운 삶을 누릴 수 있도록 인간 존엄성과 사회정의의 신념을 바탕으로, 개인 · 가족 · 집단 · 조직 · 지역사회 · 전체사회와 함께한다.
- 나는 언제나 소외되고 고통받는 사람들의 편에 서서, 저들의 인권과 권익을 지키며, 사회의 불의와 부정을 거부하고, 개인이익보다 공공이익을 앞세운다.
- 나는 사회복지사 윤리강령을 준수함으로써, 도덕성과 책임성을 갖춘 사회복지사로 헌신한다.
- 나는 나의 자유의지에 따라 명예를 걸고 이를 엄숙하게 선서합니다.

04

Chapter

사회복지사의 전문성과 성찰적 실천

배울 내용

1. 사회복지사의 정체성과 전문성
2. 사회복지사의 주요 직무와 역할
3. 사회복지사의 자기인식과 자기성찰

학습 목표

1. 사회복지사의 전문직 정체성의 개념을 이해하고 형성과정과 구성요인을 파악한다.
2. 사회복지사의 주요 직무와 역할을 설명할 수 있다.
3. 사회복지실천에서 사회복지사의 자기인식과 자기성찰의 중요성을 이해하고 향상방안을 모색해 본다.

1. 사회복지사의 정체성과 전문성

다음 표 4-1의 문항은 사회복지사로서의 전문직 정체성에 관한 질문들이다. 자신의 평소 생각과 행동에 일치하는 정도에 ∨표시를 해 보자.

표 4-1. 사회복지사의 전문직 정체성 척도

문항	내용	전혀 그렇지 않다	대체로 그렇지 않다	그렇지 않다	그렇다	대체로 그렇다	매우 그렇다
1	나는 다른 사회복지사들과 협력하여 일하기 좋아한다.	①	②	③	④	⑤	⑥
2	나는 사회복지 관련 전문잡지와 신문 읽기를 즐긴다.	①	②	③	④	⑤	⑥
3	나는 정기적으로 사회복지사들의 전문가 모임에 적극적으로 참여한다.	①	②	③	④	⑤	⑥
4	나는 항상 사회복지사 윤리강령을 염두에 두고 실천하려고 노력한다.	①	②	③	④	⑤	⑥
5	나는 클라이언트를 대할 때 동등한 입장을 취하려고 노력한다.	①	②	③	④	⑤	⑥
6	나는 어떠한 경우라도 클라이언트의 사생활을 존중하고 비밀을 보장한다.	①	②	③	④	⑤	⑥
7	나는 사회복지사로서 하는 일에 열정을 갖고 헌신적으로 일한다.	①	②	③	④	⑤	⑥
8	나는 다른 사회복지사들과 연대감, 친근감을 느낀다.	①	②	③	④	⑤	⑥
9	나는 사회복지사로서 하는 일에 대해 다른 사람들에게 자랑스럽게 이야기한다.	①	②	③	④	⑤	⑥
10	나는 사회복지사로서 일을 하면서 소속감을 느끼지 못한다.	⑥	⑤	④	③	②	①
11	나는 현재 사회복지사로서 하고 있는 일을 평생하고 싶다.	①	②	③	④	⑤	⑥
12	나는 사회복지 업무와 관련되는 한 상사의 지시 없이 스스로 결정하거나 해결한다.	①	②	③	④	⑤	⑥

13	나는 사회복지와 관련된 일을 외부의 요청 없이 스스로 결정하거나 해결한다.	①	②	③	④	⑤	⑥
14	나는 사회복지 업무에 관련되는 한 주체임을 자부한다.	①	②	③	④	⑤	⑥
15	나의 개인적 가치와 사회복지사로서의 가치가 비슷하다.	①	②	③	④	⑤	⑥

출처: 차정진(2021). 정신건강사회복지사의 전문직 정체성이 사례관리수행에 미치는 영향. 부산대학교 대학원 석사학위논문.

1) 전문직 정체성

(1) 전문직 정체성의 개념

전문직 정체성이라는 용어는 일반적인 용어가 아닌 '전문직'과 '정체성'이라는 두 개념이 합쳐진 것으로 볼 수 있는데, 첫째 전문직은 어떠한 특정 분야의 전문적 지식과 기술을 가지고 장기간에 걸쳐 집중적인 학문을 요하는 직업을 의미한다. 이러한 전문직은 지식체계, 서비스의 공공성, 서비스의 독점성 3가지의 필수항목을 갖추어야 하며, 체계적인 이론, 전문적 권위, 사회적 인가, 윤리강령, 전문직 문화 5가지의 구성요소를 포함하는 개념이다(Greenwood, 1980). 또한 전문직은 학문적 지식체계를 기반으로 전문직 기술을 통해 높은 사회적 지위를 누리는 특성을 가진 형태의 직업을 말하며, 일반적인 직업들과는 구별되는 특성을 갖는다(박승규, 2001). 둘째, 정체성은 변하지 않는 존재의 본질을 깨닫는 성질, 또는 고유한 가치를 지니는 독립적인 존재 그 자체를 의미하거나, 개인 한 사람이 어떠한 목표와 방향성을 가지고 시간적 흐름에 따라 형성되는 개인의 의식으로 정의된다.

이러한 '전문직'과 '정체성'의 개념을 종합적으로 정리한 홀(Hall, 1968)은 전문직 정체성을 전문직업인의 직무역량에 필요한 지식, 가치와 자신의 직업을 바라보는 태도라고 정의하였다. 국내 여러 학자들의 전문직 정체성에 대한 정의를 살펴보면

그림 4-1과 같다(차정진, 2021).

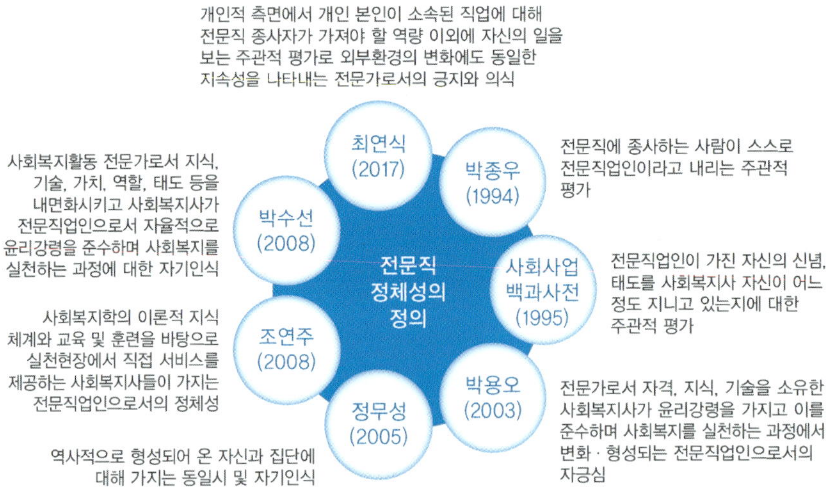

그림 4-1. 전문직 정체성의 정의

지금까지 살펴본 전문직 정체성에 대한 정의와 여러 학자들의 개념적 정의를 종합해 볼 때, 전문직 정체성이란 전문가로서의 지식, 가치, 기술을 통해 실천현장에서 전문직업인으로서의 내면화를 이루어 나가는 자긍심으로 정의할 수 있다.

(2) 전문직 정체성 이론 및 구성요소

사회복지사가 인식하는 주관적 평가의 기준은 전문직 속성으로 나타낼 수 있는데, 전문직 정체성을 측정한 대표적인 연구자 홀(1968)은 11개의 전문직을 대상으로 전문직의 속성을 **표 4-2**와 같이 구조적 측면, 조직적 측면, 태도적 측면 3가지 특성으로 구분하였다(차정진, 2021).

표 4-2. 홀의 전문직 모델

구분	내용
구조적 측면	전임직업, 훈련학교, 전문조직, 윤리강령
조직적 측면	권위의 위계, 노동의 분화, 규칙의 존재, 절차적 전문화, 비개인성, 기술적 능력
태도적 측면	전문조직의 활용, 공공서비스에 대한 신념, 자기규제에 대한 신념, 직업에 대한 소명의식, 자율성

출처: Hall(1968). Professinalization and Bureaucratization. American Sociological Review, 33(1), 90-104.

홀(1968)은 전문가 계층의 사람들이 어떤 결정을 내리며 전문직업인으로서 전문가적인 태도를 침해하지 않는 규칙을 통해 전문직 정체성이 형성되는 것이라고 주장하였다. 특히 전문직 모델 중 태도적 측면의 중요성을 강조하였다. 홀(1968)은 전문직 태도가 다섯 가지 측면으로 이루어진다고 하였다. 첫째, 전문직업인은 주요 준거집단으로서 전문조직을 활용한다. 이는 직업 활동을 할 때 전문가로서의 판단과 사고의 주된 출처로 공식적, 비공식적 집단을 활용하는 것을 의미하며, 전문조직은 그 직업의 가치와 신념, 정체성을 강화해 주는 기능을 한다. 둘째, 전문직업인은 공공서비스에 대한 신념을 지닌다. 이는 자신의 직업이 없으면 안되는 직업이라는 것과 그 직업이 일반인과 실천가들에게도 이득이 된다는 것을 의미한다. 즉, 전문직은 자신 또는 회사의 이득을 목표로 하는 일반적 직업들과 달리 클라이언트와 일반인에 대한 서비스 이상(the ideal of service)을 주요 목표를 가진다는 점에서 구분된다. 셋째, 자기규제에 대한 신념을 가진다. 이는 사회복지사 자신이 제공하는 서비스에 대해 실질적으로 판단할 적임자는 동료 전문가들이라는 믿음으로 동료들만이 그 일에 대해 판단할 수 있다는 신념이다. 넷째, 해당 분야에 대한 소명의식을 지닌다. 즉, 전적으로 자신의 직업에 대해 헌신하며 일에 대해 목적을 위한 수단이 아니라 목적 그 자체로 여긴다. 이는 자신의 일에 대한 전문가의 헌신과 외부 보상이 적더라도 그 일을 하고 싶다는 느낌을 반영한다는 것이다. 다섯째, 자율성에 대한 신념을 지닌다. 이는 자신의 지식과 전문적 기술에 근거하는 것으로 클라이언트나 종사하고 있는 전문직의 구성원이 아닌 다른 사람 또는 자신이 고용된 조직으로부터의 어떠한 압력에서 벗어나 스스로 판단하여 결정하는 것을 의미한다. 다시 말해 자율성은 직업적인 수준에서 그 전문직의 구성원이 자신의 일에 대한 '최종적인 권위'를 말하지만 개인적인 수준에서는 전문직 구성원 자신이 스스로 그러한 권위를 가져야 한다는 신념을 의미한다(박종우, 1994).

2) 사회복지사의 전문직 정체성

사회복지사의 전문성은 클라이언트에게 서비스를 제공할 때 동기부여와 태도적인 측면에서 매우 중요한 의미를 지니며 이는 곧, 클라이언트에게 제공되는 서비스의 질을 결정하게 된다. 이러한 사회복지직의 전문성 제한요인으로는 낮은 보수, 열악한 근무 환경, 교육 및 훈련체계의 미흡, 기관장의 인식 부족 등을 제시하고 있다(박병현 외, 2003).

전문직은 직업구성의 하부단위의 하나로 인간 사회의 수많은 직업 가운데 일부분의 범주에 포함되는 직업이다(조남신, 2013). 또한 전문직은 어떤 특수한 분야에 대한 전문적인 지식과 기술을 가지는 직업이고, 긴 시간 동안 집중적인 학문을 필요로 하는 직업을 의미한다. 그래서 특수한 능력을 갖춘 사회복지사로서 서비스 개발에 관한 관심과 자신이 맡은 업무에 책임을 지녀야 한다. 이는 전문직을 일반직과 구분하는 기준을 일반인이 알 수 없는 전문지식, 직무수행 시 관련 지식과 기술을 활용하여 자신의 판단에 의해 행하는 자율성, 자신의 명령에 대해 승낙을 기대할 수 있는 정도의 권위, 타인에 대해 관심을 갖는 이타성이라고 한다면, 전문직이 일반적인 직업과 구별되는 것은 장기간의 교육과 훈련이 필요하고, 높은 학문적 지식체계를 기반으로 전문적 기술을 갖고, 사회적 권한과 사회적 지위를 갖는 것이다(조남신, 2013).

이상의 논리에 비추어 볼 때, 사회복지사는 전문직으로서 클라이언트에게 최상의 서비스를 제공하기 위하여 전문적인 지식과 기술을 교육받고, 개발하며, 사회가 사회복지사를 전문직으로 인정하는 전문가 조직으로 한국사회복지협회가 결성되어 있다.

이처럼 사회복지에서도 전문직에 대한 정체성을 두 가지 측면에서 설명하고 있는데(박정화, 2019), 첫 번째는 전문직으로써 사회복지의 정체성을 일컫는 의미인데, 이는 전문직화를 추구해 온 사회복지가 다른 전문직과 구별되는 특성을 가진다는 것을 의미하는 것이다. 또 다른 측면은 전문직에 종사하는 사람이 스스로 전문직업이라고 내리는 주관적 평가를 의미한다. 이것은 사회복지의 전문직업인으로서의 정체성이 아니라 전문직 구성원으로서의 사회복지사들이 가지는 전문직업으로서의 정체성을 의미한다. 이처럼 전문직업적 정체성이란 전문직업적 사회화 및 전문직업적 태도 개념과 더불어 생각해야 하며, 전문직의 사회화란 전문직의 속성들을 내면화시킴으로써 전문적 성장과 발전을 도모하는 과정으로 정의할 수 있다(박종우, 1994). 그리고 전문직업적 정체성은 사회복지활동 전문가로서 지식, 기술, 자격을 소유한 사회복지사가 자율적으로 윤리강령을 준수하며 사회복지를 실천하는 과정에서 형성 · 변화되는 전문직업인으로서의 자긍심으로 정의할 수 있다(박용오, 2005).

이러한 전문직 정체성이 사회복지에 필요한 이유로는 전문직으로서의 정체성이 사회복지사의 업무수행과 관련된 중요한 요인이기 때문이라고 할 수 있다. 이처럼 사회복지 전문직 정체성이 확립되면 직무만족을 이루게 되고 사회복지사 개인에게나 사회복지 조직의 효과성 및 효율성에 큰 영향을 미치고, 나아가 조직에 대한 헌신과 클라이언트에 대한 서비스 질을 높일 수 있음을 강조하고 있다(김예경, 2000).

(1) 사회복지사의 전문직 정체성의 형성과정

전문직의 규정이 속성론, 과정론, 권력이론과 같은 이론에 근거한다는 것은 사회복지사의 전문성에 대한 해석도 다차원적임을 의미한다. 실제로 사회복지실천에 대한 전문성 규정은 오랜 시간 동안 평가가 엇갈려 왔다. 구체적으로 홀(1968)은 속성론에 근거하여 사회복지실천이 정체성이 있는 전문직의 특징을 가졌다고 주장하면서 전문직 태도라는 개념을 통해 전문직의 속성을 측정하였다. 그는 전문직 모형을 구조적 측면(전임직업, 교육기관 설립, 전국적 조직체, 윤리강령), 조직적 측면(권위에 대한 위계, 분업화, 규칙, 전문화 절차, 비개인성, 기술적 능력), 그리고 태도적 측면(준거집단으로 전문조직 활용, 공공서비스에 대한 신념, 자기규제에 대한 신념, 소명의식, 자율성에 대한 신념) 등 세 가지로 범주화하였다. 이 기준에 의하여 사회복지사는 교사나 회계사와 같은 다른 전문직종과 비교하여 전문성을 갖추었다고 판단하였다.

그린우드(Greenwood, 1957)는 사회복지사가 전문직 속성을 지니고는 있지만 연속선상에서 다소 낮은 쪽에 있다고 보았다. 또한 토렌(Toren, 1972)은 사회복지실천에서 고유한 이론적 근거가 명확하지 않기 때문에 준(semi)전문직이라고 주장하였고, 길벨만(Gilbelman, 1999)은 전문적 권위와 사회의 인식 수준이 낮아서 발전 중인 전문직이라고 주장하였다.

한편 사회복지사의 전문성이 속성의 구축이 아닌 일련의 과정을 통해서 진행되는 전문직 사회화 과정에 주목한 학자도 있다. 구체적으로 바갈(Bargal, 1981)은 사회복지사가 전문가로 성장하는 과정은 매우 긴 시간이 소요된다는 것을 강조하면서, 사회복지 가치와 전문직 세계관이 형성되는 사회화 단계를 그림 4-2와 같이 제안하였다.

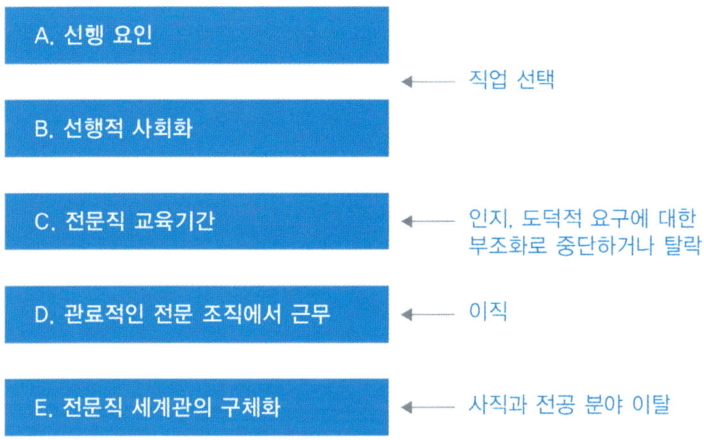

그림 4-2. 사회복지 전문직 가치관의 사회화 과정

1단계는 선행 요인(Antecedent factors) 단계로 사회 · 경제적 환경 요인 등 전문직 교육 이전의 성장 배경과 관련된 것이다. 2단계는 선행적 사회화(Anticipatory sociolization) 단계로 전문직 규범과 가치를 선행하는 단계이다. 3단계는 전문직 교육기간(Influence of the professional training period)으로 교육기관을 통해 전문직의 기본 자질을 습득하는 단계이다. 4단계는 관료적 전문 조직에 근무(Work in a bureaucratic professional organization)하는 단계로, 교육과정에서 습득한 가치가 강화, 심화되는 단계이다. 이 단계에서는 개인의 가치와 전문직 간의 갈등을 경험하고 이직을 하기도 한다. 이후 5단계로 전문직 세계관의 구체화(Crystallization of a professional world view)의 단계이다.

그리고 밀러(Miller, 2010)는 전문직 사회화(Professional Socialization)가 다음의 세 과정으로 이루어진다고 하였는데, 이를 구체적으로 살펴보면 그림 4-3과 같다.

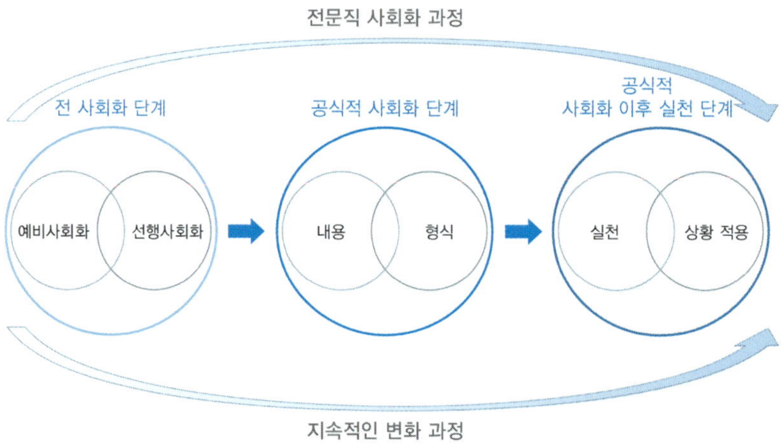

그림 4-3. 사회복지사의 사회화 과정

첫째, 전-사회화 단계(Pre-Socialization)는 아동기의 1차 사회화를 의미하는 것으로 개인의 발달과정에서 세계관이 형성되는 과정을 의미한다. 둘째, 공식적 사회화(Formal Socialization)는 전문 교육과정을 통해 전문직 구성의 내용과 구조를 습득하는 것이다. 내용이란 사회복지 지식과 기술, 그리고 가치나 태도를 의미하고, 구조는 교과과정, 학풍 등 교육환경을 의미한다. 셋째, 공식적 교육 이후 실천단계(Practice After Formal Socialization)로 사회복지 실천현장과 상황적 적응에 해당한다는 것이다.

(2) 사회복지사의 전문직 정체성 구성요인

사회복지사의 전문직 정체성의 구성요인을 자아개념, 직무만족, 역할스트레스 및 이직의도로 구분하여 살펴보면 다음과 같다(김귀숙, 2022).

① 자아개념

전문직 자아개념은 개인이 자신에 대해서 갖는 관념, 지각 및 체제이다. 또 전문직업인으로 자기 자신에 대한 정신적 지각으로 자신의 업무에 대해 가진 느낌과 견해로도 정의된다. 전문직 자아개념의 발달은 다양한 전문직이 공존하는 현장에서 다른 전문인과 조화를 이루며 효율적인 업무를 수행하고 양질의 서비스를 제공하여 사회적인 위치를 확립하고 만족감을 줄 뿐만 아니라 스스로를 만족하기 위해 전문직 자아개념의 확립은 매우 중요하다.

표 4-3. 자아개념 척도

다음은 자아개념에 관한 문항입니다. 귀하의 의견에 가장 가까운 곳을 찾아 ∨표 해 주십시오.

문항	내용	전혀 아니다	아니다	보통이다	그렇다	매우 그렇다
1	근무 시 필요한 상황이 되면 나는 문제해결의 대안을 생각할 수 있다.	①	②	③	④	⑤
2	나는 사회복지사로서 나의 기술에 자부심을 갖고 한다.	①	②	③	④	⑤
3	나는 리더로서 유능하다.	①	②	③	④	⑤
4	나는 내가 융통성이 있다고 믿는다.	①	②	③	④	⑤
5	나는 대체적으로 유능하다.	①	②	③	④	⑤
6	일반적으로 나는 출근 시간이 기다려진다.	①	②	③	④	⑤
7	사회복지 문제가 발생하면 나는 창의성을 발휘하여 문제를 해결하는 수가 많다.	①	②	③	④	⑤
8	사회복지직은 보람 있는 직업이다.	①	②	③	④	⑤

9	나는 사회복지 문제를 해결할 수 있는 융통성이 있다.	①	②	③	④	⑤
10	나는 사회복지 문제의 핵심을 파악하고 해결책을 찾기 위해 가장 적절한 대안을 재빨리 선택한다.	①	②	③	④	⑤
11	나는 사회복지사를 선택한 것을 후회한다.	⑤	④	③	②	①
12	나는 사회복지 업무를 창의적으로 처리할 수 있는 점에 대해 대체로 만족한다.	①	②	③	④	⑤
13	의사결정을 잘하는 것은 나의 특성 중 하나이다.	①	②	③	④	⑤
14	사회복지직은 내가 생각했던 것만큼 만족스럽지 않다.	⑤	④	③	②	①
15	나는 동료들만큼 능숙하게 기술을 사용할 수 있다.	①	②	③	④	⑤
16	나는 어쩔 수 없이 사회복지직에 머물러 있는 것 같은 생각이 든다.	⑤	④	③	②	①
17	나는 사회복지 업무를 평생적으로 계속 할 것이다.	①	②	③	④	⑤

출처: 김귀숙(2022). 사회복지사의 전문직 정체성이 자기효능감에 미치는 영향: 감성지능의 매개변수를 중심으로. 신한대학교 대학원 박사학위논문.

② 직무만족

직무만족은 직무에 대한 태도의 하나로서 한 개인이 직무나 직무경험 평가 시 발생하는 유쾌하고 긍정적인 정서상태이며, 이는 실제 관찰할 수 있는 것이 아니고 사회구성원 개인의 행위나 언어적 표현을 통해 유추할 수 있으며, 한 개인의 직무에서 원하는 것과 얻는 것 간의 비교를 나타내는 개념이기 때문에 다분히 주관적인 개념이라고 할 수 있다. 즉, 직무만족이란 인생 전반에 걸친 만족 감정의 일부분으로 개인이 직무생활에 적응하는 능력, 사회생활을 통해 타인과 관계를 맺는 능력, 직장업무에 대한 흥미, 준비에 따른 직무특성과 관련되는 개념이다.

이에 직무만족은 내부에서 오는 것이지만 크게 외부의 힘이나 환경에 의해 좌우된다고 볼 수 있다. 또한 어떤 직무에서든 얻어지거나 경험되는 욕구만족의 함수이며, 직무만족의 본질은 직무에서 얻어지는 자기실현의 감정과 자신의 직무에서 얻어지는 가치 있는 성취감이라고 할 수 있다(신명철, 2018).

따라서 사회구성원에 있어 직무만족은 직무생활에 긍정적인 감정을 가진 사람은 자신이 속해 있는 사회조직을 호의적으로 받아들이고, 그 사회조직에 대해 호감을 느끼게 되고, 사회조직의 유효성을 증대시킬 수 있다. 그리고 자신의 직무를 좋아하는 사람은 사회조직의 입장에서 볼 때 직무만족이 높게 되면 이직의도와 결근율이 감소되고 이에 따른 생산성 증가의 효과도 얻을 수 있다.

표 4-4. 직무만족 척도

다음은 직무만족에 관한 문항입니다. 귀하의 의견에 가장 가까운 곳을 찾아 ∨표 해 주십시오.

문항	내용	전혀 아니다	아니다	보통이다	그렇다	매우 그렇다
1	나는 현재 받고 있는 급여에 만족한다.	①	②	③	④	⑤
2	나는 지금 내가 하는 일에 대해서 다른 사람들에게 자랑스럽게 말한다.	①	②	③	④	⑤
3	지금 내가 하는 일(사회복지사)은 정말 중요한 일이다.	①	②	③	④	⑤
4	사회복지업무에서 생기는 문제들에 대해 상사의 견해와 차이가 있다.	⑤	④	③	②	①
5	우리 기관에서는 사회복지사의 발전을 위해 많은 기회를 주고 있다.	①	②	③	④	⑤
6	나는 내가 하는 사회복지 업무에 대해 필요 이상의 감독을 한다고 느낀다.	⑤	④	③	②	①
7	나는 중요한 업무를 결정할 권한이 있고 사회복지사 선임은 이를 지지해 준다.	①	②	③	④	⑤
8	내게 주어진 사회복지 업무량이 많지 않다면 업무를 더 잘할 수 있을 것이다.	⑤	④	③	②	①
9	선임이나 관련 부서 직원과 클라이언트에 대해서 의논할 시간과 기회가 많다.	①	②	③	④	⑤
10	업무가 매우 바쁠 때는 다른 사회복지사들과 기꺼이 서로 도우며 일한다.	①	②	③	④	⑤
11	상사와 관련 부서 직원과 좋은 팀워크와 협동심을 발휘한다.	①	②	③	④	⑤
12	관련 부서 직원들과 화목하게 지내지 않는다.	⑤	④	③	②	①

13	내게 좀 더 클라이언트와 접할 시간이 있다면 훨씬 더 좋은 케어를 할 수 있으리라 생각된다.	⑤	④	③	②	①
14	나는 가끔씩 내가 판단한 복지전문적인 업무수행과 어긋나는 일을 하도록 요구받는다.	⑤	④	③	②	①
15	사회복지의 일상적인 문제나 업무에 관하여 동료 사회복지사와 자주 의논한다.	①	②	③	④	⑤
16	대체로 동료 사회복지사와 센터장, 관련 부서와 협력이 잘 이루어진다고 생각한다.	①	②	③	④	⑤
17	사회복지사에게 요구되는 서류업무가 너무 많다.	⑤	④	③	②	①
18	나는 다시 진로를 선택한다고 해도 사회복지사직을 선택할 것이다.	①	②	③	④	⑤
19	다른 센터에 비하여 현재 내가 받고 있는 급여는 높은 편이다.	①	②	③	④	⑤
20	센터장이나 관련 부서의 직원들은 사회복지사로서 내가 하는 일에 대해서 이해하고 인정한다.	①	②	③	④	⑤

출처: 김귀숙(2022). 사회복지사의 전문직 정체성이 자기효능감에 미치는 영향: 감성지능의 매개변수를 중심으로. 신한대학교 대학원 박사학위논문.

③ 역할스트레스

역할(Role)이란 어떤 직위를 가진 사람이 마땅히 해야 하는 맡은 직책이나 임무로써 개인은 역할을 통하여 조직의 업무를 효과적으로 완수하게 된다. 이러한 역할은 직무를 수행하는 과정에서 자신이 원하는 자발적인 속성을 갖고 있기보다는 타인에 의해 주어지는 것이기 때문에 역할로 인한 스트레스가 유발될 가능성이 높다. 따라서 역할스트레스는 개인이 사회조직 내에서 자신의 지위를 보존하기 위해 해야 할 일의 수행과 관련된 스트레스로서 사회조직 내에서 발생하는 가장 보편적인 스트레스라고 할 수 있다(정귀임, 2017). 사회조직 내에서 공식적, 비공식적으로 규정되는 여러 역할은 조직구성원들의 교호작용을 분명하게 해 주고 그러한 교호작용을 일정한 방향으로 유도하며, 역할 담당자에 대한 역할기대가 명백하고 상충하는 요소를 내포하지 않으면 사회조직 구성원들의 역할관계와 교호작용은 원활해진다.

사회조직은 그 성격상 스트레스의 온상으로 지목되고 있으며, 사회구성원이 받는 스트레스가 많으면 이로 인하여 야기되는 여러 가지 부작용은 구성원들이 사회조직목표를 향해 자신의 능력을 최대로 발휘하는 데 장애요소가 된다. 구체적으로 높은 역할스트레스는 개인의 전문직 사회화를 위한 동기(self-motivation) 저하나 자극과 같은 부정적 효과를 초래하고 직무 불만족과 낮은 조직몰입, 잦은 결근과 이직으로 인해 조직적인 측면에서 경영 효율성의 감소, 작업시간의 손실, 이직비용 등 여러 가지 측면에서 다양하게 나타나게 된다. 따라서 사회조직 차원에서는 역할스트레스의 관리전략이 필요하다.

표 4-5. 역할스트레스 척도

다음은 역할스트레스에 관한 문항입니다. 귀하의 의견에 가장 가까운 곳을 찾아 ∨표 해 주십시오.

문항	내용	전혀 아니다	아니다	보통 이다	그렇다	매우 그렇다
1	내게 주어진 복지업무를 완수할 수 있을 만큼 시간이 충분하지 않다.	①	②	③	④	⑤
2	내가 하는 업무는 나의 교육경력과 능력에 비추어 평이하거나 시루한 것이다.	①	②	③	④	⑤
3	사회복지는 전문직인데도 나의 업무에 관련된 결정에 참여할 기회가 너무 적다.	①	②	③	④	⑤
4	나는 근무 중에 기관의 방침을 위반해야 하는 모순된 경우가 있다.	①	②	③	④	⑤
5	나는 사회복지 업무 중 물품이나 인원이 필요한 경우에 복잡한 절차와 그 책임 문제 때문에 지원요청을 그만두는 경우가 있다.	①	②	③	④	⑤
6	복지기관의 행정과 관련된 정책과 지침들 사이에 서로 모순되는 경우가 있다.	①	②	③	④	⑤
7	나의 사회복지 직무수행과 관련된 정책과 지침들 사이에 서로 모순되는 경우가 있다.	①	②	③	④	⑤

8	나의 생각으로는 규정과 다르게 수행되어져야 할 일을 사회복지 직무규정대로 해야 할 경우가 있다.	①	②	③	④	⑤
9	나는 두 사람 이상의 선임 직급자로부터 서로 상충되는 요구나 지시를 받는다.	①	②	③	④	⑤
10	나는 불필요하다고 생각되는 일을 해야 하는 경우가 있다.	①	②	③	④	⑤
11	나는 클라이언트나 선임의 요구 때문에 수행해야 할 업무에 혼란을 많이 겪는다.	①	②	③	④	⑤
12	같이 일하는 선임이 사회복지직의 업무에 적합하지 않은 일을 하도록 요구하는 경우가 있다.	①	②	③	④	⑤
13	내가 수행해야 하는 사회복지 업무의 양은 근무시간에 비해 많다.	①	②	③	④	⑤
14	나의 경우 많은 시간을 서류상의 업무에 빼앗기다 보니 대상자에게 효과적인 업무를 수행하기 어렵다.	①	②	③	④	⑤
15	기관의 방침이나 지시사항이 사회복지 업무에 도움을 주지 못하고 있다.	①	②	③	④	⑤
16	적정한 인력의 지원 없이 사회복지 업무수행을 요구받는 경우가 있다.	①	②	③	④	⑤

출처: 김귀숙(2022). 사회복지사의 전문직 정체성이 자기효능감에 미치는 영향: 감성지능의 매개변수를 중심으로. 신한대학교 대학원 박사학위논문.

④ 이직의도

이직은 외부적인 요인에 의한 이직과 내부적인 요인에 의한 이직에 근거한 것으로 이분법의 운용을 먼저 단정적인 방법으로 제공해 준다. 이는 분류기준이 일관성 있고 객관적이지만 단점은 엄밀히 말해 이직요인의 카테고리가 너무 광범위하고 그 잠재적 이유를 명확하게 규명하지 못한다는 점이다. 이직은 대인관계를 좋아하는 외향성이 높은 부하 직원일수록 상사와의 관계를 통하여 만족을 얻고 또한 자극적인 임무를 부여받기 위해 상사와 친해지려는 경향이 있다. 사회구성원의 높은 이직률은 사회조직 관리상의 문제가 있음을 말해 주는 것으로, 조직 및 인력관리의 지표로서 중요하게 인식되어 왔다.

작업장 내의 개인들 사이의 동질성에 관한 연구는 조직행동을 이해하는 데 중요한 요소로 이론화되어 왔다. 예를 들어, 상사와 부하 간의 동질성은 상호 간의 편안함과 일치감, 그리고 작업의 협동심을 포함하는 진행적인 결과를 도출해 낼 수 있다. 이 경우 부하는 정보의 피드백을 얻게 되며, 상사의 업무 기대에 대해 정확한 이해를 할 수 있게 된다(천순덕, 2005).

사회복시사의 이직의도에 영향을 미치는 요인으로는 연령, 근무경력, 직위, 상사와의 갈등, 부적절한 대우와 보상, 인력 부족으로 인한 업무량 과중, 근무부서 이동, 결혼상태, 교육수준 등으로 연령이 낮을수록, 근무경력은 1년 이내에서 2년 사이, 급여가 낮을수록, 미혼인 경우에서 이직의도가 높은 것으로 보고되고 있다(박성애, 1996).

표 4-6. 이직의도 척도

다음은 이직의도에 관한 문항입니다. 귀하의 의견에 가장 가까운 곳을 찾아 V표 해 주십시오.

문항	내용	전혀 아니다	아니다	보통이다	그렇다	매우 그렇다
1	나는 현재 지금의 기관, 시설, 센터를 떠날 생각이 없다.	⑤	④	③	②	①
2	나는 센터에 근무하면서 다른 직장을 구하려고 노력한 적이 있다.	①	②	③	④	⑤
3	동료 사회복지사가 이직하는 것은 나의 의사에도 영향을 주고 있다.	①	②	③	④	⑤
4	나는 가까운 미래에 이 기관, 시설, 센터를 떠날 것이다.	①	②	③	④	⑤
5	나는 이 기관, 시설, 센터에서 퇴직을 하더라도 후회하지 않을 것 같다.	①	②	③	④	⑤

출처: 김귀숙(2022). 사회복지사의 전문직 정체성이 자기효능감에 미치는 영향: 감성지능의 매개변수를 중심으로. 신한대학교 대학원 박사학위논문.

2. 사회복지사의 주요 직무와 역할

1) 사회복지사로서의 자질과 수행직무

사회복지사는 개인의 문제는 물론, 가족, 청소년, 노인, 여성, 가족, 장애인 등 다양한 사회적, 개인적 욕구를 지닌 사람들의 문제에 대해 사정과 실천 평가를 통해 그들이 가지고 있는 문제의 해결을 돕고 지원하는 전문적 서비스 종사자이다. 즉, 사회적, 개인적 문제로 어려움에 처한 클라이언트를 만나 그들이 처한 상황과 문제를 파악하고 문제를 해결하는 데 필요한 방안을 찾기 위해 관련 자료를 수집, 분석하며 클라이언트와의 소통을 통해 대안을 제시하고 문제해결을 모색한다.

또한 재정적 보조나 법률적 조언 등 클라이언트가 필요로 하는 각종 사회복지 프로그램을 기획, 시행, 평가하고 공공복지 서비스의 전달을 위한 대상자 선정작업, 복지조치, 급여, 생활지도 등을 수행하게 된다. 그리고 사회복지정책 형성과정에 참여하며, 정책분석과 평가를 하고 정책대안을 제시하기도 한다. 이러한 다양한 활동을 수행하는 사회복지사의 자질과 수행직무에 대해 구체적으로 살펴보면 **표 4-7**과 같다.

표 4-7. 사회복지사의 자질과 수행직무

구분	내용
사회복지사로서의 자질	• 인간을 대상으로 감정노동을 하는 사회복지사는 다른 사람의 욕구나 행동에 적절히 대응할 수 있는 문제해결능력과 협상, 설득할 수 있는 능력, 인간과 사회전반에 대한 다채로운 지식을 갖추어야 한다. • 사회복지의 기본이념과 가치인 인간존중과 사회정의에 대한 사명의식과 봉사정신이 필

구분	내용
	요하며, 상대방에 대한 배려와 협동심, 창의력, 순발력과 원만한 대인관계를 유지시킬 수 있는 의사소통능력이 무엇보다 요구된다.
사회복지사의 전반적인 수행직무	• 대체로 학교, 병원, 수용시설, 비수용시설, 국가기관 등에서 아동, 청소년, 장애인, 노인, 여성 등을 대상으로 그들의 재활과 사회복귀를 돕기 위해 사정, 진단, 상담, 프로그램 개발, 기획, 실시, 평가, 지원, 교육 등의 업무를 수행한다. • 상담을 통해 사회복지 대상자의 욕구나 개선점, 보유 자원과 대상자 가족에 대한 지원과 재정적 문제 등에 대해 사정하며 행정적, 재정적, 심리적, 사회적으로 지원해야 할 점을 파악해서 우선순위를 정한다. • 심리안정, 교육과 훈련, 정서순화, 대인관계의 기술 습득과 건강유지 등 다양한 프로그램을 개발하고 기획하여 실시한다. • 후원자나 자원봉사자를 모집하고, 사회복지 대상자에 대한 사회적 편견을 제거하기 위한 활동을 하며, 프로그램이나 기관에 대해 지역사회 사업장을 중심으로 홍보하고, 프로그램 및 직업재활이나 취업을 위해 사업장을 개발하고, 고용지원을 하며, 사회복지 대상자 가족을 대상으로 스트레스 감소와 환자 이해, 가정 내 지원 등을 상담하고 프로그램을 운영한다. • 수행업무에 대한 보고서를 작성하고, 관련 행정업무를 수행한다.

2) 전문적으로서의 사회복지사의 역할

현대사회는 과학기술의 발달과 경제발전 및 정치 · 사회적인 민주화와 자유경제체제의 발전으로 지속적인 성장발달을 거듭하고 있다. 그러나 이러한 발전에도 불구하고 시장경제의 모순과 빈곤과 불평등으로 인한 저소득층이나 소외계층 등의 문제와 평균수명의 연장과 의학기술의 발달로 고령인구가 증가하고, 전통사회의 가족제도가 무너지며, 점차 핵가족화에 이어 이제는 고령노인을 비롯한 독거인구가 증가하고 있다. 그리고 개인주의, 이기주의의 팽배로 가족의 기능이 무너지고 상대적 빈곤이나 인권문제, 환경문제 등 국가의 보호와 보장이 필요불가분해지는 상황이 늘어나고 있다.

이러한 여러 사회적 위험에 대해 국민적 관심과 국가의 정책이 활성화되고, 이에 맞추어 사회복지제도가 필요에 의해 점차 발전하며, 이에 대한 전문적 지식과 소양을 갖춘 사회복지사의 역할이 점차 강화되고 있다. 즉, 국가적 정책제도나 서비스 제도는 물론 더 전문적으로 되어야 하고, 현장에서 도움과 원조가 필요한 사람들에게 직접적 서비스를 제공하는 사회복지사의 역할과 역량이 중요하다고 할 수 있다. 이러한 시대적 상황에서 사회복지사에게 요구되는 구체적인 역할을 살펴보면 **표 4-8**과 같다.

표 4-8. 사회복지사의 역할

구분	내용
안내자로서의 역할	1차적인 역할로서 지역사회의 문제해결을 위해 목표를 설정하고 해결방안을 강구하도록 도움을 주는 역할이며, 문제해결과정에서 주도적인 능력을 발휘해야 하고, 자유방임적 수동적 자세를 취하지 않고 주민들이 잠재된 문제를 인지할 수 있도록 유도하고, 지역적 사회문화에 대한 충분한 지식을 가지고 잠재능력을 파악할 수 있어야 한다.
조력가로서의 역할	지역주민들이 상호관계를 유지하면서 협동적인 일에 참여하는 데 만족감을 갖도록 도와주는 역할로서, 지역사회주민들의 표출된 불만을 연결해서 집약시키는 일을 하며, 조직화를 통해 주민 상호 간에 신뢰와 협력을 기반으로 한 관계형성과 공동목표를 강조하는 일을 함으로써 지역사회의 역량을 개발하고 강화하는 역할을 한다.
전문가로서의 역할	지역사회사업가에게 필요한 자료를 제공하고 직접적인 충고를 하는 역할을 하며, 지역사회단체가 사업을 운영하는 데 필요한 조사자료, 기술적 경험, 자원에 대한 자료와 방법상의 조언 등을 제공하며, 지역사회에 대한 분석과 진단, 조사방법에 대한 지식과 기술을 활용함으로써 다른 지역사회에서 진행되는 조사와 연구, 시범사업 등에 대해 정보를 제공한다. 또한 사업 과정에 대한 설명과 평가를 실시한다.
사회치료자로서의 역할	적절한 진단을 통해 규명된 문제의 성격과 특성을 주민들에게 제시하여 이해를 돕고, 협력적인 작업을 방해하는 요인을 제거하도록 돕는 역할을 하며, 금기적인 사고나 전통적인 태도들이 지역사회의 공동 노력을 저해하고 집단 내 긴장 상태를 조성하여 불화의 원인이 될 소지가 보이면 이를 변화시키기 위한 다양한 활동을 수행한다.
계획가로서의 역할	사회적 서비스를 개선하고 사회문제를 완화시키는 주요 수단을 공공기관의 정책을 수정하는 것이라고 할 수 있는데, 이를 위해 노력하는 역할이다.
분석가로서의 역할	사회문제를 분석하고 사회문제에 영향을 미치는 요인들에 대한 조사로, 사회변화를 위한 프로그램 과정과 계획수립 과정을 분석하고 유도된 변화에 대한 평가를 수행한다.

구분	내용
중개자로서의 역할	클라이언트의 문제와 관련하여 지역사회 자원을 연결하는 역할을 한다. 예를 들어, 소년소녀 가장에게 후원자를 연결해 주거나 끼니를 거르는 독거노인을 푸드뱅크와 연결하는 것 들이 있다. 이러한 중개자의 역할을 잘하기 위해서는 지역사회 자원이나 기관에 대해 충분한 지식과 정보가 있어야 하는데, 이는 양질의 적합한 자원이나 기관을 클라이언트에게 연계시켜 줄 수 있기 때문이다. 따라서 서비스 전달체계의 다양한 부분들과 지속적인 상호작용이 필요하다.
조직가로서의 역할	계획수립과 실천과정에서 지역주민이나 단체들을 지역사회 내의 행동체계에 참여시키고 이를 위해 그들의 역할을 분명히 하고 그 역할을 수행할 수 있도록 훈련한다.
행정가로서의 역할	조직에서 정책, 서비스, 프로그램을 기획하고 실행하는 것을 말하며, 기관의 정책과 프로그램 혹은 제도의 실행에 대한 전반적인 책임을 져야 한다. 계획을 수립하고 지역사회가 이를 수용 또는 프로그램을 실제 운영할 때 주민들이 여기에 보이는 반응을 보이는 단계에서 발휘되며, 목표의 효과적 달성을 위해 인적 · 물적 자원을 적절히 관리하며, 프로그램 운영의 규칙과 절차를 적용하는 데 있어 항상 달성하고자 하는 목표를 기억한다.
옹호자(대변자)의 역할	클라이언트의 권리를 유지하고 변화운동을 하는 역할을 하며, 자원의 소재를 알려 주는 중개자의 역할에서 더 나아가 클라이언트나 지역사회에 필요한 정보를 직접 수집함으로써 지역주민 입장에서 그 정당성을 주장하고, 지도력과 자원을 제공하여 오직 클라이언트의 이익을 위해서 사용해야 한다.
정보제공자나 교육자로서의 역할	클라이언트에게 필요한 정보를 제공하거나 각종 사회기술을 교육하는 역할을 하며, 좋은 교육자가 되기 위해서는 관련 분야의 많은 전문지식과 정보를 갖추어야 한다. 주로 청소년에게 성교육을 제공하거나 부모들에게 아동 양육기술을 가르치며, 장애인에게 사회기술 훈련을 시키는 등의 클라이언트에게 필요한 구체적인 행동이나 기술을 가르치게 된다. 따라서 상담기술 외에 내용을 명확히 전달하고 이해시키기 위한 강의 기술과 의사소통기술을 갖추어야 한다.
사례관리자로서의 역할	클라이언트의 욕구나 문제가 무엇인지를 파악한 후, 이러한 문제를 해결하기 위해 필요한 자원이나 서비스를 개발하고 연계시켜 주며, 원래의 목표에 따라 지속적으로 잘 제공되고 있는지 관리하고 도와주는 역할을 한다. 예를 들어, 장애아동은 장애와 관련된 서비스는 물론, 교육, 친구, 가정환경 등 건강한 발달을 위한 다양한 서비스가 필요함으로 지속적인 서비스 개발과 관리가 필요하다. 한 명의 사회복지사나 특정 제한된 기관으로는 효과적인 관리가 어려움으로 지역사회의 사회복지관이나 병원, 학교, 재활치료센터, 상담기관 등과의 긴밀한 연계를 통해 원조의 역할을 수행한다.
직원 개발자로서의 역할	기관 직원의 전문적 개발을 촉진하고 관리하는 역할을 하며, 훈련과 인사관리, 수퍼비전과 자문의 역할을 한다. 직원 개발은 훈련 욕구에 기반을 두고 업무 코칭, 수퍼비전, 자문, 훈련회의나 워크숍 등을 실행하며, 직원이 제공하는 서비스의 질을 향상하고 기관의 규칙과 규정을 따르는지 확인하기 위한 직원 활동의 감독과 지시도 포함된다.

구분	내용
상담자로서의 역할	클라이언트의 감정을 이해하고 진단하는 역할을 하며 가장 전통적이고 기본적인 역할이다. 기본적으로 인간의 심리와 발달을 이해해야 하며, 진단, 보호, 치료, 연구 등의 기능을 수행한다. 최근에는 각종 중독을 비롯한 정신건강에 어려움을 호소하는 경우가 증가하고 있기 때문에 이런 문제를 해결하는 전문적인 지식과 기술을 갖추어야 한다.
사회변화대행자로서의 역할	새로운 자원의 획득을 통해 정책을 분석하고 관심을 고취시키고 개발하는 기능을 수행한다.
행동가로서의 역할	사회복지사로서의 역할 중 가장 중요한 것이 행동이다. 이론적 사례에 그치지 않고 실제 현장에서 활동하여 지역사회 내의 소외계층의 이익을 옹호 증진하고, 그들의 편에서 의견을 대변하고, 사회복지 활동을 전개하는 역할이다. 갈등적인 상황에서 중립적 또는 수동적 자세를 거부하고 클라이언트의 행동을 조직화한다. 이러한 활동들을 통해 정부나 각 지방자치단체로부터 사회복지서비스에 대한 형평성과 상대적·절대적 평등의 균형점을 현장에서 잘 조율할 수 있어야 한다.

3. 사회복지사의 자기인식과 자기성찰

1) 자기인식

사회복지에서 상담가나 사회복지사가 얼마나 자기문제로부터 자유로우며 스스로 치유되었는지 아니면 아직도 본인의 문제에 얽매여 있는지는 매우 중요하다. 왜냐하면 자신의 문제가 자기한계와 스스로의 경험으로부터 자유로워지거나 적어도 자신이 어떤 문제를 가진다는 것에 대한 인식이 없다면, 다른 사람을 돕는 과정에서 자기문제에 봉착하게 되며, 그 문제로부터 스스로 벗어나지 못하기 때문에 역전이가 일어날 수 있기 때문이다. 예를 들어, 어린 시절 학대를 받은 경험이 있는 사회복지사는 자식을 포기하고 이혼하려는 여성을 상담할 때, 스스로의 경험과 감정에서 벗어나지 못해서 이 여성의 태도에 대해서 지나친 비난을 하거나 가치판단을 하게 되어, 클라이언트가 스스로의 삶을 선택할 수 있도록 돕는 것이 아니라 이혼을 막기 위해서 클라이언트의 자기결정권을 침해할지도 모른다. 또한 사회복지사 속에 내재된 분노를 엉뚱하게 클라이언트에게 폭발시킬 수도 있다. 이러한 태도는 사회복지사가 자신의 내재된 분노에서 벗어나지 못했기 때문에 발생하는 일이며, 바른 상담가의 태도가 아니다. 따라서 사회복지사는 이렇게 자신의 문제로부터 벗어나는 소극적인 태도에서 인간을 더 깊이 이해하고 더 넓게 사랑할 수 있는 인간적 그릇을 준비하고 키우려는 노력과 자기성찰을 게을리 해서는 안된다.

사회복지사는 자신의 개인적인 가치와 신념, 행동 등에 대해 이해하기 위해서 자신이 성장한 가족적 배경과 그 영향에 대해 객관적으로 이해할 필요가 있다. 이러한 자기이해를 통해서 클라이언트에 대한 자신의 느낌과 생각을 개인적 경험과 분리시켜 객관적으로 다룰 수 있어야 한다. 결국 충분한 자기이해를 통해 사회복지사는 필요 이상으로 클라이언트에게 개입하는 것을 막을 수 있으며, 클라이언트와의 전문적인 관계를 형성할 수 있게 된다. 사회복지사 자신을 이해하기 위해 **표 4-9**와 같은 질문들이 도움을 줄 수 있다.

표 4-9. 자신을 탐색해 보는 질문들

- 나의 생명력(에너지, 정신력)은 무엇으로 나오는가?
- 나는 무엇을 향한 열망을 가지고 사는가?
- 나는 무엇을 성취하기 위해 살아가고 있는가?
- 나는 무엇을 하면서 또는 무엇을 생각할 때 자유로움을 느끼는가?
- 나의 삶에 대한 기대가 있다면 무엇인가?
- 나의 부모님, 나의 형제, 나의 친인척, 나에게 중요한 의미를 주는 사람에게 내가 기대하고 있는 게 있다면 그것은 무엇인가?
- 살아가면서 충족될 수 없었던 기대가 있었다면 무엇인가?

- 나에게 중요한 의미를 주는 사람은 나에게 어떠한 기대를 갖고 사는가?
- 나는 살아가면서 어떠한 신념(믿음)을 가장 소중하게 생각하는가?
- 나는 내게 주어진 현실을 어떻게 받아들이고 있으며 이겨 내려고 하는가?
- 최근 나를 압도시킨 감정(예로, 기쁨, 분노, 두려움, 억울함, 슬픔, 아픔 등)이 있었다면 무엇이었는지 설명할 수 있는가? 그러한 감정에 대해 어떻게 반응(대처)했는가?
- 나의 가족들은 서로의 감정(예로, 기쁨, 분노, 두려움, 억울함, 슬픔, 아픔 등)에 대해 어떻게 반응하는가?

2) 자기성찰

누구나 개인적인 능력의 신장이나 환경과의 보다 나은 상호작용을 통하여 만족을 경험할 수 있도록 개인, 가족, 집단, 지역사회를 도와주는 전문적인 활동이나 서비스를 제공하는 자가 사회복지실천가이다. 따라서 사회복지실천에서 사회복지사는 자신을 무엇보다도 중요한 도구로써 활용할 준비를 하는 것이 필요하다.

사회복지사는 원조과정에서 바람직한 변화를 가능하게 하는 가장 중요한 변화매개체로써 사회복지사의 자기성찰은 사회복지실천의 교육 및 훈련과정에 중요한 부분, 즉 사회복지사의 선입견, 편견, 자신의 경험 등을 이해하게 돕는다. 즉, 클라이언트에게 서비스를 제공하는 데 있어서 사회복지사들의 업무 능력 향상과 필요 이상으로 그들에게 개입하는 것을 예방하며, 전문적인 관계를 형성하며, 사회복지사의 주변 상황의 파악, 타인의 수용, 비차별적, 비심판적 행동과 태도, 자기주장, 자기통제, 직관력, 자기노출, 전문적인 경계선 유지하기 등은 사회복지사의 자기성찰이다. 사회복지사의 자기성찰에 있어서 필요한 요소를 살펴보면 **표 4-10**과 같다(윤선오 외, 2023).

표 4-10. 자기성찰에 필요한 요소들

구분	내용
사회복지사의 주변 상황 파악	클라이언트의 생태도이다. 개인의 주변 생활 환경이 어떠한가를 파악하는 도구로 활용되고 있다.
타인의 수용	사회복지사 자신의 경험, 즉 자신의 장점, 단점이 어떻게 클라이언트에게 전이될 수 있을 것인가에 대한 생각이다.
비차별적, 비신판적 행동과 태도	인간에 대한 기본적인 존엄성의 가치를 인정하고 인격체로서 클라이언트를 존중하는 것에서 시작된다.
자기주장	사회복지사 자신이 갖고 있는 지식, 의견, 감정 등을 자신의 권리와 타인의 권리를 모두 존중하면서 표현한다.
자기통제	자신의 말, 행동, 감정 등을 적절하게 조절하는 것을 의미하며 적절한 언어, 목소리, 행동, 제스처, 표정 등을 신중하게 선택할 필요가 있다.
직관력	의사소통 과정에 있어서 비언어적 표현을 정확하게 파악하는 것이며, 사회복지사의 생각, 본능적인 반응이나 느낌, 인상, 통찰력, 충동 혹은 추측으로부터 오는 여러 가지 예측가능한 의사소통의 형태를 이해한다.
자기노출	사회복지사가 자신에 대한 고찰과 경험, 역사를 활용하여 특정 상황에 효과적인 행동을 취하고자 할 때 활용하는 기술이다.
전문적인 경계선 유지	전문적인 역할과 그렇지 않은 것을 구분, 분명한 경계선을 긋는 데 유용한 점이다. • 사회복지사는 자신의 역할, 업무, 책임을 분명하게 규정하여 그 이외의 영역에는 관여하지 않는다. • 사회복지사는 시간과 자원을 효율적으로 활용하여 업무의 목적과 계약을 분명히 할 수 있다.

사회복지 분야는 인간의 존엄성을 기반으로 다양한 개인, 가족 그리고 커뮤니티의 복지 향상을 목표로 한다. 이러한 고귀한 임무를 수행하기 위해 사회복지사들은 감정적, 윤리적 그리고 전문적 도전 과제들을 지속적으로 마주하게 된다. 이 과정에서 사회복지사 개인의 자질과 역량이 중요한 역할을 하며, 이를 발전시키고 유지하기 위한 핵심적인 도구 중의 하나가 바로 자기성찰이다. 자기성찰은 개인이 자신의 생각, 감정, 행동 그리고 가치관을 깊이 있게 탐구하고 반성하는 과정을 의미한다. 이 과정은 사회복지사가 자신의 전문적 실천을 지속적으로 평가하고 개선해 나

갈 수 있는 토대를 마련해 준다. 사회복지사로서의 자기성찰은 단순히 개인적인 성찰을 넘어선, 전문적인 실천의 질을 높이는 데 필수적인 요소이다. 사회복지실천은 인간의 다양성을 인정하고 존중하는 것에서 시작되기 때문에 사회복지사 자신의 가치관, 편견 그리고 경험이 어떻게 전문적 판단과 상호작용에 영향을 미치는지를 이해하는 것이 중요하다. 이러한 이해는 공정하고 객관적인 서비스 제공을 가능하게 하며, 클라이언트와의 신뢰를 구축하는 데에도 필수적이다. 더불어 사회복지현장은 끊임없이 변화하고 발전하고 있으며, 이에 따라 사회복지사들도 자신의 지식과 기술을 지속적으로 업데이트하고 발전시켜야 한다. 자기성찰은 이러한 전문적 성장의 과정에서 자신의 학습 요구와 개발 목표를 명확히 하는 데 도움을 주며, 이는 결국 더 나은 서비스 제공으로 이어진다. 이와 함께 자기성찰은 사회복지사가 직면할 수 있는 윤리적 딜레마를 해결하는 데 있어서도 중요한 역할을 한다. 복잡하고 어려운 상황 속에서도 올바른 판단을 내릴 수 있는 윤리적 자각과 판단력은 자기성찰을 통해 키워진다.

이와 같은 사회복지사의 자기성찰은 전문적인 성장과 개인적인 발전 모두에 있어 매우 중요한 요소이다. 자기성찰은 자신의 생각, 감정, 동기, 행동에 대해 깊이 있게 탐구하고 이해하는 과정을 의미하며, 이러한 과정은 사회복지실천에 있어 **표 4-11**과 같은 이유로 중요한 역할을 하게 된다.

표 4-11. 자기성찰이 중요한 이유들

구분	내용
전문적 역량강화	• 자기인식의 향상: 사회복지사는 다양한 배경과 문제를 가진 클라이언트들과 일하게 된다. 자신의 가치관, 편견, 기대가 어떻게 전문적인 판단과 상호작용에 영향을 미치는지에 대해 이해하는 것은 필수적이다. 자기성찰을 통해 이러한 내면의 요소들을 인식하고 조절함으로써 보다 공정하고 객관적인 서비스를 제공할 수 있다. • 감정적 지능의 증가: 사회복지현장은 감정적으로 요구되는 상황이 많다. 자기성찰은 자신의 감정을 인식하고 조절하는 능력을 키워 스트레스 관리와 건강한 직업적 경계를 유지하는 데 도움이 된다.
개인적 성장	• 자기개발: 자기성찰을 통해 자신의 강점과 약점을 파악하고, 이를 바탕으로 전문적인 기술과 지식을 개발할 수 있는 명확한 방향성을 설정할 수 있다. • 탄력성 구축: 사회복지실천 중 겪는 실패와 도전에서 배우고, 이를 극복하는 과정에서 개인적인 탄력성이 쌓인다. 자기성찰은 이러한 경험을 통해 성장할 수 있는 기회를 제공한다.
클라이언트와의 관계 개선	• 공감능력 강화: 자기성찰은 타인의 입장에서 생각하고 그들의 감정을 이해하는 능력, 즉 공감능력을 향상시킨다. 이는 클라이언트와의 신뢰 관계 구축과 효과적인 의사소통에 핵심적인 역할을 한다. • 맞춤형 개입 계획: 자기성찰을 통해 자신의 전문적 접근방식을 평가하고 클라이언트에게 가장 적합한 개입방법을 선택할 수 있다.
실천 윤리의 준수	• 윤리적 자각의 강화: 사회복지실천에서 윤리적 딜레마에 직면할 때, 자기성찰은 자신의 윤리적 가치와 전문직의 윤리 지침 사이에서 올바른 판단을 내리는 데 도움을 준다.

이와 같이 자기성찰은 사회복지사가 전문적으로 성장하고 개인적으로 발전하며, 클라이언트에게 최상의 서비스를 제공할 수 있도록 돕는다. 따라서 사회복지사로서의 역할을 효과적으로 수행하기 위해서는 지속적인 자기성찰이 필수적이다.

PART 2

사회복지실천의 접근방법

Chapter 05 사회복지실천의 관점

Chapter 06 사회복지실천의 통합적 접근

Chapter 07 사회복지실천에서의 관계와 의사소통

05

Chapter

사회복지실천의 관점

배울 내용

1. 환경 속의 인간 관점
2. 생태체계적 관점
3. 심리사회 관점
4. 임파워먼트 관점
5. 다문화 관점
6. 사회구성주의 관점
7. 증거기반실천의 관점

학습 목표

1. 환경 속의 인간 관점을 이해한다.
2. 생태체계적 관점을 파악하고 특징을 설명할 수 있다.
3. 심리사회 관점을 파악하고 특징을 설명할 수 있다.
4. 임파워먼트 관점을 파악하고 특징을 설명할 수 있다.
5. 다문화 관점을 파악하고 특징을 설명할 수 있다.
6. 사회구성주의 관점을 파악하고 특징을 설명할 수 있다.
7. 증거기반실천의 관점을 파악하고 특징을 설명할 수 있다.

1. 환경 속의 인간 관점

인간은 자연적 환경과 인위적 환경의 요구에 순응하거나 자연적 환경을 자신이 생활하기에 적합하게 바꿈으로써 환경에 적응해 간다. 물리적 환경이 인간의 생존을 좌우하는 필요조건이라고 한다면, 물리적 환경의 기초 위에 형성된 사회환경은 다양한 인간의 삶이 펼쳐질 수 있게 하는 충분조건이라고 할 수 있다. 사회환경이란 인간의 삶과 행동에 직접 혹은 간접적인 영향을 미치는 조건, 상황 그리고 인간 존재 간의 상호관계를 의미한다(Zastrow & Kirst-Ashman, 2001). 이러한 사회환경에는 미시체계인 개인이 접촉하는 타인, 가족, 집단, 조직, 이웃 등과 미시체계들이 다양하게 상호작용하는 중간체계 및 국가 및 문화 등의 거시체계가 포함된다. 개인을 둘러싸고 있는 사회환경, 즉 다양한 수준의 사회체계는 인간의 삶과 행동에 직접 또는 간접적인 영향을 미치며 인간으로부터 영향을 받기도 한다(권중돈, 2014).

인간은 그들이 속한 사회환경과의 상호작용을 통해 발달이 이루어지고 행동특성이 형성되는 한편, 환경을 변화시키기도 하는 능동적이고 적극적인 존재이다. 이와 같은 인간관을 토대로 사회복지실천은 '환경 속의 인간'이라는 기본틀의 전제하에 개인에 대한 접근 혹은 사회환경에 대한 접근으로 구분하지 않은 채 인간과 환경 간의 상호작용에 초점을 두고 있다(이인정 외, 2012). 즉, 상호작용하는 사회체계 내에서 성장, 발달하는 개인과 사회환경 간에 역동적 균형을 이룰 수 있도록 돕고 개인과 사회환경의 불균형에서 비롯되는 문제들을 다루기 위해서는 인간을 환경과 분리된 실체가 아니라 하나의 통합된 총체로 이해하는 것이 무엇보다도 중요하다는 것이다(김경은 외, 2020).

따라서 사회복지사는 개인에 한정되지 않는 광의의 시각으로 인간행동을 이해하고 포괄적인 접근으로 인간이 사회환경과 상호작용하는 과정에서 적응적 균형을 달성하도록 도와야 한다. 이때 적응(adaptation)이란 개인과 환경이 지속적으로 상호작용하는 과정에서 적합성(goodness of fit)을 획득하는 과정이라 할 수 있으며, 신체, 심리, 사회적 측면에서 성공적으로 발달적 전이를 하는 것은 또 다른 측면의 적응으로 볼 수 있다. 환경에 대한 지배력 또는 적응력은 스트레스, 위기 그리고 대처의 개념들과 직접 연결되어 있다.

사회복지실천의 상당 부분이 위기상태에 처한 내담자(체계)와의 관계를 형성하는 것이기 때문에 개인이 환경을 지배하고 적응하는 능력을 어떻게 발달시키는가를 이해하는 것은 매우 중요하다. 카로프(Caroff, 1982)는 스트레스를 경감시킬 수 있는 수단을 발견하고, 대처자원을 강화하고 적응능력을 표출하게 함으로써 사회복지 개입전략을 수립할 수 있는 기반을 갖출 수 있다고 하였다. 내담자의 대처능력을 고양시키는 것, 즉 스트레스를 해결하고 각 발달단계의 도전에 대한 새로운 해결책을 만들어 내기 위해 적극적인 노력을 기울이는 것이 사회복지실천의 핵심이다(권중돈, 2014).

2. 생태체계적 관점

1) 체계이론

체계이론은 일반체계이론이라고도 한다. 일반체계이론은 생물학자인 버틀란피(Bertalanffy, 1969)가 처음으로 제시한 이론으로, 체계를 구성하는 요소들의 상호작용과 복잡한 체계의 특성을 이해하기 위해 개발하였다. 체계이론을 통해서 개인과 사회문제를 직선적 원인론이 아닌 상호연결된 전체로 이해하고 파악한다. 즉, 개인과 환경은 일방적으로 어느 한쪽에 영향을 미치는 것이 아니라 둘 다 원인인 동시에 결과로서 상호적 원인관계로 형성된 전체로 이해하는 순환적 원인론으로 설명하였다. 이 이론에서 체계는 유사한 관계의 성격을 지니고 있다고 인식하기 때문에 모든 형태의 사회 및 조직 그리고 체계에 적용될 수 있다. 또한 체계이론에서는 '환경 속의 인간 관점'을 가지고 있어, 인간을 외부환경 · 체계와 끊임없이 상호작용하는 상호의존적 존재로 이해하고 설명하고 있다. 따라서 개인은 자신의 욕구에 맞는 환경의 수정 혹은 환경의 요구에 맞게 행동을 수정하는 능력을 지닌 존재로 인식한다(Bertalanffy, 1969).

체계를 구성하는 단위들은 상호의존적인 동시에 상호작용하기 때문에 체계의 한 부분의 변화는 다른 체계와 전체로서의 체계에 영향을 미친다. 체계의 구조적 특성을 살펴보면 위계(Hierarchy)를 가지고 있어 대상체계, 하위체계 그리고 상위체계가 존재한다. 또한 홀론(holon)이라고 하여 한 체계는 상위체계에 속한 하위체계이면서 동시의 다른 체계를 포함한 상위체계가 된다고 주장한다.

(1) 체계의 구조적 특성

① 경계

경계는 체계의 외부와 내부 또는 한 체계와 다른 체계를 구분하는 구획, 선 혹은 침투성을 지닌 테두리이며, 경계선은 체계 내부로의 에너지 흐름(투입)과 외부로의 에너지 유출(산출)을 규제한다. 예를 들어, 가족의 경계는 명확하면서도 융통성이 있는 것이 바람직하며, 경계가 지나치게 경직 또는 혼란스러운 경우는 가족 내 문제가 발생할 가능성이 높다고 보는 것이다.

② 체계

체계란 개념은 나름의 독특한 특성을 가지고 있다. 첫째, 체계란 상호의존적이고 상호작용하는 각각의 부분들로 구성된 전체, 즉 부분들 간의 관계를 맺고 있는 일련의 단위들로 정의된다. 둘째, 체계의 한 부분에 미치는 영향은 체계를 구성하는 다른 요소에 전해지며, 반대로 체계의 다른 구성요소에 미치는 영향이 체계의 한 부분에 영향을 미치기도 한다. 셋째, 체계는 스스로 규정한 안정상태를 유지하려는 경향성을 가지며 이것을 항상성이라고 한다. 넷째, 체계는 외부 혹은 내적인 영향에 대해 적응적인 방법 혹은 비적응적인 방법으로 안정상태를 회복하려는 경향, 즉 항상성의 원리에 의해 작용한다. 체계의 특성은 **표 5-1**과 같다(강세현 외, 2020).

표 5-1. 체계의 특성

구분	내용
개방체계	경계의 투과성을 지닌 체계로서 체계 내에서 정보와 자원을 자유롭게 교환하고, 체계 내·외부로부터 성장 및 발달에 필요한 정보나 에너지를 자유롭게 교환하고 받아들임으로써 체계 자체의 기능을 유지·발전시킬 수 있다. 예를 들어, 입회와 탈퇴가 자유로운 단체가 여기에 해당된다.
폐쇄체계	다른 체계와 상호작용하지 않아 고립되어 있는 체계로서 정보나 에너지의 투입(input) 또는 산출(output)이 거의 없다. 폐쇄체계를 구성하고 있는 부분들은 시간이 지남에 따라 구성원들 사이의 구별이 거의 없어지게 되며 점차 동일성을 가지게 된다. 따라서 체계 내의 조직 구성 및 그 기능이 쇠퇴하게 된다. 예를 들어, 가족이나 특별한 자격을 가진 사람만을 회원으로 하는 조직들이 여기에 해당된다.
대상체계	분석 대상이 되는 체계로서, 예를 들어 어떤 가족의 갈등이 관심사라면 이 가족이 대상체계이다.
상위체계	대상체계 외부에 있으면서 그 체계에 기능적으로 영향을 미치는 사회단위로서, 예를 들어 어떤 가족이 다니는 종교기관(교회, 성당, 사원, 사찰 등)은 대상체계의 상위체계이다.
하위체계	2차적, 종속적 체계로 큰 체계 속에 있는 작은 체계를 말한다. 대상체계 내부에 있으면서 내부의 다른 하위체계들과 상호작용하면서 체계를 구성하는 것으로, 예를 들어 어떤 가족의 하위체계에는 부부체계, 부모자녀 체계(부자체계, 모자체계, 부녀체계, 모녀체계), 형제자매 체계 등 매우 다양한 체계가 있다.

(2) 체계의 과정적 특성

모든 체계는 과정적 특성을 갖는다. 과정적 특성이란 사회체계 모두 사회환경과 투입–전환–산출–환류라는 교환과정을 거치게 되는 것이다. 체계는 환경으로부터 투입을 받아 자체의 전환 메커니즘을 거친 산출물을 환경으로 배출하며, 그 결과를 다시 체계로 환류하는 행동적인 과정을 가진다. 이러한 체계는 지속적으로 의사소통하며 체계의 모든 부분과 모든 수준 사이에 끊임없는 상호작용의 사이클을 제공한다. 체계의 과정적 특성을 살펴보면 **그림 5–1, 표 5–2**와 같다.

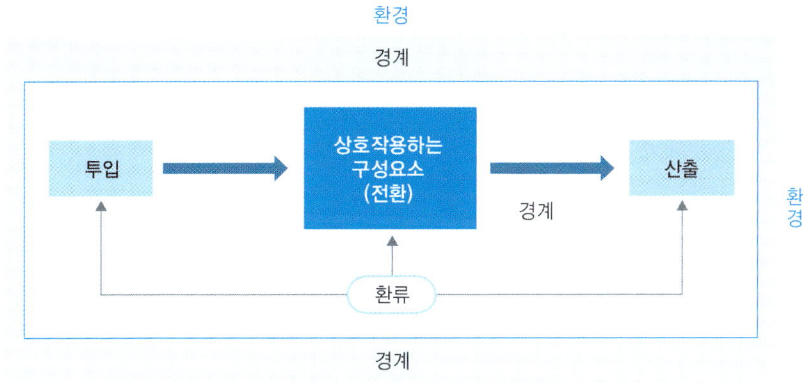

그림 5-1. 체계의 과정적 특성

표 5-2. 체계의 과정적 특성

구분	내용
투입	투입은 환경으로부터 에너지, 정보, 의견 등을 받아들이는 과정이다. 투입은 과업과 관련된 투입과 유지관련 투입으로 나누어진다. 전자의 투입은 체계가 관심을 갖는 지각된 욕구, 기회 혹은 문제이며, 후자의 유지관련 투입은 지각된 욕구나 문제 혹은 기회를 위해 필요한 자원이다. 예를 들어, 사회복지기관에 대상자가 개인의 욕구를 해결하기 위해 찾아간다고 했을 때 대상자의 욕구와 문제는 과업과 관련된 투입이다. 그러나 대상자의 욕구와 문제를 해결하기 위한 여러 형태의 자원들은 유지관련 투입이 된다.
전환	전환이란 투입된 자원, 에너지 등을 가지고 체계 내에서 산출을 이끌어 내기 위해 투입을 산출로 변환시키는 과정으로 투입된 에너지를 자신에게 적절하게 변형 또는 재조직화하는 과정을 말한다.
산출	체계 내에서 변형된 물적 자원, 에너지와 정보를 환경으로 방출하는 과정으로 환경에 대한 적극적인 반응이다. 과업관련 투입은 유지관련 투입을 통한 전환과정을 통해 산출을 낳는다. 산출은 과업산출, 유지산출, 소모로 분류할 수 있다.
환류	환류는 정보의 투입에 반응하는 행동을 가져오며, 새로운 정보에 자신의 행동결과를 포함시켜, 그것에 의하여 다음의 행동을 수정하는 의사소통의 조직망을 의미한다. 이러한 환류는 체계의 평형을 유지시키거나 변화를 촉진함으로써 체계를 혼란시키는 작용을 하는데, 긍정적 및 부정적 환류로 구성되어 있다. 첫째, 긍정적 환류는 체계가 그 목적과 관련하여 올바르게 행동하고 있으며 같은 종류의 행동이 더 요청되는 것을 의미한다. 둘째, 부정적 환류는 체계가 그 목적달성을 어렵게 하는 행동을 하고 있는 정도를 전달하며, 체계행동의 수정을 가져온다.

(3) 체계이론의 사회복지실천 적용

체계이론은 생물학자 버틀란피에 의해 정립된 이론으로서 우주 삼라만상의 생성과 운행, 소멸을 체계적 관점에서 보는 학술적 접근을 말한다. 체계는 다수의 부분들로 이루어진 상호작용의 연결망으로 정의된다. 체계는 부분들로 이루어진 전체를 의미하며, 하나의 체계는 전체이면서 동시에 또 다른 전체의 부분일 수 있다는 것을 의미하는데, 체계의 이와 같은 양면성을 홀론이라고 한다. 전체의 부분으로서 체계들은 자기 자신 그리고 전체의 생존과 발전이라는 공통된 목적을 공유하고, 체계의 생존과 발전이라는 목적을 달성하기 위하여 체계는 다른 체계들과 안정적이고 예측가능한 협업 관계를 맺는다.

이에 사회복지사는 클라이언트의 문제를 통합적 관점에서 문제의 원인과 해결방안을 다각적으로 연결해 주는 도구로 사용될 수 있으며, 개입 시 전체로서의 지역사회체계와 더불어 지역사회체계 내의 하위체계를 동시에 고려하여 인간과 환경을 이해해야 하는 현장에 다양하게 적용할 수 있다.

2) 생태체계이론

생태체계이론은 체계적인 틀을 기반으로 해서 생태학적인 시각으로 접근하는 것을 의미하며 인간이 어떻게 환경과 상호작용하는지 포괄적 관점을 제공해 주고 있어 사회서비스 제공 및 사회복지실천에 이론적 근거를 뒷받침해 주고 있다. 생태체계이론(ecosystems perspective)은 생태학(ecology)과 일반체계이론(general system theory)이 결합된 것이다.

이 이론을 주장한 브론펜브레너(Bronfenbrenner, 1979)는 인간의 발달과정을 분석할 때 체계론적 관점을 강조하면서 '생태적 체계(Ecological systems)' 용어를 사용하였다. 또한 성장하는 유기체와 그 유기체가 실제 거주하고 변화 및 성장하는 환경 간에 일어나는 조절과정에 초점을 맞추는 광범위한 접근법인 '인간발달 생태학이론(The Ecology of Human Development)'을 제안하였다. 그는 인간발달 생태학을 스스로 성장하는 인긴과 그 인간이 살아가는 인접 환경 간 평생에 걸친 점진적 상호작용과정을 과학적 연구로 정의한다. 인간을 독립적인 유기체로 인식하기보다는 주변 환경과의 상호작용을 통해 변화하는 결과물로 보았다. 즉, 인간을 환경과 상호작용을 통해 발달하는 유기체로 보았다.

(1) 생태체계이론의 개념

브론펜브레너(1979)가 연구한 생태학적 환경은 상호의존적인 동시에 체계와 체계에 담긴 일련의 겹 구조 형태를 하고 있다. 생태학적 환경은 스스로 성장 및 발달하고 있는 개인에게 직접적인 영향을 미치는 인접 환경뿐 아니라 더 광범위한 환경까지 포함한다. 이러한 환경을 미시체계(microsystem), 중간체계(mesosystem), 외체계(exosystem), 거시체계(macrosystem) 및 시간체계(chronosystem)로 구분하였다(강순희 외, 2022; 김규수, 정운석, 2001; 이광혁, 2019; 이선영, 2004; Bronfenbrenner, 1994).

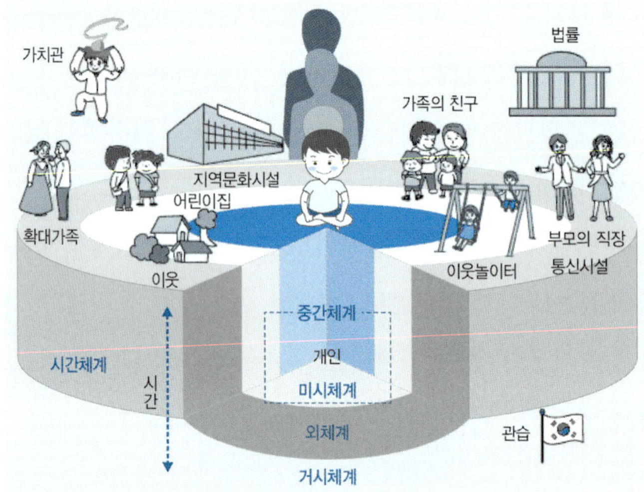

그림 5-2. 브론펜브레너의 생태학적 환경모형

출처: Berk(2000). *Child development*(5th ed.). Boston, MA: Allyn & Bacon.

① 미시체계

미시체계(microsystem)는 인간 개인의 특성과 개인에게 직접적인 영향을 주는 체계로서 생태학적 환경의 가장 안쪽에 위치하는 체계이며 친밀한 사회환경 안에서 경험하게 되는 상황과 직접 접촉하는 물리적 환경 안에서 경험하게 되는 상황을 말한다. 구체적으로 가정, 아동집단, 청소년집단, 노인집단, 이웃, 교회 등과 같이 일대일로 만나서 직접 친숙한 대인관계를 형성하는 물리적 · 사회적 환경이며 발달하는 개인이 독특한 물리적, 물질적인 특성을 가진 환경 내에서 경험하는 활동, 역할 및 대인관계의 유형이다. 여기서 환경이란 가정, 복지시설, 공원 등과 같이 사람들이 쉽게 대면하여(face to face) 상호작용에 참여할 수 있는 장소이며, 상호작용하는 사람은 상대방에게 환경 일부분을 구성해 주고 있다고 본다.

미시체계는 개인의 특성과 관련이 있다. 개인의 특성으로는 성별, 연령, 종교, 경제력 및 고용상태, 혼인상태, 정신건강 등으로서 개인 자신의 물적, 심리적, 사회적 특성을 포함한다. 또한 가족, 친구, 친척, 이웃, 종교 생활 집단이 이 체계에 포함된다. 이들은 개인의 삶과 관련되어 있는 특성들을 소유하는데, 비슷한 집단의 사회경제적 지위, 교육수준, 정치적 신념 등이다.

② 중간체계

중간체계(meosystem)는 개인의 삶에 존재하는 미시체계들이 다양하게 겹쳐서 상호작용하는 미시체계 간 관계망이다. 중간체계는 미시체계 각각에 존재하는 발달 촉진적 혹은 저해적 특징과 과정의 상호작용이 만들어 내는 상승효과에 초점을 맞춘다. 예를 들어, 가족관계, 형제관계, 이웃 친구와의 관계, 교회관계 같은 사회적 관계들이 밀접하면 할수록 개인의 삶의 질이 향상된다는 것이다.

중간체계는 발달하는 개인이 적극적으로 참여하는 둘 이상의 환경 간의 상호관계로 이루어진다. 예를 들어, 아동의 경우 가정, 이웃 동료, 학교, 친구집단 사이의 관계들이며, 성인의 경우는 직장, 사회생활 사이의 관계이다. 그러므로 중간체계는 발달하는 개인이 새로운 환경으로 이동 및 적응할 때마다 형성되거나 확대된다.

③ 외체계

외체계(exosytem)란 하나 이상의 환경으로 구성되어 있으며, 발달해 가는 개인이 그 환경들 속에 적극적으로 포함되지는 않지만, 그 환경 내에서 발생하는 사건들에 영향을 주거나 영향을 받는 환경으로 정의된다. 즉, 외체계는 성장하는 유기체가 적극적인 참여자로 관여하고 있지는 않지만, 개인이 속해 있는 가장 근접한 환경을 둘러싸고 있는 환경으로서, 이 환경에서 일어나는 일에 영향을 주거나 영향을 받는 사건이 발생하는 환경을 의미한다. 외체계 결정 중, 어떤 것은 사회적 환경을 의미하는 것으로 개인에게 영향을 준다. 그러나 그 영향력은 일차적으로 비개인적이고, 간접적이며, 일방적이다.

④ 거시체계

거시체계(macrosystem)는 개인이 속한 사회나 하위문화의 이념 및 제도의 유형으로 사회문화적 규범과 같은 커다란 체계를 말하며 개인에게 직 · 간접적인 영향을 준다. 거시체계는 규범, 규칙, 역사, 가치 등을 이야기할 수 있고, 법률적, 교육적, 종교적, 문화적 가치와 공공정책의 핵심을 구성한다. 개인과 직접적인 관련은 약하지만 가장 근본적이고 중대한 변화를 초래할 수 있으며 거시체계가 가지는 시대정신이나 풍토는 유기체의 신념과 구체적인 행동에 영향을 미친다.

⑤ 시간체계

시간체계(chronosystem)는 전 생애에 걸쳐 일어난 변화와 사회 · 역사적인 환경을 의미한다. 즉, 가족제도의 변화, 결혼관의 변화, 직업관의 변화 등을 의미한다.

(2) 생태체계이론의 사회복지실천 적용

생태체계이론을 사회복지실천에 활용하면, 사회복지전문가들은 개인과 그들이 속한 다양한 요소들 사이의 상호작용을 이해하고 분석하는 데 도움을 받을 수 있다. 이를 통해 전문가들은 문제에 대한 원인과 영향을 파악하고, 필요한 지원과 개입을 제공하여 개인, 가족 및 지역사회의 복지를 증진시킬 수 있다. 예를 들어, 생태체계이론을 활용하여 어려운 환경에서 성장하는 아이들을 발달과정을 살펴볼 수 있다. 즉, 아이의 거시체계에서의 가족상황, 학교환경, 친구관계와 같은 요소들을 고려할 뿐만 아니라, 정부의 정책, 지역사회서비스, 문화적 가치 등의 외체계와 미시체계의 영향도 함께 분석하게 된다. 이러한 다양한 요소들 간의 상호작용을 이해함으로써, 전문가들은 아이들에게 적절한 지원과 도움을 제공하는 데 필요한 전략과 계획을 수립할 수 있다.

3) 인간생태이론

인간생태학은 도시의 성장, 발전, 변화, 쇠퇴과정을 설명하고 예측하는 도시사회학이론으로서 미국 시카고 대학의 로버트 파크(Robert Park) 교수에 의해 만들어진 이론이다. 생태학이라는 용어가 함의하는 바와 같이 인간생태학은 19세기 동·식물 생태학에서 기인하였다. 따라서 내용적으로 생물학 개념이 상당히 많이 인용되어 있는 이론이다.

(1) 인간생태이론의 개념

인간생태학은 인간공동체를 지탱하는 질서가 생물학적 질서와 도덕적 질서로 구분된다고 보고 기본적으로 인간공동체는 전자에 따른 공리적 결속과 결과로 보아야 한다고 주장한다. 즉, 어떤 차원 높은 도덕이나 윤리가 아닌 오롯이 생존경쟁에서 이기기 위한 기능적이고 생물적인 요구 때문에 우리 인간은 다른 사람들과 상호의존적이고 협동적인 관계를 맺는다고 보는 것이다. 따라서 지역사회는 살아남기 위하여 나와 비슷한 속성을 지닌 사람들과 협동하는 동시에 나와 다른 속성을 지닌 사람들을 밀어내는 경쟁 속에서 각각의 무리가 특별한 기능 및 장소에 적응한 자연적 결과라고 할 수 있다. 즉, 생존을 위해 경쟁하는 과정에서 생존 가능성을 높이기 위해 나와 비슷한 사람들과 자연스럽게 협력 관계를 맺는 공간적 결과가 바로 지역사회라는 것이다.

인간생태론자들이 지역사회를 단순히 지역사회라고 부르지 않고 자연지역이라 칭한 것은 바로 이러한 이론적 배경 때문이다. 정리하자면 자연지역은 비슷한 속성과 목적을 가진 공리적 결속체가 희소자원을 더 많이 가지고 있는 공간에 침입하여 그곳에서 지배자로 군림하고자 기존에 군림하던 이질적 결속체와 경쟁 관계에 돌입하고, 그 결과로써 형성된 지리적 영역이라고 정의할 수 있다.

경쟁에서 생존한 자들에게 주어지는 전리품 같은 서식지로서의 자연지역은 철저하게 생물적 질서에 의해 유지되며, 따라서 그 안에서는 집중, 분산, 집심, 분심, 분리, 계승 등을 포함한 일련의 매우 자연적인 생태적 과정이 활발하게 전개된다. 그러나 인간은 동·식물과 다르게 애정과 인위적 공동 목적을 갖는 사회적 존재이다. 그뿐만 아니라 전통을 고수하고 야망과 이상을 언급하며 윤리와 책임의식을 강조하는 등 앞서 설명한 생물적 욕구가 이끄는 것과는 정반대 삶을 사는 모순적 존재이기도 하다.

시간이 지나 균형상태가 지속되면 자연지역 안에 차츰 생물적 질서를 뛰어넘는 어떤 도덕적 질서가 등장하여 자연에 역행하는 인간 사회의 각종 조직과 원리들이 만들어지게 된다. 도덕, 규범, 사법적 질서, 정치체계, 전통, 관습 등이 바로 그것이다. 이렇게 새롭게 만들어진 조직과 원리는 차츰 시간이 지나면서 기존의 생물적 조직 및 원리와 긴장 관계에 돌입하게 되는데, 전자가 후자를 압도할 때 장기적으로 자연지역은 도덕적 지역으로 변모하게 된다.

인간생태론은 자연지역으로서의 지역사회를 생존경쟁에서 살아남기 위해 최적의 장소를 찾아내고자 유사 개체들이 협동적으로 노력한 결과물, 그리고 도시를 그러한 수많은 자연지역들로 이루어진 모자이크 천과도 같은 선물로 이해한다. 이런 관점에서 보면 인간의 지역사회와 도시는 동·식물 생태계의 서식지와 크게 다를 바가 없다는 것이다. 즉, 가까이에서 보았을 때는 무자비한 자연도태가 일어나고 있으므로 비극이지만, 멀리서 보았을 때는 질서 정연한 균형을 이루어 내는 아름답고 오묘한 자연의 모습 그대로라고 말할 수 있다.

(2) 인간생태이론의 사회복지실천 적용

인간생태론적 관점을 통해 우리는 도시 특정 지역사회가 다른 지역사회보다 희소자원의 보유 및 제공 측면에서 나은 지위를 점할 수도 있다는 인식을 가질 수 있다. 이러한 비판적 시각을 바탕으로 전 도시적 차원에서 '비교에 입각한 개입'을 계획할 수 있다. 즉, 특정 지역이 다른 지역에 비해 무엇이 부족한지 혹은 무엇이 필요한지를 사정한 후에 형평성의 요구 및 복원 차원에서 도시적 차원의 지역사회계획을 세울 수 있다는 것이다.

한편 인간생태론은 생물적 질서에 따라 만들어진 자연지역 위에 도덕적 질서가 세워짐으로써 인간 사회 고유의 전통, 관습, 법규 등 사회규범이 들어선다고 보면서도 결국 제1원리인 생물적 질서에 의해 그러한 사회규범이 주기적으로 흔들릴 수밖에 없다는 의견을 고수한다. 이는 갱, 범죄, 청소년 비행, 마약, 성매매 등 지역사회에 만연한 아노미를 불가피한 자연현상으로 간주한다. 아노미를 완벽하게 막을 수 없으며 어떻게 하면 불가피한 아노미를 가능한 한 빨리 그리고 효과적으로 대처하여 극복할 수 있는가에 방점을 찍는 시각을 견지한다. 지역사회복지를 병리적 관점에서 실천하는 사회계획 모형은 인간생태론의 입장에 많은 영향을 받았다.

3. 심리사회 관점

1) 심리사회 관점의 주요 개념

심리사회 관점에서는 인간이 경험하는 문제를 심리적(정서적)이고, 사회적(환경적)인 문제로 이해하고자 한다. 대부분의 개인 내적인 문제는 심리적인 요인뿐 아니라 사회·환경적인 요인의 영향을 받으며, 대부분의 사회·환경적인 문제도 역시 이를 경험하는 개인의 개별적 요인에 따라 문제의 정도와 내용에서 개인 차이가 크다고 보는 것이다. 따라서 '환경 속의 인간(person in environment)'을 중요하게 여기며 인간을 상황(환경)과 분리하여 이해할 수 없을 뿐 아니라 상황이 인간에게 영향을 미치는 것처럼 인간 역시 상황에 영향을 미친다는 것을 강조한다.

따라서 클라이언트의 '현재 상황에서 출발(start where the clients)' 하는 실천 원칙을 중요하게 여기며, 현재 상황을 이해하고 변화를 모색하기 위해 클라이언트와의 관계형성, 수용, 개별화 등의 개입방법을 강조한다. 그리고 클라이언트가 자신의 행동과 감정을 이해하고 통찰함으로써 자신의 문제를 해결하기 위한 역량을 강화하도록 원조하는 것을 강조한다. 또한 클라이언트가 성장을 경험하고 잠재가능성과 열망을 최대한 실현하도록 원조하는 것을 강조한다.

심리사회 이론에서는 모든 개인은 연령에 상관없이 성장하고 학습하며 적응해 나가는 능력을 지니고 있다고 가정한다. 이 이론에서는 인간의 성장과 발달을 위해 적절한 여건을 조성하는 것에 개입의 초점을 두고 있다. 즉, 개인 성격의 장점과 환경자원을 전략적으로 활용하여 개인에게 필요한 기회를 더 많이 부여하고 좀 더 효과적인 개인 및 대인관계의 기능을 개발하는 데 초점을 둔다. 이를 위해 사회복지사는 긍정적이면서 공감적인 이해를 통해 클라이언트의 변화를 유도하고, 이러한 변화는 클라이언트가 치료가 종결된 후에도 지속적으로 유지할 수 있다는 것이다. 심리사회 이론에서는 인간행동에 대해 표 5-3과 같은 기본 가정을 제시하고 있다(유범상, 정연정, 2022).

표 5-3. 심리사회 이론의 기본 가정

- 모든 인간의 근본은 선하다.
- 인간의 행동은 단순히 이해될 수 있는 것이 아니며, 예측 가능한 방법으로 영향을 받고 변화할 수 있다.
- 인간의 현재 행동을 이해하기 위해서는 과거를 중요시한다. 따라서 클라이언트의 문제나 상황을 이해하기 위해 오랜 시간에 걸쳐 클라이언트의 과거를 파악할 필요가 있다.
- 인간의 무의식은 인간의 경험에 중요한 영향을 미치지만 행동을 결정짓는 요인은 아니다.

심리사회 이론에서 인간관은 합리적이고 심리역동적이며, 상호작용하고 신체적 외형을 갖춘 총체로 보기 때문에 생물학적 · 심리사회적 · 환경적 영향과 체계의 상호작용에 관심을 갖는다. 이 모델에서는 주요 개념으로 수용을 제시하고 있다. 수용이란 클라이언트의 행동이 사회복지사 개인에게 호감을 주든지, 그렇지 않든지 간에 온화함과 선한 의지를 보여 주는 태도를 유지하는 것을 말한다. 수용은 개인의 행동이나 상황에 대한 객관성, 관용 혹은 지적인 이해를 뛰어넘어야 되는 것이다. 즉, 다른 사람의 내적 감정이나 주관적인 상태에 들어가고 받아들이는 능력인 공감 혹은 감정이입을 갖추어야 하며, 이는 수용의 주요한 구성요소이다.

2) 심리사회 이론의 주요 기술

심리사회 이론에서의 주요 기술은 발달력과 생활사건의 탐색과 상황 속의 인간의 사정에 관한 기술이다. 구체적으로 첫째, 발달력과 생활사건의 탐색으로, 여기에서는 심리사회적 사정을 위해 얼마나 포괄적으로 혹은 어렸을 때의 발달력을 깊이 탐색하는가를 매우 중요한 과제로 본다. 클라이언트에게 직접적인 영향을 미칠 수 있는 원가족에 대한 정보와 어렸을 때의 발달력을 탐색하거나 명료화할 필요성이 있다. 나아가 생활주기에서 나타날 수 있는 다양한 경험(예로, 결혼, 출산, 입학, 이혼, 은퇴 등)을 면밀하게 탐색함으로써 클라이언트가 갖는 기대와 대처방식 그리고 적응능력을 파악할 필요가 있다.

둘째, 상황 속의 인간의 사정으로, 심리사회적 사정에서 사회복지사는 개인-상황(혹은 환경)의 상호작용 속에서 많은 체계들이 어떠한 관련성이 있는지를 파악해야 한다. 이 과정에서 사정과 관련한 두 가지 중요한 가설을 세울 필요가 있는데, 하나는 문제가 어떻게, 왜 발생하는가이며, 다른 하나는 인간-환경의 상호과정 속에서 누가, 무엇이 변화를 위해 접근이 가능한가 혹은 변화를 위해 관여되어야 할 사람은 누구이며, 자원은 무엇인가를 파악하는 것이다.

심리사회 관점의 이론적 배경으로는 생태체계이론, 정신역동이론, 역할이론, 의사소통이론 등을 제시하고 있지만 심리사회 관점의 주요 이론적 배경은 정신역동이론으로 볼 수 있다. 심리사회 이론은 개인과 환경의 상호작용에 초점을 두었다는 점에서 개인의 외부환경을 무시한 내면적 갈등을 강조한 기존의 이론을 넘어선 개입방법으로 평가되고 있다. 하지만 실제적인 개입방법에 있어서는 환경에 대한 개입기술이나 전략이 미흡하여 궁극적으로 개인에 대한 개입에 비중을 두고 있으며, 개입의 효과성에 대한 평가에서도 경험적 사례연구에 의존하고 있다는 한계점을 지니고 있다.

4. 임파워먼트 관점

1) 임파워먼트의 개념

임파워먼트(Empowerment)는 개인이 삶에 대한 통제력을 획득하고, 목표달성을 통하여 자아존중감과 자기효능감을 갖는 것이다. 하지만 상황에 따른 임파워먼트의 개념과 접근은 모호하기 때문에 각 연구 분야에 따라 다양한 방법을 사용한다. 구체적으로 거시적인 시각에서의 임파워먼트는 테일러리즘(Taylorism)에 기초한 조직구조에 관한 것으로서 조직구성원에게 권력을 이양하는 조직으로 변화해야 한다는 것을 의미한다. 이것을 구조적 임파워먼트(structural empowerment)라고 한다. 이에 비해 미시적 시각에서는 임파워먼트를 조직구성원에게 자기효능감(self-efficacy)을 향상하는 과정으로 정의되며, 심리적 임파워먼트(psychological empowerment)로 불린다.

이러한 임파워먼트의 특징은 임파워먼트가 조직과의 관련성이 높은 것으로 받아들이게 한다. 그러나 심리적 임파워먼트가 개인에게 자기효능감(self-efficacy)을 향상시키는 과정이라는 점에서 조직뿐만 아니라 다양한 방면에서 적용되고 있다. 조직이 아니더라도 개인이 자기 자신의 삶의 권한을 가지고 통제하는 데 도움이 되는 힘으로 받아들여지기 때문이다.

일반적인 임파워먼트는 조직구성원을 대상으로 한다. 풀포드와 엔즈(Fulford & Enz)가 언급한 바와 같이 임파워먼트는 권한위임과 심리적 능력 사이에서 균형을 유지하는 것으로서 조직구성원들 각자가 역할수행능력, 통제력, 권한수용을 느끼는 심리적인 상태로 정의한다. 즉, 조직 관련 연구에서 임파워먼트는 자기효능감 부여,

기업의 구조적 권한부여, 조직으로부터의 인정 등이 복합적으로 작용함으로써 유효한 성과를 이끌어 낼 수 있는 조직구성원의 상태를 의미한다. 심리학에서는 임파워먼트를 개인의 능력을 향상시키는 여러 가지 경험의 제공과 자기효능감 증진의 과정으로 보고, 가정학에서는 가족의 삶의 질을 향상하기 위해 편견이나 통찰과 지식 부족상태, 합리적인 의사소통이 이루어지지 않는 사고와 내적 억압에서 탈피하는 것으로 본다.

짐머만(Zimmerman)은 임파워먼트를 대상과 상황과 시간에 따른 역동성과 맥락성을 가지는 개념으로서 다음의 세 가지 가정으로 설명하고 있다. 첫째, 임파워먼트는 대상에 따라 다른 의미를 가진다. 즉, 대상의 성별, 연령, 학력, 경제수준 등 다양한 인구사회학적 특성에 따라 대상의 필요한 개인적인, 대인적인, 정치·사회적인 기술들은 모두 다르며 그에 따라 임파워먼트의 의미도 달라진다. 둘째, 임파워먼트는 상황에 따라 다른 의미를 가진다. 즉, 개인의 가족형태, 여가활동, 주변의 환경, 직무환경, 정치·사회적 환경에 따라서 임파워먼트의 의미가 달라진다. 셋째, 임파워먼트는 시간에 따라서 변하는 역동적인 개념이다. 즉, 개인 혹은 조직의 임파워먼트는 고정적으로 똑같은 것이 아니라 시간이 변함에 따라서 변화할 수 있는 역동적인 개념으로서, 시간의 변화에 따라 임파워먼트가 될 수도 있고, 안될 수도 있다.

이에 짐머만은 임파워먼트를 크게 두 가지로 구분하는데, 타인에게 힘을 주는 것에 초점을 두는 것과 자기 자신의 내부 힘을 키우는 데 초점을 두는 것이 그것이다. 타인에게 힘을 주는 것에 초점을 두는 임파워먼트는 자원과 기회가 부족한 사람들에게 자원연결, 기회제공 등 그들의 환경을 변화시켜 그들이 상실한 자원과 기회를 다시 회복하고 통제하고 변화시킬 수 있도록 하는 것이다. 자기 자신의 내부 힘을 키우는 데 초점을 두는 이론은 자신의 내적인 힘을 스스로 찾아서 키우는 것이다.

2) 임파워먼트의 주요 원칙

임파워먼트 이론의 핵심은 사람들이 자신의 삶을 통제하고 자신의 가치와 열망에 맞는 선택을 할 권리가 있다는 믿음이다. 이 이론을 활용하는 사회복지사와 실무자는 클라이언트와 협력하여 강점을 파악하고 기존 역량을 구축하며, 시스템적 장벽을 해결하기 위한 전략을 개발하게 된다. 이러한 접근방식은 단순히 일시적인 문제해결을 제공하는 것이 아니라 장기적으로 개인과 커뮤니티에 힘을 실어 주는 지속 가능한 변화를 만드는 데 중점을 둔다. 임파워먼트 모델의 주요 원칙에 대해 구체적으로 살펴보면 **표 5-4**와 같다.

표 5-4. 임파워먼트의 주요 원칙

구분	내용
파트너십 및 협업	임파워먼트는 사회복지사와 클라이언트 사이의 협력 과정일 때 가장 효과적이다. 따라서 실무자는 개인, 가족 및 지역사회와 파트너십을 맺고 그들의 고유한 강점, 과제 및 목표를 이해해야 한다. 그들은 함께 클라이언트의 특정 요구와 상황에 맞는 계획과 개입을 공동으로 만들게 된다.
강점기반 관점	임파워먼트 모델은 결점이나 문제에만 초점을 맞추는 대신 개인과 공동체의 강점과 자산을 식별하고 활용하는 것을 강조한다. 따라서 실무자는 기존 능력을 인식하고 구축함으로써 클라이언트가 긍정적인 자기 이미지와 장애물을 극복할 수 있는 자신감을 개발하도록 도와야 한다.
문화적 역량	문화적 민감성은 권한 부여 모델의 초석이다. 따라서 실무자는 클라이언트의 다양한 문화적 배경, 신념 및 가치를 이해하고 존중하기 위해 노력해야 한다. 이를 통해 개입은 문화적으로 적절하고 존중받으며 포용성과 이해심을 높이게 된다.
사회정의의 옹호	임파워먼트 모델은 사회정의의 원칙과 밀접하게 연관되어 있다. 따라서 실무자들은 개인의 문제를 해결할 뿐만 아니라 불평등과 억압에 기여하는 체계적인 문제를 해결하기 위해 노력해야 한다. 정책 변화와 사회 개혁에 대한 옹호는 개인과 지역사회에 권한을 부여하는 데 있어 필수적인 부분이다.
기술개발 및 교육	권한 부여에는 개인이 자신의 삶을 성공적으로 헤쳐 나가는 데 필요한 기술과 지식을 갖추는 것이 포함된다. 여기에는 재무 관리, 의사소통기술, 문제해결 및 자기효능감을 향상시키는 기타 실용적인 도구에 대한 교육 제공이 포함될 수 있다.

구분	내용
트라우마 정보의 실습	트라우마의 확산과 영향을 인식한 권한 부여 모델은 트라우마에 기반한 접근방식을 통합한다. 여기에는 안전하고 지원적인 환경을 조성하고, 트라우마가 개인에게 미치는 영향을 이해하고, 트라우마 관련 문제에 민감하게 개입하도록 조정하는 것이 포함된다.

임파워먼트 이론은 의료, 교육, 사회복지, 지역사회 개발을 포함한 다양한 환경에 적용이 가능하다. 개인을 자신의 여정의 중심에 두고 자기옹호를 장려함으로써 권한 부여 모델은 보다 탄력적으로 권한이 부여된 커뮤니티를 구축하는 데 기여하게 된다. 사회복지 이론이 계속 발전함에 임파워먼트 모델은 존엄성, 형평성, 사회정의의 원칙에 부합하는 변혁적이고 인간중심적인 접근방식으로 많은 관심을 받고 있다.

5. 다문화 관점

대부분의 서구 국가들이 이미 경험해 온 바와 같이 우리나라도 다양한 체류외국인이 급격히 증가함으로써 다민족 다문화사회로 변모하고 있다. 다문화(multi-culture)는 한 사회에 다양한 문화가 공존하는 것을 의미하지만, 이를 다르게 표현하자면 고유한 주류집단과 이주민의 소수집단이 대립하는 구조 속에서 서로 공존하고 있다고 할 수 있다.

1) 다문화사회의 정책 유형

다문화정책 유형에서 대표적인 이론으로는 동화이론(assimilation theory), 용광로이론(melting pot theory), 샐러드볼이론(salad bowl theory), 모자이크이론(mosaic theory)을 들 수 있다.

(1) 용광로이론

대표적인 이민국가인 미국의 경우, 인종이나 민족의 차이에서 유발되는 갈등을 해결하는 사회적 비용을 줄이고자 1970년대 다문화주의(multiculturalism)라는 용어가 대두되었고 관련 연구가 본격적으로 진행되었다. 우리보다 관련 연구가 빨리 진행된 만큼 여러 시행착오를 겪어 왔는데, 용광로이론도 그중 하나라고 할 수 있다.

이 이론은 1921년 영국의 철학자인 길버트 체스터톤(Gilbert Chesterton)이 미국을 방문했을 때 다양한 인종들이 어울려 사는 모습을 인상적으로 보고 그것을 용광로에 비유한 데서 비롯되었다. 즉, 다양한 종류의 철광석을 용광로에 넣으면 모두 녹아 하나가 되는 것처럼 이주민들이 그 주류사회 문화에 녹아들 수 있을 것이라고 보는 것으로, 멜팅 팟(melting pot)이라고 한다. 이는 이주민들이 미국사회에 정착하는 과정에서 백인 주류문화에 흡수됨을 바탕으로 하고 있으므로 동화주의에 가깝다고 할 수 있다. 즉, 다양한 인종과 문화를 가진 사람들이 섞여 용광로에 들어가 어느 정도 시간이 경과되면 녹아서 새로운 인종인 순수 미국인으로 만들어져 하나의 동질한 문화를 가지게 되므로 주류문화에 흡수하는 것을 의미한다. 하나의 예를 들어, 중국은 수많은 소수 민족이 있지만, 국민 91% 이상을 차지하는 한족 중심 정책을 쓰면서 소수민족 문화를 전체문화에 융화시키고 있는데 이는 용광로이론에 입각한 정책, 즉 동화교육 정책을 의미한다.

용광로이론의 한계점을 몇 가지 들자면, 첫째, 문화적 다양성에서 오는 가치를 염두에 두지 않았고, 둘째, 문화를 단순히 물질로 치부하는 지나친 이상주의적 이론이었고, 셋째, 실제로는 소수민족의 문화가 주류민족의 문화에 '흡수'되는 것을 유도하는 동화주의적 측면을 내포한 것이라고 할 수 있다. 그리고 가치로는 다양한 시행착오를 겪으며 그 속에서 교훈을 얻을 수 있었다는 점이다. 계몽사상과 다윈(Darwin)의 진화론을 이론적 배경으로 한 용광로이론은 미국의 백인주류 문화를 바탕으로 생겨났으나 요즘처럼 다문화주의로 변해 가는 추세에서는 설득력을 잃어가고 있다고 평가되고 있다.

(2) 샐러드볼이론

미국과 호주 등 이민자가 많은 나라에서 1970년대에 등장해 활발히 논의되면서 세계적인 개념으로 자리 잡은 샐러드볼이론은 20세기 후반에 들어 세계화 추세로 다양한 문화가 공존하는 일들이 급증하면서 이전의 다문화주의 이론이었던 인종의 용광로(melting pot)이론에 대한 대안으로 나온 이론 중 하나이며, 상대적으로 문화의 정체성을 최대한 유지하는 개념이라 볼 수 있다.

이 이론은 국가라는 큰 그릇 안에서 다양한 문화들이 각자의 고유한 맛을 가지고 샐러드처럼 함께 어울리는 맛을 만들어 나간다는 뜻을 비유적으로 표현한 것이다. 즉, 각국의 이민자들이 주류사회의 성장과 발전에 기여할 필요가 있음을 인정하고 그들의 고유한 민족정신과 문화를 포기하지 않고 고수하면서 상호공존하는 것을 의미한다. 이러한 배경은 기존 문화에 통합 및 흡수시키려는 용광로이론과 달리, 문화다원주의 이론으로서 다양한 문화들의 독립성과 공존을 중시하는 개념에 근거하고 있다.

문화다원주의는 1915년 갈렌(Kallen)의 논문 「민주주의 대 용광로」에서 용광로이론을 비판하면서 처음으로 사용하였다. 즉, 백인종을 제외한 흑인, 인디언, 유색인종들을 미국 주류집단에서 이방인으로 취급했음을 비판하였다. 캐나다가 모자이크이론의 대표 국가라면 미국의 샐러드볼이론은 동화주의적인 용광로이론과 다르게 각국의 이민족들이 자국의 언어와 문화, 정체성을 최대한 지키면서 주류사회에서 일원으로 살아갈 수 있도록 하는 개념이다. 그러나 샐러드 재료인 과일, 야채 등을 순수한 자체의 맛을 음미할 수 없듯이 샐러드는 개개인의 정체성을 고수하는 것보다는 조화로움을 강조하는 경향이 있다.

(3) 모자이크이론

모자이크이론은 캐나다의 존 머레이 깁번(Jone Murray Gibbon)이 1938년 처음으로 『캐나다식의 모자이크』 저서에서 사용한 데서 유래되었다. 미국은 다양한 이민자를 수용하여 용광로에 용해, 편입되게 하여 미국인의 일원으로 살아가게 하는 용광로이론은 다양한 인종과 민족의 문화를 인정하지 않겠다는 정책인 반면 캐나다는 소수 민족의 문화의 특성을 살려 주류사회 속에서 자기 나름대로 문화와 정신을 유지하면서 조화를 추구하는 모자이크이론이 1970년대에 생성되었다.

이 이론은 1960년대 미국의 용광로이론이 소수민족의 특수성을 인정하지 않는 정책이라고 깁번이 비판하면서 제기되었다. 모자이크이론은 다양한 소수 민족, 인종의 문화들이 공존하여 조화를 이루는 것이 핵심이다.

다양한 국가의 소수민족들의 문화를 적극적으로 수용하여 공존하는 관점은 샐러드볼이론, 다문화주의, 문화다원주의와 유사한 개념이다. 모자이크이론은 다양한 색채를 띤 조각들이 퍼즐처럼 이민자들이 모여 조화로운 하나의 모자이크로 완성되었지만 이 모자이크이론도 최근에는 그 밑바탕이 주류집단의 문화를 근본으로 하고 있다는 이유에서 비판을 받고 있다. 즉, 다양한 이민자들이 누리는 문화를 주류집단의 문화로 인정한 상태에서 부수적으로 소수이민자들의 문화를 허용하기 때문에, 결국 소수이민자의 문화는 주류집단의 문화에서 소외되어 있는 주변문화로 전락하게 된다는 문제를 안고 있기 때문이다(서윤호, 2010).

2) 사회통합정책의 유형

사회통합(social integration)의 개념은 초기에는 사회구성원을 하나로 묶어 한 사회체제의 안정적 유지를 위한 목적에서 사용되었지만 최근 세계화 현상으로 국가 간의 이주가 증가하면서 이주민과 주류계층 간에 서로의 갈등을 최소화하고 이주민이 주거, 취업, 교육, 사회적 관계망, 사회참여 등에서 공존이 가능하도록 하는 개념으로 발전하였다. 다양한 이민자들은 사회통합을 통해 하나의 통합된 전체로 결합되고 다양한 사회집단이나 인종, 민족 집단들은 상호 간에 조화로운 관계를 맺게 되는 것이다. 캐슬스와 밀러(Castles & Miller, 2003)는 사회통합 유형을 이민자들을 수용하는 인식의 차이에 따라 차별적 배제모형, 동화주의 모형, 다문화주의 모형 등으로 분류하고 있다.

(1) 차별적 배제모형

차별적 배제모형이란 이민자들을 구별하여 특정한 목적으로 받아들이고 자국인들이 누리는 권리를 인정하지 않는 정책을 의미한다. 이는 국가가 자국의 근로자들이 기피하는 특정한 경제적 분야(예로, 3D 직종의 노동시장)에는 이민자들을 수용하지만 다양한 정치적 참여와 문화, 복지체계, 시민권 같은 사회적 일부 분야에서는 이들을 배제하고 각종 권리도 원천적으로 인정하지 않는 정책으로 이민자들이

영구히 정착하는 것을 거부한다. 따라서 이민자 집단의 자격에 따라 권한을 인정하거나 부정하는 이중적 잣대로 접근을 취하는 경우를 말한다.

각국에서 온 이민자들을 일시적으로 머물다가 돌아가는 방문자로서만 간주하면서 사회통합 대상으로서는 제외하는 전략을 사용한다. 반면 주류국가의 엄격한 조건을 통과하여 공식적으로 인정한 권리를 취득한 이민자들의 경우도 자국(주류집단)의 제도 및 사회문화 등에 동화 또는 적응하는 것을 당연시하면서 문화적 단일성 유지에 초점을 두고자 하는 경향이 있다. 즉, 차별배제의 정책은 동화주의와 함께 단일문화주의(munculturalism)에 초점을 둔다.

단일문화주의는 다문화주의와 대비되는 개념으로 국가나 민족의 동질성을 전제로 하며 이주민이나 소수민족의 문화, 가치는 주류문화로 동화시키거나 배제를 통하여 사회통합하는 것이 최선이라고 보는 것이다. 차별적 배제모형은 한 국가 내 소수인종 집단의 존재 자체를 인정하지 않고, 소수인종의 이주민을 국민과 국가의 안전을 위협하는 존재로 보는 태도에 기반을 두고 있다. 이 정책 모델은 이질적인 소수인종을 제거하거나 최소화하는 것을 정책 목표로 설정하여 소수집단 인종의 배제를 의도한다. 이 모델은 일본에 거주하는 제일동포 정책 등에서 그 사례를 찾아볼 수 있다. 우리나라의 다문화정책은 다문화주의 모형을 목표로 지향하고 있지만 여전히 문화적 단일성을 중시한다는 점에서 차별적 배제모형과 동화모형에 해당된다고 할 수 있다.

(2) 동화주의 모형

동화주의 모형(assimilationist model)은 이민자로 하여금 자신의 언어와 문화 등 모든 정체성을 버리고 유입국의 국민 구성원들과 완전히 동화되기를 지향하는 모형이다. 결국 하나의 거대한 용광로(melting pot)에서 단일국가의 국민으로 융화되는 것을 원하는 것이다. 따라서 정부에서는 이민자들의 언어교육, 자녀들의 정규교육 지원 등으로 동화가 원만하게 이루어지도록 지원한다. 동화주의의 대표적인 정책이 미국의 용광로이론이며 여러 유럽 국가들이 이러한 정책을 실시해 오고 있다. 동화주의 모형은 이민자를 쉽게 받아들이는 경향은 있지만 이민자가 유입국 사회에 완전히 동화되는 것을 강조한다. 이 모형은 주로 단일 문화를 중시하는 국가가 취하는 입장으로 이민자는 유입국의 언어를 비롯한 주류계층이 만들어 놓은 문화, 언어, 사회특성, 관습 등에 완전히 동화되어 궁극적으로는 주류집단의 지배문화에 종속되게 한다. 그러고 동화대상 집단이나 개인들이 주류집단의 문화와 가치관에 동일하게 변모할 것이라고 기대하면서 실시하는 흡수통합 방식이다(이태원, 이유리, 2010).

다양한 소수집단의 이민자들은 자신들의 고유한 민족적 정체성을 포기하고 주류문화에 동화되어 살아가면서 서서히 주류집단의 문화적 정체성을 터득해 간다. 동화주의 정책은 소수집단의 문화와 민족성에 대한 존중보다는 주류집단에 대한 문화적 적응이라는 강압적 방식이라고 할 수 있다. 그러나 소수집단의 세력이 증대되어 주류사회에 영향력 있는 세력으로 형성되어 자신들의 정체성을 표출하는 집단으로 성장하였다. 소수집단들의 사회적 요구사항이 주류사회가 의도한 동화정책의 내부적인 융합과 통합의 원리에 역효과의 파장을 발생시키면서, 이 정책은 점차적으로 변화를 가져올 수밖에 없었다.

(3) 다문화주의 모형

다문화주의 모형은 다인종으로 구성되어 있는 사회에서 다양한 인종의 문화에 대한 상호존중과 관용을 지칭하는 태도로, 1957년 스위스에서 사용되기 시작한 이후 1960년대 후반에 넓은 영토에 비해 부족한 인구를 이민자들을 수용하여 채운 캐나다는 건국 당시부터 프랑스계 퀘백주의 분리를 방어하기 위해 절실히 사회통합이 필요하였기에 다문화주의 정책을 사용되기 시작하였다. 그 이후 1970년대 영어권 유럽국가에서 본격적으로 사용하기 시작하였다(홍기원 외, 2006).

다문화주의 모형은 소수집단의 문화를 인정하고 존중되어야 함을 주장하면서 주류문화에 대비되는 동화주의 정책과 문화상대주의의 한계를 벗어나기 위해 제시된 이론이다. 이는 이주민들의 고유한 문화, 민족성에서 발생되는 긍정적인 효과를 적극적으로 평가하고 유지할 수 있도록 보장하는 문화주의를 말한다. 한 국가 내에서 두 개 이상의 문화가 공존하는 것을 인정하고 그에 따른 적절한 정책과 사회적 이념 정비를 입법화하는 개념으로 문화적 다양성과 사회적 통합을 조화시키려는 시도라고 할 수 있다. 즉, 이질적인 문화들의 공존을 의미한다. 정치적 의미에서 민주주의의 확산과 다양한 인종의 정체성이 복잡하게 얽혀 있는 국가에서 사회통합을 위한 이념적 수단으로 제기된다.

그리고 문화 간의 우열을 부정하는 것이 아니라 열등문화, 소수문화를 보호하고 육성하는 측면이 강하다. 더욱이 다문화주의는 문화 간의 격차와 이질성에 의해서 무시되거나 차별되는 것을 전략적으로 방지하고 문화에 따른 사회적, 경제적, 정치적 갈등을 해소하는 데 목적이 있다. 또한 한 국가 사회내의 소외계층이나 소수인종 또는 세대 간 갈등과 성역할의 차이 등과 같은 문제를 광범위하게 포함하는 것이다.

앞에서 기술한 캐슬스와 밀러(2003)가 제시한 사회통합 정책 관련 세 가지 모형 간 차이점을 요약하여 정리하면 **표 5-5**와 같다.

표 5-5. 캐슬스와 밀러(2003)의 사회통합모형

구분	차별적 배제모형	동화주의 모형	다문화주의 모형
정향성	원치 않는 이민자의 영주 가능성을 막고, 내국인과 차별적 대우를 유지하려 함	국민됨을 전제로 조속한 동화됨을 지원, 제도적으로 내국민과 평등하게 대우하려 함	소수자의 동등한 가치를 인정하고 이에 대한 보존 지원, 우대조치를 함
정책목표	인종적 소수자의 제거 및 최소화	소수자의 주류사회 동화	다양성 인정과 공존을 위한 통합
국가역할	적극적 규제	제한적 지원	적극적 지원
이주민에 대한 관점	이방인은 위협적 존재	완전한 동화를 전제로 인정	상호존중과 관용
평등 개념	차별의 정당성 강조	사회보장 및 기회 평등	적극적 조치
법적 수단	단속 및 추방	비차별의 제도화	제반 관리 허용
정주화	불가능	비교적 가능	가능
국적 부여 원칙	속인주의 엄격한 조건	속지주의 용이한 조건	속지주의 이중국적 허용
정체성	이질화	동질화	이질화
사례국가	독일, 일본	프랑스	미국, 캐나다, 호주

출처: 이태원, 이유리(2010). 다문화 가족 정책을 통한 사회통합수준 분석, 인문연구, 62, p.335.

6. 사회구성주의 관점

1) 사회구성주의의 개념

사회구성주의(social constructionism)는 포스트모더니즘의 영향으로 '본질적이고 객관적인 진실이란 존재하지 않는다'는 가정하에 한 개인이 자신의 경험에서 실재를 어떻게 구성하는가에 대해 사람들이 사실이라고 받아들이고 의미를 부여하는 사회를 구성하고, 수정하고, 유지하기 위해 어떻게 상호작용하는가에 초점을 둔다. 사회구성주의는 실재의 주관적 구성과 사회적 해석이나 언어 · 가족 · 문화의 내석 · 주관적 측면을 강조한다. 사회구성주의는 그 누구도 객관적 실재를 알 수 없다는 시각에 동의하고, 실재에 대한 지식을 구성하는 과정에서 상호작용의 영향력에 초점을 둔다. 우리가 관찰한 것을 구성하는 것은 우리가 타인과 공유하는 언어체계 · 관계 · 문화에서 비롯되며, 우리의 태도 · 신념 · 기억 · 정서적 반응은 관계의 경험에서 비롯된다는 것이다. 신념 · 가치 · 관습 · 법률 · 노동 등 우리의 사회적 실재를 구성하는 모든 것은 문화의 구성원이 세대를 통해 그리고 일상적인 삶을 통해 상호작용함으로써 구성되는 것이다. 사회는 구성원이 세상을 해석하게 하는 렌즈를 제공한다. 우리가 당연히 여기는 실재는 태어나면서부터 우리가 속해 있는 사회에 의해 구성된 것이다.

이러한 사회구성주의의 기본전제는 다음과 같다(정송이, 2018). 첫째, 실재는 사회적으로 구성된다. 즉, 사회적 신념 · 법칙 · 관습 · 의식주 습관 · 심리적 구성물 등은 사람들이 삶을 살아가면서 사회적 상호작용을 통해 함께 구성하여 생긴 것이다. 둘째, 실재는 언어를 통해 구성된다. 즉, 실재를 바라보는 관점, 세상이나 신념체계는 객관적으로 존재하는 것이 아니라 언어를 통해 구성되고 언어적 상호작용을 통해 언제나 변화할 수 있다. 셋째, 실재는 이야기를 통해 조직되고 유지된다. 실재가 언어를 통해 구성된다면 그것은 우리가 일상적으로 말하는 이야기에서 생겨나고 소멸된다. 즉, 이야기는 실재에 대한 지식을 조직하고 유지하고 순환하는 데 핵심적인 역할을 한다. 넷째, 본질적인 진실이란 존재하지 않는다. 누구에게나 정확하게 존재하는 실재란 존재하지 않으며, 우리가 할 수 있는 것은 경험을 해석하는 것뿐, 언제나 다양한 해석이 가능하고 그 어떤 해석도 진정으로 옳은 사실은 아니다.

대표적인 사회구성주의자 케네스 거겐(Kenneth Gergen)은 인간을 '관계적 존재(Relational Being)'로 보고 자신과 타인, 세계와의 관계를 살펴보면서 자기 이야기를 새롭게 구성하는 관계적 과정을 통한 관계회복에 대한 치유의 과정으로써 사회구성주의 관점을 말하고 있다.

2) 사회구성주의 관점의 전문가

사회구성주의에서 인간 경험은 인간이 만드는 이야기, 즉 자신에게 말하고 다른 사람들과 말하는 '이야기(narrative)'로 구성되어 있다고 주장한다. 따라서 사회구성주의적 입장을 취하는 사회심리학자나 심리치료가들은 인간체계를 언어-생성체계이자 동시에 의미-생성체계로 보고 있다. 의미와 이해는 사회적으로 구성되고 의사소통의 행위 없이는 의미나 이해에 도달하지 못한다고 주장한다. 사회구성주의 심리학자들은 언어는 우리가 살고 있는 실체를 구성한다고 믿기 때문에 심리치료체계는 구체적인 대화의 교환이 적절한 의사소통의 체계여야 하므로 맥락의 중요성, 특히 언어 · 담론 · 의미구성의 사회적 맥락이 중요하다고 강조한다.

사회구성주의 상담자에게 '이야기' 개념은 매우 중요한 역할을 한다. 이야기는 우리가 스스로를 이해할 수 있도록 하는 주요 수단이기 때문이다. 이야기를 통해서 우리는 우리의 삶에서 우리가 어디에 있는지, 또 우리가 어디로 가고 있는지 이해하게 된다. 사회구성주의자들은 우리가 고통스러워하는 것은 우리 삶에서 구성되었던 이야기 때문이라고 주장한다. 예를 들어, 결혼이 깨졌을 때 오는 고통은 주로 행복한 결혼생활이 그들의 목표였던 이야기의 결과라고 할 수 있다. 우리가 성공적인 내용의 이야기로만 살게 된다면, 우리가 실패할 때 죄책감을 느끼게 된다. 이러한 관점에서 효과적인 치료는 내담자가 그들의 이야기를 다시 쓰게 하는 것(re-story)이다. 따라서 사회구성주의의 영향을 받은 이야기치료는 다음과 같이 진행된다(정송이, 2018).

첫째, 인간이 관여하는 체계는 언어를 만들어 냄과 동시에 의미를 만들어 내는 체계이다. 의사소통 또는 담론이 사회조직화 상태를 결정한다. 사회조직은 인간과 인간 간의 의사소통의 산물이다. 학교나 회사와 같은 사회조직은 조직의 구성원들의 기능은 다르지만 조직이 목표 달성을 위해 상호 관련된 활동을 하는 협동체제이기 때문에 이런 활동을 통합하고 조정해야 하고, 이러한 통합과 조정은 의사소통이 없이는 불가능하기 때문에 사회조직은 인간과 인간 간의 의사소통의 산물이라고 할 수 있다. 그러나 꼭 구조화된 조직만이 의사소통을 만들어 내는 것은 아니다. 구조화된 조직이든 비구조화된 조직이든 인간이 관여된 모든 체계는 언어적 체계이며, 외부의 '객관적' 관찰자보다도 거기에 참여하는 사람들에 의해 보다 정확하게 표현된다. 치료적 체계란 이와 같은 언어적 체계이다.

둘째, 인간이 의미를 가지거나 이해하는 것은 사회적으로 구성된 것이다. 우리는 의사를 소통함으로써 비로소 의미나 이해에 도달하며 그것을 손에 넣을 수 있다. 즉, 의사소통은 자신에게 어떤 의미를 가지는 체계 내부에 도달하게 하며, 의미를 이끌어 내는 토론이나 대화에 참여하게 한다. 치료적 체계란 대화의 교류라는 의사소통이 중요한 의미를 가진 체계이다.

셋째, 모든 치료체계는 '문제'를 둘러싼 대화로 연결되어 있다. 이와 같은 체계가 발전시켜 온 언어나 의미는 그 체계의 고유한 것으로 그 조직에 관련되어 있는 동시에 '문제'를 해결하지 못한 것과도 관계가 있다. 그러므로 치료체계는 가족처럼 임의의 사회조직으로 분류되는 체계가 아니라, '문제'의 의미를 공동으로 창조하여 발전시켜 나가는 체계이다. 치료적 체계란 문제를 만들어 내고 해결되지 않은 체계이다.

넷째, 치료라는 것은 우리가 치료적 대화라고 부르는 것에서 일어나는 언어적인 사건이다. 치료적 대화는 대화를 통해 서로를 탐색하는 것이며, 서로가 교류하면서 아이디어를 교환하여 지금과는 다른 새로운 의미를 발전시키면서 문제를 정면으로 '해결하는 것이 아니라 해체하여 문제가 존재하지 않는' 방향으로 향하게 하는 것이다. 실재란 사람들이 그 문제를 어떻게 지각하고 이야기하느냐에 따라 다르게 존재하므로 같은 상황에서 다른 관점으로 보고 이야기한다면 더 이상 문제는 존재하지 않는다. 따라서 치료적 대화는 문제를 해결하는 것이 아닌 문제가 존재하지 않게 되는 과정이라고 할 수 있다.

다섯째, 상담자는 대화의 예술가 또는 건축가로서의 역할을 하게 되며, 전문성이란 대화의 공간을 넓히고 대화를 촉진시키는 점에 있다. 상담자는 치료적 대화의 관찰자이며, 참여촉진자이다.

여섯째, 상담자는 대화나 치료적인 질문을 사용하여 치료라는 예술을 실천한다. 치료적 질문은 대화가 전개되는 공간과 대화과정을 발전시키는 중요한 수단이 된다. 이것을 달성하기 위해서 상담자는 정형화된 질문이나 특정의 대답을 추구하는 질문을 하는 것이 아니라, '알지 못한다'는 자세에서 질문하는 전문성을 발휘한다.

일곱째, 치료에서 취급되는 문제는 우리의 주체성이나 개인적인 자유로움이 손상되었다고 표현되는 이야기이다. 문제란 자신이 적절한 행위를 할 수 없다고 생각하는 사태에 대해 이의를 제기하는 것에서 비롯된다. 이런 의미에서 문제는 언어 속에 있는 것이며, 그 의미를 이끌어 낸 이야기 맥락은 고유한 것이다.

여덟째, 치료에서 변화란 대화에 의해 새로운 이야기를 만들어 내는 것이며, 또한 새로운 주체가 될 수 있는 기회를 확장하는 것이다. 이야기가 변화를 초래하는 힘을 갖게 되는 것은 인생 사건을 지금과는 다른 새로운 의미의 맥락과 연관짓기 때문이다. 인간은 다른 사람과의 대화에 의해 만들어진 이야기적 정체성 속에서 살고 있다. '자기'는 언제나 변화를 계속하고 있기 때문에 상담자의 기능이란 그러한 과정에 참여하는 능력을 의미한다.

7. 증거기반실천의 관점

1) 증거기반실천의 개념

전문적 실천 모델인 '증거기반실천'의 개념은 1970년대 의료분야에서 환자의 질병을 치료하고 건강을 증진하기 위한 최선의 방법을 결정하기 위해서 근거중심의학(Evidence-Based Medicine: EBM)이라는 용어로 처음 사용되었다. 그 후 임상적 문제를 해결하기 위해 정신건강, 교육현장, 사회복지 등 다양한 분야에 적용되어 오고 있는 개념이다. 우선 의학 분야에서 사용되어 온 정의를 살펴보면, "근거중심의학(EBM)이란 개별 환자의 진료와 관련된 의사결정을 함에 있어서 최근의 가장 좋은 증거를 세심하고, 명확하며 현명하게 적용하는 것이며 최고의 연구 근거를 임상적 숙련도와 환자의 가치에 통합시키는 것이다"라고 정의하고 있다. 하지만 의학과 사회복지를 비롯한 다양한 원조 전문직에서 증거기반실천의 개념은 여러 학자에 의해서 조금씩 다르게 표현되고 있다.

이러한 근거중심의학에 기초를 둔 초기 증거기반실천(Evidence-Based Practice: EBP)의 철학적 개념은 "클라이언트에게 해를 가하지 않고 그들에게 원조할 수 있는 기회를 증진하고자 실천현장과 조사연구 사이의 간격(gaps)을 줄이고자 고안된 새로운 교육적, 실천적, 정책적 패러다임"으로 정의할 수 있다. 이러한 철학적 개념은 사회복지사가 클라이언트를 원조할 때, 어떤 결정을 내려야 하는지에 대한 지침이 되기도 한다. 즉, 증거기반실천(EBP)는 사회복지실천의 효과성에 관한 증거를 체계적으로 분석, 종합하고, 사회복지사가 클라이언트의 이익을 최우선 목표로 최근의 증거를 객관적이고 효율적으로 찾아 현장에 적용하는 것이라고 정의할 수 있다.

이상의 의견을 종합해 보면 증거기반실천(EBP)의 핵심은 "3Es", 즉 '클라이언트의 권익증진(Empowerment)'을 목적으로 '효과성(Effectiveness)'이 담보되며 '증거(Evidence)'에 의거한 사회복지실천이라고 할 수 있다(박승민, 2009).

따라서 증거기반실천은 사회복지사가 실천현장에서 무엇을 해야 하고, 어떤 결정을 해야 하는지에 대한 새로운 접근방식 중의 하나이며, 언제 어떻게 개입을 해야 하는지에 대한 이론적이고 실천적 판단을 할 수 있도록 지원을 하는 모델이라고 할 수 있다. 또한 객관적 조사연구의 증거를 바탕으로 클라이언트와 협력하여 개별적이고 사려 깊은 개입을 하도록 촉진하는 과정이라고 할 수 있다.

이러한 특성을 가진 증거기반실천은 조사연구 증거(best research evidence)를 기반으로 실천가의 임상적 지식, 클라이언트의 가치, 선호도 및 전문가의 윤리, 그리고 기관의 상황 등을 고려하여 최선의 의사결정을 하는 과정이라고 할 수 있다. 또한 클라이언트 중심 실천이란 클라이언트의 복지를 최대한 증진시키는 것과 관련이 있다고 할 수 있다.

이러한 측면에서 증거기반실천은 클라이언트 중심 실천이라고 할 수 있는데, 클라이언트가 중심이 되는 증거기반실천의 의사결정 과정은 **그림 5-3**과 같다.

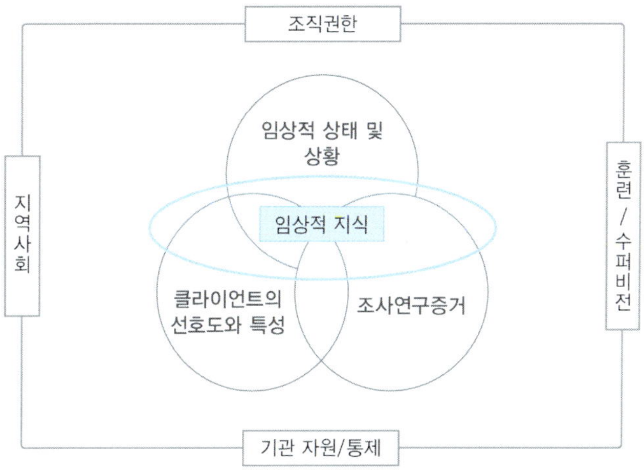

그림 5-3. 증거기반실천의 모델

출처: 이현주(2013). 증거기반실천을 위한 정신보건 프로그램의 효과성에 대한 메타분석: 정신장애인을 중심으로. 가톨릭대학교 대학원 박사학위논문.

사회복지사가 실천현장에서 증거에 기반한 의사결정을 하지 않는 것에 대해 그레이(Gray, 2001)는, 첫째, 비효과적인 개입이 소개되며, 둘째, 클라이언트에게 도움이 되는 것보다는 오히려 피해가 되는 개입을 하며, 셋째, 더 효과적인 개입이 소개되지 않으며, 넷째, 훨씬 비효과적인 개입이나 해가 되는 개입이 지속되는 중대한 실수를 범하게 된다고 주장하였다. 이처럼 증거기반실천은 클라이언트와 사회복지사가 함께 협력하여 효과적이고 효율적이며 윤리적인 서비스를 제공하도록 원조하며, 서비스 개입에 대한 모니터링도 클라이언트와 함께 해야 하는 윤리적 책임이 있는 것이다.

이렇게 증거기반실천의 중요성이 강조되고 있음에도 사회복지실천현장에서는 조사연구 결과를 적극적으로 반영하지 않고 있다. 게다가 사회복지사들이 조사연구 결과에 대한 정보를 수집하더라도 그 결과가 자신들의 선호도와 맞지 않을 경우 연구방법론의 과학적 엄밀성과는 관련 없이 무시하는 경향도 있어 증거기반실천이용이하지 않는 경우가 발생한다. 그러므로 사회복지사의 조사연구 활용 능력을 향상시키기 위해서 사회복지사와 관리자의 조사연구에 대한 관행적 태도를 개선하기 위한 교육이 필요하다. 또한 기관 자원이 실천현장에서 조사연구에 적용되도록 지원하고 사회복지사는 개입에 대한 비판적 평가가 가능하도록 역량을 강화시키는 등의 증거기반실천을 위한 능력 배양에 중점을 두어야 한다(이현주, 2013).

2) 증거기반실천의 절차

증거기반실천을 실행하는 절차는 실제 적용상의 정의가 되며, 이는 증거기반실천모델의 특성을 가장 잘 나타내는 부분이라고 할 수 있다. 증거기반실천은 5단계로 제시되고 있는데, 각 단계는 **그림 5-4**와 같다(고관우 외, 2023; 장유림, 2010).

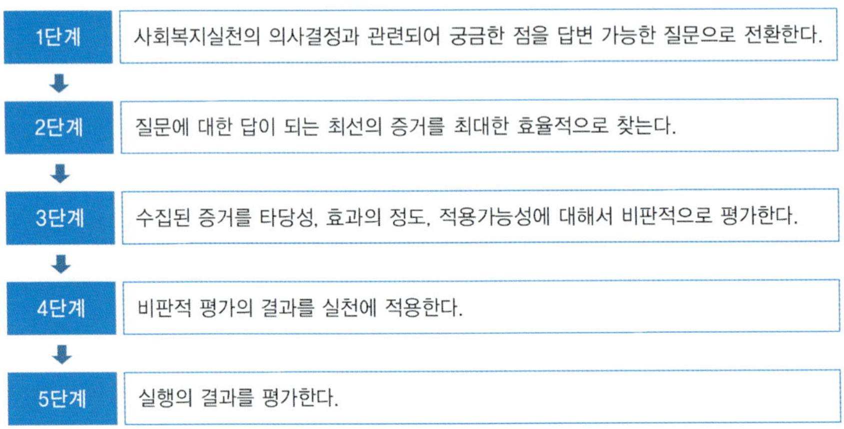

그림 5-4. 증거기반실천의 절차

(1) 1단계: 답변 가능한 질문 만들기

증거기반실천의 첫 단계는 검색할 수 있는 질문을 만들고 예비적인 검색계획을 세우는 것이다. 개념화된 질문과 검색계획은 검색의 생산성을 높여 주고 수집한 정보를 통해 질 높은 서비스를 만들어 낼 가능성이 높다. 질문의 종류와 성격은 필요로 하는 정보에 따라 특정한 개입기법이나 프로그램의 효과성, 예방적 효과가 높은 접근법, 타당하고 신뢰할 만한 사정도구 및 평가도구, 비용효과성에 관한 것 등 다양할 수 있다. 또한 질문의 범위도 상당히 일반적이거나 실천이 이루어지는 환경의 특성, 클라이언트의 특성 등을 어느 정도 제한하여 아주 구체적인 것이 될 수도 있다.

예를 들어, "ADHD 아동의 공격성, 주의력결핍, 과잉행동, 대인관계, 의사소통문제 등의 행동특성에 대하여 가장 효과적인 치료방법은 무엇인가?"와 같은 질문이 만들어질 수 있다. 질문이 만들어지면 그 질문에 답을 찾을 수 있는 주요단어나 주제어를 정한다. 이러한 ADHD 아동의 치료나 교육의 효과를 극대화하기 위해 본인, 가족 및 사회환경과 상호 협력하는 것이 중요하다고 할 수 있으며 체계적인 질문이 매우 중요하다(이정효, 2007).

(2) 2단계: 질문에 대한 답이 되는 증거 찾기

사전에 정한 주요단어나 주제어를 어디서 자료를 찾을지 어떤 자료를 찾을지에 대해서 정해야 한다. 오늘날 전자 데이터베이스(DB)의 발달로 최신 정보를 찾는 것이 이전보다 훨씬 용이해졌는데 자신이 찾는 질문에 대한 답을 찾을 수 있는 데이터베이스나 인터넷 사이트를 알아야 한다. 현재 국내의 대학 및 국회의 전자도서관, 한국학술정보원 등과 같이 국내·외의 학술정보에 관한 데이터베이스를 활용할 수 있으며, 정보에 대해서 신중한 판단이 필요하나 때로는 구글(Google)과 같은 검색엔진을 이용하여 찾을 수도 있다. 특별히 증거기반실천을 촉진하기 위한 목적으로 데이터베이스를 잘 구축해 놓은 곳이 있다. Campbell Collaboration(http://www.campbellcollaboration.org)의 데이터베이스는 사회, 행동, 교육 분야의 효과성에 관한 의사결정에 정보적 도움을 주기 위해 만들어진 것으로 사회복지분야의 효과성에 관한 질문들에 답을 얻을 수 있는 자료들이 잘 갖추어져 있다.

(3) 3단계: 수집된 증거에 대해 평가하기

자료를 찾는 과정에서 모아진 수많은 정보를 자료의 형태, 내용의 성격과 질 등에 대해서 평가하고, 분석의 결과를 통합하는 단계이다. 사회복지사는 무엇을 적합한 증거로 받아들이고 배제할지에 대하여 결정하고 이를 위해서 수집된 정보의 질을 평가할 수 있는 조직화된 개념적 틀과 평가하는 절차를 갖고 있어야 한다. 증거기반실천의 핵심적인 개념은 적합한 증거가 되는 기준을 선택하는 데 있어서 조사연구의 질에 대해 서열을 두고 있으며 연구로부터 나온 정보를 가장 신뢰하고 증거기반실천에 적합한 가장 좋은 정보는 관련된 분야의 여러 연구들을 체계적이고 객관적인 방법으로 종합한 메타분석의 결과라는 점이다(Rosenthal, 2004).

의학 분야에서는 타당도와 신뢰도의 측면에서 설계된 연구들이 많아 수준 높은 연구방법을 사용한 논문만을 제한하여 증거의 대상으로 검토하고 있다. 그러나 사회복지분야에서는 주제에 따라서 연구가 상당히 이루어진 영역도 있지만 조사연구가 거의 실시되지 않은 영역도 있고, 의학처럼 실험-통제집단 연구가 많지 않은 것이 사실이다. 따라서 증거로 포함될 수 있는 기준의 선택은 현재 분야의 조사연구의 실태를 반영할 수밖에 없다. 사회복지분야에서 최고의 증거에 대한 기준이 무엇일지에 대해서는 많은 전문가들의 논의가 필요하겠지만 증거의 기준에 따라 실천등급을 나누는 예는 **표 5-6**과 같다.

표 5-6. 증거 수준에 따른 실천 등급

등급	특성	사용
최고의 실천	조사연구에 기반을 둔 증거, 임상 비교시험 연구, 지침서나 매뉴얼이 있고 안전성과 효과성을 나타내는 일관된 다각도의 증거를 보인다.	최우선의 선택, 클라이언트의 개인적·문화적 가치와 갈등을 빚을 때를 제외하고 가장 빈번히 사용한다.
우수한 실천	조사연구에 기반을 둔 어느 정도의 증거, 사례연구와 만족도 보고서, 지침서가 있고 대부분의 증거는 안전성과 효과성을 보인다.	클라이언트가 강하게 선호하거나 최고의 실천을 적용할 수 없을 때 종종 사용한다.
받아들일 만한 실천	조사연구에 기반을 둔 어느 정도의 증거, 몇몇의 임상실험연구, 사례연구, 만족도 보고서가 있고 증거는 위험이 거의 없다는 것과 어느 정도 효과성이 있다는 것을 보인다.	클라이언트가 강한 선호도를 밝힐 때, 최고의 실천이나 우수한 실천이 적용되지 않을 경우에 가끔 사용한다.
의심스러운 실천	조사연구에 기반을 둔 증거의 부족, 약간의 사례연구 및 만족도 보고서가 있고 증거는 약간의 위험과 아주 작은 부분의 효과성을 보인다.	거의 사용되지 않음, 최후의 선택, 보다 좋은 실천이 비효과적이거나 적용할 수 없을 때 사용한다.
위험한 실천	조사연구에 기반을 둔 증거가 부족하거나 부정적인 결과를 나타내고, 사례연구나 만족도 조사가 없거나 부정적인 결과가 나타나고 증거는 상당한 위험과 아주 약간의 효과성이 있음을 보인다.	절대 사용하지 않는다.

출처: Cournoyer(2004). The Evidence-Based Social Work Skills Book. NY: Allyn and Bacon.

(4) 4단계: 실천에 적용하기

분석한 내용들을 통합하여 좋은 실천방법으로서 확인된 것을 실제 상황에 적용하는 단계를 말한다. 잘 설계된 조사연구들에서 일관된 결론을 보여 주는 증거가 확실한 최고의 실천방법을 찾았다 하더라도 그 방법을 그대로 적용할 수 있는 경우는 그리 많지 않다. 증거기반실천의 개념은 조사연구의 실천에 통합하되 원조전문가의 전문성, 기관의 상황, 클라이언트의 특성 및 선호도를 동시에 포함하는 것이라는 점을 상기한다면 실제 적용에서 고려해야 할 점은 다음과 같다.

클라이언트의 문제, 장점, 나이, 성별 등과 같은 특성이 조사연구상의 클라이언트와 실제 실천과정에서 만나는 클라이언트 또는 만날 클라이언트와 얼마나 유사하고 다른지에 대해서 비교하고, 고려하고 있는 실천방법이 적용될 때 클라이언트에게 위험보다는 이득이 많을 것인가를 판단하여야 한다. 그리고 사용될 실천방법을 클라이언트에게 잘 알려 주어서 클라이언트가 고지된 참여자가 되도록 해야 한다.

(5) 5단계: 실행에 대해 평가하기

최고의 증거를 찾아서 실천에 적용하는 것으로 끝나는 것이 아니라 자신이 직접 실천한 것에 대해서 평가를 해야 한다. 아무리 최고의 실천방법으로 입증된 것을 선택하여 적용했다 하더라도 자료를 검색하고 평가하는 과정이 잘못되었을 수도 있고, 실제 개입한 클라이언트의 특성이 조사연구에 포함되었던 대상과는 너무 달라서 기대했던 좋은 결과가 나오지 않을 수도 있다. 평가하는 방법은 질문에서 출발하여 자료를 찾고 최고의 증거를 확인하여 적용한 실천의 내용에 따라서 효과성 평가가 될 수도 있을 것이며, 사정도구의 정확성에 대한 평가가 될 수도 있다.

근거중심의학의 과정은 증거기반실천 과정에서도 적용되어 실천가들의 임상적 문제해결과정을 돕는 일련의 단계들로 제시된다. 즉, 임상적 문제의 확인과 이에 대한 구조화되고 답변 가능한 질문형성, 문헌조사 등 최선의 증거를 통한 답변, 증거에 대한 비판, 전체 과정에 대한 평가라는 일련의 과정을 동일하게 거쳐야 하는 것이다. 따라서 사회복지분야의 연구는 증거를 검토하고, 어떤 기준점으로부터 조사연구를 최상의 증거로 보아야 할지에 대해서 의학이나 임상심리학의 기준을 그대로 따르기보다는 사회복지분야 내의 합의점을 찾는 것이 필요하다고 할 수 있다. 이런 의미에서 증거기반실천에 대한 연구가 진행됨에 따라 장점(Gibbs & Gambrill, 2002; Leach, 2006)과 한계점(Mullen & Steiner, 2004; Rosenthal, 2004)에 대한 논의가 활발하게 진행되어 왔다(장유림, 2010).

증거기반실천의 장점은, 첫째, 연구조사와 경험적으로 입증된 증거들을 활용해야 하기 때문에 전통적인 방법, 동료로부터 제공받았던 것을 구분하고 불완전한 정보나 절차 등을 사용하지 않도록 임상적 의사결정과정을 명료하게 해 주고, 향상된 결정과정을 통해 클라이언트에게 제공된 치료와 이에 따른 성과를 향상시키고 치료 비용을 줄이며 임상적인 실수를 감소시킬 수 있다. 그리하여 연구와 실천의 괴리를 좁혀 주는 역할을 하며, 향상된 성과는 임상실천의 학제성과 지속가능성을 향상시킬 뿐만 아니라 개인의 치료욕구를 효과적으로 충족시키는 것이 될 수 있고, 건강관리의 효과성에 관한 우선적인 질문을 규명하고 답하는 데 있어서 유용하고 과학적인 방법을 제공한다. 증거기반실천의 장점이 실천으로 적용되기 위해서는 전문가들이 보다 많은 교육을 받고 임상적 효율성, 비용 편익과 개입의 현실성을 포함한 넓은 범위의 치료측면을 검증하고 조사하는 태도를 가져야 한다는 점을 전제로 한다.

3) 증거기반실천의 효과

증거기반실천의 과정은 의사결정과 관련된 궁금점을 답변 가능한 질문으로 전환하고 그 질문에 답할 수 있는 최선의 증거를 찾고 수집된 증거가 타당한지와 적용가능성에 대해서 비판적으로 평가해야 한다. 또한 평가과정에 사회복지사는 임상적 전문 지식과 클라이언트의 고유 특성과 환경을 고려하고 효과성과 효율성을 평가하여 개선하도록 해야 하는 과정을 강조하고 있다.

이 과정에서 사회복지사는 임상적 질문과 관련된 정보의 수집, 클라이언트의 욕구에 적합한 도구의 개발, 불확실성의 처리, 조사연구의 증거가 개별 클라이언트에게 적용할 수 있는지의 문제 등을 고려하여 결정해야 한다(Gambrill, 2011). 이처럼 증거기반실천은 단순히 조사연구의 증거를 찾아서 클라이언트에게 적용하는 과정이 아니라, 적용 과정에서 사회복지사의 임상적 전문 지식, 조사연구의 증거, 클라이언트의 관점 등을 고려하여 결정되는 복합적인 과정이라고 할 수 있다. 또한 이 과정의 기본가정은 효율성이 보장되고 이용할 수 있는 최선의 증거를 가지고, 사회복지사가 효과적으로 개입할 수 있도록 돕고자 하는 것에 있다고 할 수 있다. 그러므로 사회복지사의 증거기반실천을 위해서 축적된 정보를 활용할 수 있도록 사회복지계와 실천현장의 노력과 지원이 필수적이라고 할 수 있다. 이러한 증거기반실천은 사회복지 관련 서비스, 예를 들어 사회서비스 등에도 확장되어 사회복지의 서비스 질을 개선하고 클라이언트의 욕구에 부합한 맞춤형 서비스를 제공할 기회를 강화해야 할 것이다.

이처럼 증거기반실천은 다음과 같은 긍정적 효과가 있어 실천현장에서의 활용이 적극적으로 권장되고 있다(고관우 외, 2023; 공계순, 서인해, 2006; Gambrill, 2011).

첫째, 권위와 전통적인 관점에 의한 실천에서 벗어나 과학적 실천을 할 수 있도록 원조한다. 증거기반실천은 권위에 기반한 의사결정(authority-based decision-making)의 대안으로 나타났다. 사회복지사가 권위 중심의 실천을 할 경우 주로 동료의 판단, 기관의 전통적 관습에 의한 견해, 일화적인 경험, 대중적 인기와 같은 객관적이지 못한 것을 기준으로 삼아 클라이언트에게 오히려 해가 되는 개입을 할 수 있다. 반면 증거기반실천을 하는 사회복지사는 객관적인 조사연구의 증거를 개입에 접목할 수 있어 사회복지실천의 전문성을 강화할 수 있다. 또한 증거기반실천은 클라이언트에게 서비스 제공 시 정확도가 높은 사정척도를 활용하여 업무 수행의 효과성을 높이고, 정보를 효율적으로 찾아 적용하도록 함으로써 책무성이 강조되는 오늘날의 시대적 상황과 일치하는 특징이 있어 사회복지실천의 효과성을 향상시킬 수 있는 방안이 될 수 있다.

둘째, 사회복지사의 윤리적 실천을 촉진한다. 우리나라의 사회복지사 윤리강령을 살펴보면, 사회복지사는 무엇보다도 "클라이언트에게 최상의 서비스를 제공하기 위해, 지식과 기술을 개발하는 데 최선을 다하며", 클라이언트의 자발적이고 고지된 동의를 얻어서 최대한 권리 보장을 하여 클라이언트 스스로 자기결정권을 행사할 수 있도록 지원해야 함을 강조하고 있다. 증거기반실천은 사회복지사의 윤리강령에서 강조하고 있듯이, 클라이언트의 권익옹호를 최우선으로 삼고 있으며, 최상의 서비스를 제공하기 위해 조사연구의 증거를 활용할 것과 클라이언트가 의사결정과정에 참여해야 함을 중요시 여긴다. 이 과정에서 클라이언트의 가치, 특징, 선호도 및 기관의 상황 등을 동시에 고려함으로써 사회복지사의 윤리적 실천을 강화할 수 있다. 이처럼 증거기반실천은 윤리적이고 효과적으로 클라이언트에게 개입하기 위하여 윤리, 증거 및 실제 적용에 관한 관심을 체계적으로 통합하여 접근하도록 하는 특징이 있다.

셋째, 클라이언트 중심의 실천이 촉진될 수 있다. 권위에 기반한 모델이 전문가 관점을 중시하는 반면, 증거기반실천은 클라이언트가 의사결정의 중심이 된다고 할 수 있다. 즉, 증거기반실천은 클라이언트 개개인의 욕구에 부합한 맞춤형 서비스를 제공하여 그들의 자발성과 주체성을 증진하고자 하는 목적이 있다. 또한 개입결과의 평가에도 함께하여 개입의 효과에 대해 평가하고 개선 방안을 서로 모색하는 기회를 가지게 되므로 클라이언트의 의사를 적극적으로 반영할 수 있는 이점이 있다. 루빈(Rubin, 2011)도 증거기반실천을 하기 위해서 사회복지사는 클라이언트가 실생활에서 필요로 하는 것이 정말로 무엇인지 배워야 하며 사회복지사의 열망으로 클라이언트의 욕구를 대체해서는 안되며, 단지 실증적 연구뿐만 아니라 클라이언트의 욕구에 대한 연구도 증거기반실천의 요소임을 강조하였다.

넷째, 연구와 실천의 괴리를 좁힐 수 있다. 증거기반실천은 최선의 조사연구 증거를 사회복지사의 임상적 전문 지식과 통합하는 것을 요구한다. 즉, 실천현장에서 사회복지사가 클라이언트에게 개입 시, 단지 임상적 전문 지식뿐만 아니라 조사연구의 증거를 접목하여 효과적이고 효율적인 개입을 해야 함을 강조하고 있다. 또한 실천현장에서 증거기반실천을 활용한 연구물들을 적극적으로 발표하여 연구와 실천의 괴리를 좁히는 역할을 하도록 원조하고 있다.

다섯째, 사회복지사에게 평생학습의 과정을 요구한다. 증거기반실천은 클라이언트에게 중요한 특정 문제와 관련하여 지속적으로 문제 제기하고 그 문제에 관련된 최선의 조사연구 증거를 객관적이고 효율적으로 찾고, 발견한 증거를 기반으로 적절한 개입을 하기 위한 평생학습과정(a process of life long learning)이라 할 수 있다. 기존의 조사연구 증거는 보다 정확하고 효과적이고 새로운 방법으로 대체될 수 있으므로, 사회복지사는 조사연구의 발전과정에 관심을 가지고 클라이언트에게 개입 시 새로운 조사연구 증거를 적용하는 개방적 자세를 갖는 것도 중요하다.

Chapter 06

사회복지실천의 통합적 접근

배울 내용

1. 전통적 실천방법론
2. 통합적 접근으로서의 사례관리

학습 목표

1. 전통적 실천방법론(정신분석, 행동주의, 인본주의, 인지주의 상담이론 및 가족치료)을 설명할 수 있다.
2. 사례관리의 정의와 수행과정 및 통합사례관리를 이해하고 역할을 숙지한다.

1. 전통적 실천방법론

전통적 실천방법론으로 주로 사용되어 온 정신분석 상담이론, 행동주의 상담이론, 인간중심 상담이론, 인지주의 상담이론 및 가족치료의 상담목표, 상담관계 및 상담기법에 대해 살펴보면 다음과 같다(김이영 외, 2019; 김이영 외, 2021; 김종배 외, 2023; 현영렬 외, 2024).

1) 정신분석 상담이론

프로이트(Sigmund Freud)

아들러(Adler)

정신분석 상담이론은 프로이트가 주장한 정신분석 이론에 그 기초를 두고 있다. 프로이트는 인간은 생물학적이고 반사회적이며 비합리적인 존재이기 때문에 그의 인간 본성에 대한 관점은 결정론적 관점을 가지고 있다. 성격의 구조는 쾌락원리에 의해 작동되는 원초아(id), 현실원리에 의해 작동되는 자아(ego), 도덕 혹은 양심에 의해 작동되는 초자아(superego)로 구성되어 있으며, 이러한 체제는 서로 밀접한 관계가 있고 행동은 이들 간의 상호작용의 결과로 본다. 정신분석 이론에서는 결정론적 관점을 가졌기 때문에 생의 초기 5년의 발달이 매우 중요하다고 보았다. 생의 초기 5년은 역동이 안정되어 가는 잠재기 이전까지의 발달을 의미한다. 청소년기가 시작되면서 역동은 다시 활성화된다. 따라서 앞의 세 단계인 구강기, 항문기 및 남근기를 전생식기라고 하고 청소년기에 일어나는 성숙의 마지막 단계를 생식기라고 명명하였다.

(1) 상담목표

정신분석 이론에서는 무의식으로 잠재된 갈등이 해소되지 않아 심리적 긴장상태로 남아 있거나 여러 가지 부정적인 증상으로 나타난다고 본다. 따라서 정신분석 상담의 목표는 무의식적 갈등을 의식화시켜서 개인의 성격구조를 재구성하는 데 있다. 즉, 억압을 약화시킴으로써 무의식적 내면세계의 의식화 작업을 통해 의식적 기능인 자아의 힘을 강화시키는 것이 정신분석의 상담목표이다.

(2) 상담관계

상담자가 자신을 노출시키지 않을 때, 내담자가 상담자에게 투사한다. 이를 전이라는 개념으로 설명이 되는데 정신분석에서 상담자와 내담자와의 관계를 설명한다. 상담이 진행됨에 따라 내담자의 어린 시절의 경험과 갈등들은 무의식 속에서 의식의 표면으로 떠오르기 시작한다. 따라서 내담자는 신뢰와 불신, 독립과 의존, 사랑과 증오 등 여러 가지 상반되는 감정에 대한 과거의 갈등을 회상하게 된다. 그리고 그때의 감정들을 상담자를 대상으로 해서 다시 체험하게 되는데, 이때 전이가 발생한다. 예를 들어, 어렸을 때 엄격하고 권위적인 아버지, 혹은 매정했던 어머니에게 맺혔던 감정이 상담자에게 옮겨져 내담자의 눈에는 상담자도 똑같은 인물로 여겨진다. 이러한 전이현상은 내담자의 무의식이 의식의 표면으로 올라오고 있음을 나타내는 매우 중요한 현상이다. 현재의 인물(즉, 상담자)을 자신에게 중요했던 과거의 인물과 심리적으로 혼동하는 것은 그만큼 과거의 인물에 대한 미해결된 갈등이 내담자에게 중요하게 남아 있다는 것을 의미한다. 전이를 치료할 때 생기는 저항을 감소시키고, 합리적 통제를 할 수 있도록 하며 내담자는 장기간의 분석을 받고, 갈등을 알아내기 위해 자유연상을 하며, 대화를 통해 통찰을 얻는다. 상담자는 분석가로서 현재 행동의 의미가 과거와 연관이 있다는 사실을 가르치기 위해 해석을 한다.

(3) 상담기법

정신분석의 중심기법은 해석, 꿈의 분석, 자유연상, 저항의 분석, 전이의 분석이다. 모든 것은 내담자가 자신의 무의식적 갈등에 접근할 수 있도록 짜여져 있고, 무의식에의 접근은 자아가 통찰과 새로운 것을 동화할 수 있도록 해 준다.

① 해석

해석은 자유연상이나 꿈, 저항, 전이 등을 분석하고, 그 속에 담긴 의미를 내담자에게 지적, 설명해 주는 절차로, 내담자가 자신의 무의식적 욕구나 행동을 이해하는 과정을 가속화시킨다. 이러한 상담자의 해석을 통해 내담자는 이전에 몰랐던 무의식적 내용들을 차츰 의식적으로 이해하고 받아들이게 된다. 즉, 해석의 원칙은 해석하려는 무의식적 내용이 내담자의 의식에 가까이 왔다고 판단될 때, 그가 받아들일 수 있는 내용을 해석해 주어야 하며, 해석 전에 저항이나 방어를 먼저 지적해 주어야 한다. 또한 해석과 관련하여 한 가지 주의할 점은 아무 때나 해석을 해서는 안 된다는 것이다. 아무리 타당한 해석이라도 내담자가 그것을 받아들일 수 있는 마음의 준비가 되어 있지 못한다면 소용이 없다. 따라서 상담자는 내담자의 무의식에 대한 해석을 하기 전에 우선 내담자가 그것을 받아들일 수 있는 상태에 있는지를 먼저 점검해야 한다. 해석의 주요 대상은 자유연상 자료, 꿈, 전이 및 저항현상 등이다.

② 꿈의 분석

프로이트는 꿈이야말로 "마음의 무의식적 영역에 이르는 지름길이며, 인간 무의식으로 통하는 왕도다"라고 표현하였는데, 정상적인 정신생활의 어떤 다른 현상도 꿈만큼 무의식적 과정을 명백하게 나타내지 못한다고 보았다. 따라서 꿈의 분석을 통해 자아의 방어적 활동에 의해 억압되어 있거나 의식에서 제외된 정신내용에 대한 이해를 할 수 있다고 보았다. 이처럼 꿈이란 무의식적 동기를 이해하는 데 중요한 수단이 되기 때문에 꿈을 중요시한다. 자신에게 낯선 무의식을 의식에 소화하고 통합하여 자기의 삶으로 받아들이게 되면 겉마음과 속마음이 가까워져서 자신에게 좀 더 정직해지고 자유로운 삶을 살 수 있게 된다고 보았기 때문에 단 하나의 꿈이라도 자신의 삶과 연결시켜 무엇을 의미하는지 이해하는 것이 필요하다고 제안하고 있다.

③ 자유연상

상담자는 내담자에게 마음을 비우게 하고 내담자의 마음속에 떠오르는 것이면 무엇이든지 말로 표현하게 한다. "지금 당신 머리에 떠오르는 생각은 무엇입니까?" 혹은 "그것과 관련되어 머리에 떠오르는 생각은 무엇입니까?" 등으로 질문한다. 내담자가 연상하는 내용에서 상담자는 내담자의 증상과 관계되는 무의식적 자료들을 끌어내고 그 의미를 해석해 주며 내담자로 하여금 자신의 문제증상과 관련된 무의식적 내용들을 이해하게 하는 통찰을 얻도록 한다.

④ 저항분석

저항은 무의식을 의식화하는 것을 방해하는 내담자의 모든 태도, 행동 및 언어를 총칭하는 용어이다. 예를 들어, 정해진 시간에 상담에 참석하지 않거나, 상담과정에서 아무런 의미도 없는 말만 되풀이하거나, 중요한 내용을 빠뜨리고 사소한 이야기만 하는 등의 행위이다. 정신분석에서는 이러한 저항이 큰 의미를 지니고 있다고 보는데, 이는 저항하는 데에는 그럴 만한 이유가 있다고 보기 때문이다. 저항은 부딪히기 어렵고 받아들이기 어려운 상상이나 경험 또는 경험에 대한 자신의 무의식적 해석 등에 대한 방어이다. 상담과정에서 저항현상을 다루지 않으면 내담자를 깊이 만나는 것은 어렵게 된다. 그렇기 때문에 내담자의 갈등을 근본적으로 해결하기 위해서 상담자는 내담자의 저항의 이유를 지적하여 내담자로 하여금 직면하게 하여야 한다.

⑤ 전이분석

전이(transference)란 과거에 의미가 있던 대상과의 관계에서 일어났던 무의식적 소망과 기대 혹은 좌절 등이 현재 여기의 대상(예컨대, 상담자)과의 관계에서 활성화되면서 반복되는 현상을 말한다. 현재 상담가와의 관계에서 나타나는 전이현상에는 과거와 현재가 시간적으로 밀집되어 있고, 여러 사건들이 응축되어 있을 수 있다. 이러한 전이에는 긍정적 전이와 부정적 전이가 있다. 긍정적 전이는 상담자를 특별히 좋아하고 이상적인 인물로 보게 되는 것을 말하고, 반면 부정적 전이는 내담자가 상담자를 이유 없이 두려워하거나 미워하게 되는 것을 말한다. 두 전이 모두 해결되지 않는 유아기의 갈등이 재현되고 있는 것으로 본다. 상담자의 역할은 내담자가 과거의 어린 시절 중요 타인에 대해 가지고 있는 감정과 태도를 현재의 상담자에게 느끼고 있으므로 그 감정과 태도는 시대착오적이고 왜곡된 것임을 해석해 주는 것이다. 따라서 내담자가 전이에 대한 바른 통찰력을 갖게 되면 비합리적이고 유아기적 욕구를 벗어나서 성숙하고 현실적인 관계에서 만족을 얻게 된다.

2) 행동주의 상담이론

파블로프(Pavlov)

스키너(Skinner)

반두라(Bandura)

행동주의적 상담은 기본적으로 학습이론(파블로프의 고전적 조건형성, 스키너의 조작적 조건형성, 반두라의 사회학습)에 근거한다. 즉, 행동은 학습의 산물로 본다. 환경이 우리를 만들기도 하고, 우리가 환경을 만들기도 한다고 주장하면서 인간과 환경과의 상호작용을 강조한다. 그리고 개인의 인지적 차원을 강조하고 행동의 변화를 가져오고 구체적이고 체계적인 단계를 밟아 갈 수 있도록 돕는 여러 가지 행동지향적인 방법을 제공하게 된다.

(1) 상담목표

행동주의 상담이 지향하는 상담목표는 학습의 새로운 조건을 조성하는 것이다. 왜냐하면 부적응적 행동을 포함한 인간의 모든 행동은 학습으로 인해 형성된 것이기 때문이다. 따라서 행동주의 상담은 부적절한 학습을 제거하고 적절한 행동의 학습경험을 제공하는 과정이다. 내담자가 상담목표를 선택하며 선택되어진 목표를 상담초기에 구체적으로 정의한다. 상담의 목표는 분명하고, 구체적이고, 이해할 수 있고, 내담자와 상담자가 동의할 때까지 수정 및 재수정되어야 한다. 행동주의 상담에서 상담목표를 세울 때 주의해야 할 사항은 **표 6-1**과 같다.

표 6-1. 상담의 목표 설정 시 주의사항

- 상담자는 목표를 세우는 이유를 설명한다.
- 내담자는 상담의 결과로 얻고 싶은 긍정적 변화를 구체화한다.
- 내담자와 상담자는 진술된 목표들이 내담자 자신의 변화인지를 결정한다.
- 목표들이 현실적인지에 대해 함께 탐색한다.
- 목표들이 성취되었을 때 있을 수 있는 이점들을 토론한다.
- 목표들이 성취되었을 때 있을 수 있는 불이익을 토론한다.
- 내담자가 진술한 목표를 기초로 상담을 계속할 것인지, 내담자의 목표들을 변경할 것인지, 혹은 다른 상담자를 찾을 것인지를 결정한다.

(2) 상담관계

내담자는 능동적이고 직접적이며, 상담자는 내담자에게 효과적인 행동을 가르치는 교사나 훈련자이다. 따라서 내담자는 치료과정이나 새로운 행동의 실험에 적극적으로 참여해야 한다. 상담자와 내담자의 인간적 관계는 중시하지 않지만 좋은 상담관계는 행동절차를 시행하는 데 필요하다. 행동주의 상담자들은 내담자의 환경에서 나타나는 강화에 주의를 집중한다. 예를 들어, 어떤 아이가 가정에서 잘못된 행동을 한다면 행동주의 상담자는 부모에게 보다 적절한 행동을 위해 그 아이에게 보상하는 방법에 대해 가르칠 것이다.

① 상담자의 기능과 역할

행동주의 상담에서의 상담자의 기능은 크게 두 가지이다. 하나는 문제증상에 대한 정보를 체계적으로 수집하고 분석하는 것이며, 또 하나는 내담자에게 본보기가 되는 것이다. 행동주의 상담에서의 상담자는 다른 상담이론과는 달리 문제의 원인을 파악하는 것이 아니라 구체적인 것에 초점을 맞추어 체계적인 지침에 따라 노력하면서 상담의 목표달성 정도를 평가하는 것이다. 반두라(1986)는 직접적인 경험을 통해 일어나는 대부분의 학습은 타인의 행동을 관찰함으로써도 습득되어질 수 있다고 주장하고 상담자는 내담자와 합의된 상담목표를 달성하기 위해서 대안을 준비하는 것이 중요하다고 주장한다. 또한 상담자의 주 기능은 모델로서의 역할이다. 내담자가 상담자의 행동을 모방함으로써 학습할 수 있게 되는 것이다.

② 상담에서의 내담자의 경험

다른 상담과의 달리 행동주의 상담에서는 내담자가 달성하고자 하는 목표를 위해서 상담자는 구체적이고 체계적인 대안을 준비하기 때문에 내담자는 상담자가 준비한 목표달성 계획에 따라야 한다는 것이다. 그래서 다른 상담이론과 달리 내담자의 존중이 충분히 고려되지 않고 무시되는 경향이 강하다. 그러나 행동주의 상담에서는 상담관계의 중요성을 나름대로 강조한다. 이는 상담의 목표를 내담자가 결정하도록 하는 것을 통해서도 이해가 가능할 것이다. 다시 말해 행동주의 상담을 위해서는 고도의 기술이나 민감성 그리고 내담자와 좋은 상담관계를 형성하는 능력이 있어야 한다. 행동주의 상담자는 능동적이고 직접적이며 조언자나 문제해결자의 기능을 하려는 경향이 강하다. 하지만 행동주의 상담은 내담자가 자연환경 속에서 행동변화를 일으키도록 하기 위한 해결 모형을 사용하기 때문에 행동주의 상담자들은 내담자에 대한 인간적인 지지가 필요하다(Corey, 1998).

(3) 상담기법

행동주의 상담에서 사용하는 기법으로는 이완훈련, 체계적 둔감법, 토큰경제법, 자기표현훈련, 혐오치료, 홍수법 및 타임아웃 등의 다양한 기법들을 사용하고 있다.

① 이완훈련

이완훈련은 이완상태와 불안은 서로 양립할 수 없다는 이론에 근거를 두고 있다. 근육의 긴장상태를 이완반응으로 해소하게 되면, 그 이완된 상태는 불안과 양립할 수 없기 때문에 불안반응은 제지된다고 보는 입장에서 출발한다. 그러므로 이 방법은 먼저 내담자를 이완하게끔 하는 방법을 훈련시키고, 이 이완상태에서 그에게 위협적 경험이 되며 불안을 조성하는 경험을 그 강도에 따라 위계를 설정해서 강도가 낮은 경험으로부터 점차적으로 하나씩 상상하게 함으로써 둔감화시키는 방법이다. 이완훈련은 사람들이 일상생활에서 유발되는 스트레스에 대처할 수 있도록 가르치는 방법이다. 이는 근육과 정신의 이완을 목표로 하고 있으며 쉽게 배울 수 있다. 최대의 효과를 얻기 위해서는 내담자가 이완훈련의 기초를 배우고 나서도 날마다 연습해야 한다.

② 체계적 둔감법

체계적 둔감법은 볼프(Wolpe, 1958, 1969, 1973)에 의해 개발된 것으로, 특히 부적응적 불안을 경감시키기 위한 기법이다. 이 기법은 내담자가 불안을 느끼는 상황을 묘사하는 상상적 장면과 이완을 짝짓는 것을 포함한다. 체계적 둔감법은 역조건형성(counterconditioning)의 원리에 근거를 두고 있다. 역조건형성은 단순히 한 유형의 반응을 다른 유형의 반응으로 대치하는 학습원리를 의미하고, 둔감법은 불안을 이완으로 대치하는 절차를 의미한다. 존스(Jones, 1924)는 체계적 둔감법을 이용하여 토끼에 대해 공포를 가지고 있는 소년을 성공적으로 치료하였다. 그녀의 피험자는 3세 된 피터(Peter)로서 토끼에 대한 공포증을 가진 소년이었다. 존스는 토끼의 모습을 피터가 좋아하는 아이스크림을 먹는 것과 같은 유쾌한 경험과 짝지어 주었다. 즉, 피터가 방안에서 혼자 앉아 놀고 있는 동안 우리에 들어 있는 토끼를 가져다가 그가 무서워하지 않을 만큼 충분한 거리에 두었고, 그녀는 이 시점에서 피터에게 충분한 양의 아이스크림을 먹게 하였다. 이렇게 아이스크림과 짝을 지어 매일 토끼 우리를 좀 더 가까이 가도록 하였는데, 결국 피터는 토끼를 무서워하지 않게 되었다.

여러 연구 문헌들에서 체계적 둔감법의 효과가 검증되어 왔는데, 이 치료기법은 고소 공포증, 운전 공포증, 다양한 동물 및 곤충 공포증, 시험 공포증, 비행기 공포증, 학교 공포증, 다른 사람 및 권위적 인물의 거절에 대한 공포증, 주사 공포증, 상해 공포증, 죽음에 대한 공포증 등 공포증과 언어장애, 성적 이상, 노출충동, 동성애, 천식발작, 불면증, 알코올 중독, 분노발작, 몽유병, 악몽 등의 여러 장애에도 효과가 있음이 밝혀졌다.

③ 행동조성법

행동조성(behavior shaping)이란 강화를 사용해 형성하고자 하는 목표행동에 점진적으로 접근하는 방법을 의미한다. 조성에는 두 가지 요소가 있는데, 그것은 차별강화(differential reinforcement)와 계속적 접근(successive approximation)이다. 차별강화는 어떤 반응은 강화를 받고 어떤 반응은 강화를 받지 못하는 것이고, 계속적 접근은 내담자가 원하는 행동을 했을 때만 강화를 주는 것이다. 행동조성은 내담자가 특정 행동을 할 수 있는 기능이 있으면서도 그 행동을 능률적으로 사용할 수 없을 때 효과적으로 사용될 수 있는 기법이다. 예를 들어, 아이가 숟가락을 쥘 수 있는 능력이 있으면서도 혼자서 밥을 먹지 못하는 경우 숟가락을 쥐고 밥을 먹는 단계를 여러 가지 소단계로 나누어 각 소단계의 행동을 단계적으로 강화시켜 나가면서 궁극적으로 혼자서 숟가락을 가지고 밥을 먹을 수 있도록 하는 것이다.

④ 토큰경제법

강화원리를 이용하여 행동변화를 위해 널리 사용되는 것이 토큰경제법(token economy)이다. 이 기법은 스키너의 강화원리를 포함하여 조작적 조건형성의 원리를 적용시킨 것으로, 직접적인 강화인자를 사용하는 대신, 후에 내담자가 원하는 다양한 물건과 교환할 수 있는 상표를 보상으로 제공하는 것이다. 즉, 적절한 행동을 할 때마다 직접 확인될 수 있는 상표가 주어지는 체계적인 기법이다. 다시 말해 내담자가 바람직한 행동을 했을 때 토큰을 나누어 주고 나중에 음료수, 사탕, 입장권 등 내담자가 원하는 물건이나 권리와 바꿀 수 있도록 하는 것이다. 교사들이 유아교육기관에서 유아들에게 바람직한 행동을 하면 스티커를 주는 방법은 토큰경제법을 적용한 것이다. 이 방법은 어린이나 지적장애의 행동수정에 유용하다.

⑤ 자기표현훈련

사회기술훈련(social skill training)의 한 형태로서 화나 짜증을 표현하지 못하는 사람, 거절을 못하는 사람, 겉으로 보기에 지나치게 공손하거나 다른 사람에게 이용당하기만 하는 사람, 정서와 다른 긍정적인 반응들을 표현하지 못하는 사람, 자신의 사고, 감정, 신념들을 표현할 권리가 없다고 느끼는 사람들에게 효과적이다. 자기표현훈련은 앞서와 같이 어려운 상황을 다루는 기술이나 기법을 가르쳐 주는 것 이상의 기능을 한다. 이 계획들은 표현적 결핍을 가져오는 신념에 도전하고, 건설적인 자기진술을 하거나 표현적 행동을 낳는 새로운 신념들을 채택하도록 가르친다. 즉, 불안을 야기하는 사회장면에 초점을 두어 안전한 환경에서 어려움에 직면하고 도전하도록 실제적인 기회를 제공하는 것이다.

상담자는 내담자가 자기표현적인 사람이 되도록 하기 위해 먼저 **표 6-2**와 같이 세 가지의 의사소통의 차이를 명확하게 구별하도록 하는 것이 필요하다.

표 6-2. 세 가지 의사소통 유형의 차이점

구분	내용
소극적 의사소통	소극적인 사람의 행동 특징을 살펴보면, 그는 자신의 욕구나 권리를 표현하지 못한다. 직접적으로 자기를 표현하지 못하기 때문에 정서적으로 정직하지 못하고 간접적으로 표현한다. 소극적인 사람은 자기 부정적이며, 타인에게 인간적 권리를 침해하도록 허용한다. 소극적인 사람은 자신의 소극적 행동에 대하여 불안해하며, 자기에 대한 실망과 뒤늦게 분노하게 된다. 소극적인 사람은 대부분 자신의 목표를 성취하지 못한다.
자기표현적 의사소통	자기표현적인 사람은 자신의 욕구와 권리를 정서적으로 정직하고 직접적으로 표현한다. 자기표현적인 사람은 자기 향상과 인간적 권리를 유지하면서 타인의 권리를 침해하지 않는다. 따라서 자신에 대해 좋은 감정과 자신감을 가지며, 타인들도 그에 대해 존경심을 갖게 되며, 결과적으로 바라는 목표를 성취한다.
공격적 의사소통	공격적인 사람의 행동 특징을 보면, 그는 타인을 희생하여 자신의 욕구와 권리를 표현한다. 그는 정서적으로 정직하기는 하나 누군가를 희생하도록 표현한다. 그 순간에는 자기 향상을 느낄 수 있으나 부적절한 적의의 과잉반응 및 타인을 멸시하거나 창피를 주게 된다. 공격적인 사람은 당당한 우월감과 분노를 느끼지만 나중에는 대부분 죄의식을 느낀다. 타인이 그를 보고 느끼는 감정은 분노, 원한, 복수심이다. 어떻든 그는 타인을 희생하여 목표를 성취한다.

⑥ 용암법

용암법(fading)이란 내담자들이 특정한 행동을 할 수 있지만 행하지 않는 경우에 바람직한 행동형성을 위해 사용하는 기법 중의 하나이다. 즉, 초기학습과정에서는 단서, 조언과 같은 보조수단을 여러 번 자주 제시하고 후기 학습과정에서는 서서히 단서나 조언과 같은 보조수단의 횟수를 줄여 감으로써 나중에는 보조수단 없이도 올바른 행동을 하도록 하는 점진적 접근방법이다. 용암법은 내담자들에게 물건의 이름을 가르치거나 동그라미 그리기, 줄긋기, 삼각형 및 영어, 한글 가르치기에 이용될 수 있다. 한글을 가르칠 경우 먼저 자음을 쓰는 순서를 제시하여, 순서대로 아이들이 자음을 써 보도록 한다. 우선 내담자에게 연필을 주고 순서대로 자음을 쓰게 하고 동시에 연필을 쥔 손을 같이 붙잡고 내담자가 한글 자음을 쓰도록 도와준다. 이렇게 자음을 순서대로 맞게 작성하도록 한 뒤 강화를 준다. 여러 차례 이와 같이 한 뒤 내담자가 스스로 한글 자음을 쓸 때 손을 잡아 주던 손의 힘을 점차 약하게 하여 마침내는 내담자 스스로 한글 자음을 쓸 수 있도록 하는 것이다.

⑦ 교사나 양육자의 모범

사회학습이론가들은 인간이나 동물의 학습에 영향을 주는 요인이 관찰이라고 주장한다. 즉, 옳고 그른 것에 대한 판단력이 부족한 내담자들은 타인의 행동을 관찰하고 어떤 행동을 한 후에 칭찬을 받게 되면 그 행동을 따라할 가능성이 높으며, 어떤 행동 후에 야단을 맞는 것을 보게 되면 그 행동을 하지 않을 가능성이 높다는 것이다. 그래서 내담자의 곁에 항상 가까이 있는 부모와 가족 및 교사의 행동이 중요하다. 예를 들어, 영유아의 행동을 관찰해 보면, 초기에는 부모를 중심으로 한 성인의 행동을 모방함으로써 더 많은 행동을 배우게 되고, 유아교육기관에 들어갈 무렵이 되면 또래 아이들의 행동을 모방하게 시작한다. 모방을 통해 아이는 바람직한 행동은 물론 바람직하지 못한 행동을 배우게 되는 것이다. 반두라의 이론에 의하면 영유아는 부모 또는 자신에 대해 권위를 가진 사람 등을 모델로 선택하게 되며, 영유아 자신의 특성도 어떤 모델을 선택하느냐에 영향을 미친다고 한다.

⑧ 혐오치료

혐오치료(aversion therapy)는 행동치료 기법으로 널리 알려진 것은 사실이지만 논쟁의 여지도 많다. 왜냐하면 행동치료에서는 기본적으로 처벌이나 부정적 결과보다 보상을 적용한 기법이 선호되기 때문이다. 혐오치료는 바람직하지 않은 행동을 부정적 경험과 연합시켜 행동변화가 일어나게 하는 방법이다. 이 치료방법은 바람직하지 못한 습관에 대하여 혐오조건화를 형성시키는 것이다. 즉, 상담자는 내담자가 바람직하지 못한 행동을 하면 유해자극을 주기도 하고, 또 그와 같은 행동을 일으키는 단서와 유해자극을 연합시키기도 한다. 조건화 불안반응은 다시 바람직하지 못한 행동과 연합시켜 양립할 수 없는, 즉 상반되는 반응을 일으키게 하므로 혐오 기법은 일종의 양립할 수 없는 반응의 조건화라고 할 수 있다. 혐오자극으로는 구토제, 전기쇼크 등이 사용된다.

⑨ 홍수법

상담자가 내담자를 강력하고도 지속적으로 문제상황에 노출시키는 방법이 홍수법이다. 즉, 상담에 참여한 내담자는 관련된 문제에 마치 퍼붓는 홍수를 맞는 것과 같은 경험을 한꺼번에 받게 된다. 홍수법은 체계적 둔감화와는 대조를 이루는 불안치료법이다. 여기에는 강한 반응을 야기시킨다는 특징이 있다. 예를 들어, 자동차를 무서워하는 사람이 있다고 하면, 치료자가 그를 차에 태우고 하루에도 몇 시간씩 차를 몰고 다니게 된다. 처음에는 매우 심한 불안감을 호소하지만 점차 자동차에 대한 공포는 사라지고 오히려 자동차 타는 것에 흥미를 느끼게 된다. 후에는 자동차에 대한 공포가 완전히 소실되는데, 이것이 홍수법에 의한 불안치료의 기본원리다.

⑩ 타임아웃

타임아웃(time out)은 체벌에 대한 인도적 대안으로 고집 센 아이를 다루는 데 효과적인 방법 중의 하나이다. 타임아웃이란 아이에게 정해진 시간 동안 아무것도 하지 못하도록 하며 격리되고 조용한 장소에 일정 시간 동안 있도록 하는 일종의 벌이다. 움직임이 많은 아이들로서는 무서운 벌에 해당한다. 이에 대해서 전문가들은 타임아웃을 남용해서는 안 되며 타임아웃이 끝나면 항상 아이의 잘못된 행동이 왜 나쁜 행동인지를 설명해야 하고 아이가 미워서가 아니라 나쁜 버릇을 고치기 위한 것이라고 꼭 말해 주어야 한다고 주장한다. 타임아웃의 시간은 5분에서 10분 정도가 적절하며, 타임아웃의 시간이 너무 길게 되면 아이는 심한 불안이나 좌절감을 느끼게 되어 전반적인 심리적 안정을 해치게 될 우려가 높다.

타임아웃을 사용할 때 고려해야 할 조건으로는, 첫째, 문제행동이 발생하는 상황이나 장소에서 그 문제행동을 강화하고 있는 요소가 있다는 확증이 있어야 한다. 다시 말해 아이가 그 장소를 떠나기 싫어할 만큼 그 장소가 아동에게 재미있는 곳일 때 타임아웃의 효과가 나타나게 된다. 둘째, 아동이 일시 격리되어 있을 장소에는 정적 강화 자극들이 없어야 한다. 즉, 아동이 보내지는 상황이나 장소는 흥미를 끌 만하거나 위험스러운 물건, 주의를 산만하게 하는 물건이 없어야 한다는 것이다. 만일 타임아웃 장소에서 재미있는 만화를 볼 수 있다든가 장난감을 가지고 놀 수 있다면 아이는 그곳으로 격리된 것이 오히려 더 재미를 느끼게 될 것이다. 셋째, 타임아웃을 실시하는 교사나 양육자의 태도로서 아이를 타임아웃 장소로 보낼 때나 다시 원래의 장소로 데리고 올 때, 말을 적게 하고 감정적인 교류를 억제하면서 담담한 태도로 임하는 것이 좋다.

3) 인간중심 상담이론

로저스(Rogers)

로저스에 의해 1940년대 초에 창시된 인간중심 상담이론은 처음에는 비지시적 상담 혹은 민주적 상담이라고 불렀다. 그 후 1970년대에 이르기까지 내담자중심 상담으로 불리다가 최근에 와서 인간중심 상담이라는 말을 더 많이 사용하게 되었다. 이 상담은 현상학적 접근 혹은 자아개념을 중시하는 현상학적 심리학에 기초를 두고 있기 때문에 자아이론 접근이라고도 한다.

인간중심 상담에서는 모든 인간은 지속적인 성장에 궁극적 관심을 갖고 있으며, 인간은 누구나 이와 같은 지속적인 성장의 잠재능력을 가지고 태어났다는 관점을 갖고 있다. 따라서 상담자의 역할은 개인 속에 이미 존재하고 있는 잠재능력이 제약되고 왜곡된 상태로부터 해방시킴으로써 충분히 역할을 수행할 수 있는 성숙한 인간으로의 성장을 조력하는 것으로 보고 구체적인 문제해결기법보다는 내담자에 대한 상담자의 태도를 더 중요시한다. 즉, 인간의 잠재능력과 가능성에 대한 이와 같은 믿음은 인간중심적 상담이론의 핵심을 이룬다. 즉, 상담자가 솔직한 태도, 인간적 존중 및 공감적 이해의 태도를 내담자에게 전달하여 신뢰롭고 허용적인 분위기를 조성하는 인간관계를 통해 내담자의 변화와 성장이 실현된다는 것이다.

(1) 상담목표

인간중심 상담에서 문제시되는 부적응 행동이란 개인의 자아가 왜곡된 결과라고 할 수 있다. 그러나 개인은 심리적인 부적응 요인들을 자각하는 능력과 부적응의 상태에서 벗어나 심리적 적응으로 향하는 경향성을 가지고 있으므로 상담자가 개인에게 성장할 수 있는 합리적인 조건들을 제공한다면 타고난 잠재능력을 건설적으로 발달시킬 것이라고 본다. 따라서 상담자는 상호신뢰적인 분위기를 조성하여 내담자가 거리낌 없이 자기를 표현하도록 함으로써 자신의 내면세계를 이해하고 자신의 문제를 파악하여 자기를 실현하도록 돕는 데 있다. 이런 점에서 상담의 목표는 인간의 문제가 아니라 인간 그 자체에 초점을 맞춘다. 다시 말해 단순히 내담자의 문제를 해결하는 데 그치지 않고 내담자가 현재 직면하고 있는 문제들과 앞으로의 문제들을 극복할 수 있도록 그들의 성장과정을 촉진하는 것이다.

(2) 상담관계

인간중심 상담의 기본적인 가설은 만일 상담관계 내에서 상담자의 중요한 태도인 일치성, 긍정적인 존중 및 공감적인 이해 등이 유지된다면 그로 인해 내담자에게 성장적인 변화가 일어날 것이라는 가정한다. 따라서 기본적 성격변화에 대한 자유를 내담자가 경험할 수 있도록 하는 적절한 심리적 분위기를 만들어 가는 것이 중요하다. 인간중심 상담이론에서의 상담관계의 특징은 **표 6-3**과 같다.

표 6-3. 상담관계의 조건

- 상담자와 내담자의 심리적 접촉이 있어야 한다.
- 내담자는 부조화 상태에 있다.
- 상담자와 내담자와의 관계에서 조화롭고 통합적이며 일관성이 있어야 한다.

• 상담자는 내담자에게 무조건적인 긍정적 관심과 진정한 양육적 태도를 가진다.
• 상담자는 내담자의 내적 준거 틀을 공감적으로 이해하고 이 경험을 내담자에게 전달하도록 노력한다.
• 상담자의 공감적 이해와 무조건적 긍정적 관심이 어느 정도는 전달되어야 한다.

인간중심 상담에서 상담자는 특별한 상담기법을 가지고 있을 필요는 없으며 정확한 심리진단도 불필요하다. 왜냐하면 치료가 상담자에 의해 행해지는 것이 아니기 때문이다. 로저스는 긍정적 성격변화를 이루는 필요충분조건으로 다음과 같이 상담자의 세 가지 태도를 강조하였다.

① 진솔성과 일치성

진솔성 혹은 일치성이란 상담자가 내담자를 대할 때에 겉과 속이 일치하고 진솔한 것을 의미한다. 진솔성에는 다음의 두 가지 측면이 있다.

첫째, 내담자를 대함에 있어 상담자가 무엇을 경험하는가이다. 내용이 어떻든 간에 상담자는 내담자를 대하면서 드는 생각이나 느낌에 솔직하고 충실해야 한다. 그것을 더하거나 빼지 않고 있는 그대로 느끼고 경험하는 것이 중요하다.

둘째, 내담자에게 무엇을 표현하는가이다. 이는 내담자와의 관계에서 느낀 것을 표현하는 문제인데, 이때 내담자에게 느낀 것을 진솔하게 그대로 표현하는 것을 포함한다. 그 예로, 내담자에 대해 느낀 것 중 긍정적인 내용만 표현하고 부정적인 내용은 숨겨 버리는 것은 진솔한 태도가 아니다. 물론 부정적 감정의 표현이 내담자의 문제해결과 성장보다도 내담자와의 관계를 단절시키고 아픔과 상처만 가중시키는 것으로 작용해서는 곤란하다. 그렇다고 해서 긍정적 내용만 표현하는 것은 진솔한 태도가 아니기 때문에 진솔성의 양면성이 바로 여기에 있다. 진솔성의 의미를 올바르게 이해하지 못하면 진솔성은 자칫 상담관계를 위태롭게 하는 결과를 낳을 수도 있다.

따라서 상담자가 내담자를 진실하고 솔직하게 대하는 태도를 일관되게 유지하게 되면 내담자도 그것을 거울삼아 자신의 경험에 대해서도 진솔하게 접촉해 나갈 수 있게 된다. 따라서 상담자의 진솔성은 내담자 자신의 경험에의 개방과 접촉을 촉진하도록 하여 내담자의 진솔성을 위한 기폭제 역할을 한다는 의미가 있다.

② 무조건적 긍정적 존중

상담자가 내담자에게 전달해야 하는 두 번째 태도는 한 인간으로서 깊고 순수한 관심으로 대하는 것이다. 관심이 내담자의 감정, 사고, 행동에 대해 좋다거나 혹은 나쁘다는 평가나 판단에 의해 오염되지 않았다는 점에서 무조건적이다. 상담자는 내담자를 존중하며 조건을 달지 않고 있는 그대로의 모습을 따뜻하게 수용한다. 내담자를 상담자의 가치 조건에 비추어 판단하거나 평가하지 않고 그가 무엇을 말하고 느끼든 어떠한 행동을 하건 간에 내담자라는 인간은 가치 있고 존중받을 만하다는 태도를 일관되게 유지해야 한다. 그렇다고 모든 행동을 인정하라는 말은 아니며 모든 외현적 행동들에 대해 동의하거나 수용해야 한다는 것은 아니다. 예를 들어, 누가 봐도 바람직하지 못한 행동을 내담자가 하고 있다면, 상담자는 그 행동을 승인하거나 옹호하지 않아도 된다. 여기에서 중요한 것은 행동, 감정 그리고 생각 그 자체가 아니라, 그런 행동을 하고 그런 감정을 느끼고 그런 생각을 하는 내담자의 인간으로서 가치를 인정해 주는 것이다.

③ 공감적 이해

상담자의 주요 과제 중의 하나는, 상담과정 매 순간의 상호작용에서 나타나는 내담자의 경험과 감정들을 민감하고 정확하게 이해하는 것이다. 상담자는 내담자의 주관적인 경험, 특히 지금-여기의 경험을 감지하려고 노력하는 것이 중요하다.

공감적 이해란 상담자가 내담자의 감정에 빠져들지 않으면서 내담자의 감정을 자신의 감정인 것처럼 느끼는 것을 의미한다. 내담자의 경험세계로 자유롭게 여행함으로써 상담자는 이미 내담자들도 인식하고 있는 것에 대해 자신이 이해한 것을 내담자들에게 전달할 뿐만 아니라 그들이 거의 인식하지 못하고 있는 경험의 의미들을 말해 줄 수도 있다. 높은 수준의 정확한 공감이란 내담자들이 덜 분명하고 덜 명확하게 경험한 감정들에 대해서 분명한 느낌을 인식하도록 하는 것 이상의 의미를 가진다는 사실을 이해하는 것이 중요하다.

공감은 단순히 외부에서 하는 내담자에 대한 평가적 이해인 객관적인 지식이 아니라 "내담자의 내담자에 대한" 깊고 주관적인 이해이다. 그것은 내담자에 대한 인간적인 동일시이다. 상담자는 내담자의 감정과 비슷하게 느낌으로써 내담자의 주관적인 세계를 공유할 수 있게 된다. 로저스는 상담자가 자신의 주체성을 잃지 않고 내담자가 보고 느끼는 사적 세계에서 현재 함께 경험할 수 있을 때 건설적인 변화가 일어날 것이라고 믿고 있다.

(3) 상담기법

인간중심 상담에서는 상담자의 말이나 행동보다 상담관계가 중요한 변인이다. 인간중심적 체계에서의 기법들은 경청, 수용, 존중, 이해, 진솔한 표현 등으로 이루어져 있어 특정 기법을 강조하거나 내세우지 않는다. 왜냐하면 상담자가 기법을 사용하는 데 집중하다 보면 관계를 비인간적으로 만들게 될 것이라고 보기 때문이다. 따라서 인간중심 상담에서 강조하는 것은 단지 상담자의 정직한 표현이다. 그렇다고 하여 이를 의식적으로 사용하려 하는 것도 상담자의 진솔성에 위배될 수 있다. 인간중심 상담이론은 그 특성상 상담과정이 명확히 구분되어지지 않고 단지 편의상 구분지어 이해하는 것이다. 상담과정은 **표 6-4**와 같이 7단계로 나누어 볼 수 있다.

표 6-4. 상담과정의 7단계

구분	내용
1단계	내담자는 친밀한 의사소통을 원하지 않으며 대화가 피상적이고 자신의 감정과 그에 대한 개인적인 의미는 거의 인식되지 않고 있으며 인정하려 들지도 않는다. 이 단계에서 개인은 자발적으로 치료받으려는 의지가 부족하다.
2단계	첫 번째 단계에서 내담자가 충분히 수용되고 있음을 경험하게 되면 내담자는 자신에 관하여 말하고 표현하기를 시작한다. 자신이 어떤 문제나 갈등을 갖고 있다는 인식을 보이기는 하지만 그 문제나 갈등이 하나의 객관적인 다른 사람의 문제처럼 지각되고 있다.
3단계	자기에 대해, 대상으로써 자기에 관련된 경험에 대해 그리고 타인에 주로 존재하는 반영된 대상물로서 자아에 관해 자유롭게 표현함으로써 마음이 풀린다. 과거 감정과 특히 부정적인 감정이 수용되지 않은 채 표현된다. 대부분의 내담자는 이 단계에서 문제가 개인의 내부에 있다는 사실을 점점 인정하며 치료를 시작한다.
4단계	자신이 지속적으로 이해받고 수용되고 있음을 느낄 때 내담자는 현재의 느낌이나 경험과 함께 보다 강한 감정들이 표현된다. 감정분화가 증가하면서 모순에 관심을 갖게 되고 자기책임을 느끼기 시작하며 치료자와의 관계가 시작되지만 아직까지 극렬한 감정들은 드러나지는 않는다.
5단계	수용적인 분위기 속에서 감정들이 지금 여기서의 느낌으로 표현된다. 전에 부인되었던 감정들이 두려움을 가지면서 의식 속으로 흘러나온다. 자신이 갖고 있는 문제들에 대하여 자신에게 분명한 책임이 있음을 인정하고 내담자는 자기의 유기체적 존재에 가까워지면서 자기의 감정을 쉽게 나타내게 되며 경험은 분화되어진다.
6단계	전에는 부인되었던 감정들이 현재의 경험들로 수용되며 대상으로서의 자기는 사라진다. 모순은 조화를 이루며 내담자는 주관적으로 자기문제를 직면하며 살아간다.
7단계	이 단계는 상담시간 이외에 이루어질 수 있으며 상담과정에서 보고될 수 있다. 내담자는 새로운 감정을 직접적으로 경험하고 자기가 누구이고 자기가 무엇을 원하며 자기의 태도가 무엇인지를 알기 위한 참조물로서 새로운 경험을 이용한다.

4) 인지주의 상담이론

엘리스(Albert Ellis)

벡(Aron Beck)

인지주의 상담에서는 개인이 느끼고 행동하는 방식과 자신에 대해서, 그리고 자신의 미래세계에 대한 예견을 하는 방식 사이에는 하나의 본질적인 상호작용관계가 존재한다고 보기 때문에 상담자는 내담자의 인지에 초점을 두고 내담자의 행동변화를 돕고 현실에 보다 기능적으로 적응하고 좋은 감정을 느끼도록 돕는 것이다. 즉, 상담자는 내담자가 겪는 정서적 고통이나 부적절한 행동에 영향을 미치는 그가 인식하지 못하는 생각인 부정적 자동적 사고나 비합리적 신념체계를 찾아서 변화시키는 데 관심을 둔다.

인간은 합리적으로 사고할 잠재력뿐만 아니라 왜곡된 사고를 할 잠재력도 함께 가지고 태어난다. 인간은 비합리적 신념의 희생물이 될 가능성도 있으나, 이 신념은 스스로 학습하기도 한다. 이로 인해 개인의 성격은 개인이 학습해서 형성한 가치와 지각에 의해 형성된다고 본다. 개인의 인지를 포함하고 도식으로 조직화되어 있는 가치와 지각은 자신, 타인, 세계에 대한 견해를 구성한다. 이러한 가치와 지각은 개인이 갖는 심리적 장애에 대한 유전적 취약성에 의해 영향을 받기도 하지만 잘못된 전제와 가정에 근거할 수도 있다. 잘못된 가정에 기초한 인지는 역기능적 도식발달을 초래한다. 만약 개인이 미래에 대한 부정적 견해를 갖는 도식을 가지면 그에게 진행되는 경험에 대한 지각은 부정적일 것이다. 따라서 상담은 인지, 행동, 활동을 중요시하고, 사고 · 판단 · 분석 · 행동 · 재결정 등을 강조한다. 심리적 고통에 의해 그릇된 가정 및 잘못된 개념화로 이끄는 인지적 왜곡은 **표 6-5**와 같다.

표 6-5. 인지적 왜곡

구분	내용
양분논리적 사고	한 가지 사건에 대해서 단지 두 가지 방향의 평가만이 허용되는 것으로 선과 악, 진실과 거짓 등의 흑백논리를 전개하기 때문에 다른 적절한 평가를 하지 못하는 경우이다.
과잉일반화	한 가지 단순한 사건이나 경험을 가지고 부당하게 일반적 법칙을 세우려고 하는 경우이다.
독단적 추리	비논리적인 사고라고도 말하는데, 결론을 내리기에는 부족하거나 전혀 반대되는 근거를 가지고 결론을 내리는 경우를 말한다. 즉, 사실에 의해서 정당화되지 않거나 그 사실과는 모순되는 비논리적이고 부정적인 결론으로 비약되는 일과 관련이 있다.
정서적 추론	정서적 경험에 의해서 자신이나 세계 또는 미래를 추리하는 경우를 말한다. 이는 자기 자신의 정서적 경험을 근거로 실제로 그렇다고 생각하는 것과 관련이 있다.
선택적 축약	사람들이 사건을 해석할 때는 중요한 것을 배제하고 선택적으로 인지하는 경우가 있다. 이런 경우에는 생활 관련 경험적 지식에 주의집중이 되기 때문에 제대로 종합하고 이용하지 못하게 된다. 결국에는 어떤 상황에서 부정적인 측면들을 끄집어 내어서 그것들을 배타적으로 강조하여 상황 전체를 부정적으로 결론짓게 되는 것이다.
긍정적 격하	긍정적인 측면들을 능동적으로 무력화시키는 것으로 선택적 축약과는 반대가 된다.
완곡한 진술	완곡한 표현에는 죄의식, 압박감, 원망감 등을 야기하게 되는 잠재력을 가지고 있다. 완곡한 진술은 부정적인 정서나 행동적 반응을 유발하고 종종 분노를 야기하며 문제 자체를 수용하지 않음으로써 문제를 해결하려는 노력을 차단하기 때문에 부적응적이 된다.
극대화 및 극소화	이는 어떤 사건에 대한 의미를 과장하는 경향을 보이는 경우로서 극대화와 극소화는 개인이 걸맞지 않게 사실을 과장하거나 아니면 축소시키는 일로서 쌍안의 왜곡이라고 불린다. 사람들은 자신의 실수나 결점 또는 타인의 재능을 바라 볼 때에는 실제보다 좀 더 큰 것으로 보게 되는 경향이 있는 반면에, 자신의 장점이나 다른 사람의 문제를 대할 때에는 축소하여 사건들을 작고 멀게만 본다. 이처럼 불완전한 점들을 극대화하고 좋은 점들을 극소화하기 때문에, 결국 자신이 부적절하며 타인들보다 열등하다고 생각하고 우울하게 느끼게 된다.

구분	내용
파국화	자신을 계속 파국화시키는 사람은 광명천지에서도 먹구름만 바라보거나 그것을 창조해 낸다. 사회적으로 불안한 사람은 사람들이 그에게서 멀어지도록 만드는 어떤 것을 말하거나 행할지도 모른다는 이유 때문에 사회적 접촉에 대한 두려움 속에서 살아간다.
인격화	인격화는 사람이 사건이나 상황을 자신에 관한 어떤 일에 대한 부정적인 신호로서 받아들일 때 발생한다. 이것은 사건을 자기로서는 어떻게 해 볼 수 없는 것으로 보는 것이 하나의 예이다.
진단적 명명	개인이 자신의 오류나 불완전함에 근거해서 하나의 부정적 아이덴티티를 창조하여 마치 진실한 자기인 것처럼 단정을 짓는 일에 연관이 있다. 명명은 과일반화의 극단적인 형태의 한 가지로 그 기저의 신념은 '개인이 범하는 실수가 곧 그의 척도이다'라는 것이다. 어떤 사람이 자신에 대해서 '나는 ......이다'라는 식으로 기술할 때는 항상 자기명명에 연루될 기회를 갖는다. 명명에서는 한 사람의 행동이나 상황의 특징을 갖고서 그 사람이나 상황을 부정확하고 정서적으로 부담되는 용어로써 명확하게 기술한다. 이 같은 명명은 부정적인 감정을 야기하고 문제해결을 방해한다.

(1) 상담목표

인지주의 상담이론의 기본적 목표는 내담자가 보다 효과적으로 기능하도록 사고와 편견이나 인지적 왜곡을 제거하는 것이다. 따라서 상담자의 관심은 부적응 행동이나 감정을 유지시키는 내담자의 정보처리 방식이다. 또한 상담자는 내담자가 자신의 정보처리의 오류를 확인하여 수정하도록 조력한다. 즉, 상담자는 내담자의 인지 왜곡을 도전하고, 검증하고, 논의해서 보다 긍정적인 감정, 행동, 사고를 갖도록 한다.

(2) 상담관계

상담자와 내담자는 치료적 동맹관계의 발달을 증진하고, 현실적 희망과 낙관주의를 격려하면서 신뢰와 협동적 태도를 형성한다. 상담자와 내담자는 사제지간과 같다. 인간적 관계는 중요하지 않다. 치료적 관계는 협동적이다. 치료자는 고통과 역기능의 근원을 평가하고 내담자가 목표를 명료화하도록 돕는다. 협동의 일부로서, 내담자는 사고에 수반되는 정서와 행동뿐 아니라 다양한 상황에서 일어나는 사고, 심상 및 신념을 제공한다. 치료자는 내담자가 어떻게 신념과 태도가 정서와 행동에 영향을 주는지 이해하도록 돕는 안내자로서 기능한다. 치료자는 또한 인지적 변화와 기술습득을 유도하는 교정적 경험을 증진시키는 촉매자이다. 치료자는 신념과 행동을 검토하고 수정하는 데 있어서 전문적 위상을 지니지만, 수동적인 전문가의 역할을 채택하지는 않는다.

(3) 상담기법

인지이론가들은 다양한 인지적, 정서적, 행동적 기법을 사용하며, 각각의 내담자에게 맞추어 기법을 만든다. 인지적 방법에는 비합리적 신념에 대한 반박, 인지적 숙제, 언어양식이나 사고방식을 바꾸는 것 등이 있다. 정서적 기법에는 역할놀이, 심상화, 수줍음 타파 연습 등이 있다. 내담자가 상담에 필요한 힘든 과제에 참여할 수 있도록 하기 위해, 적극적, 실제적, 행동기법을 사용한다. 구체적인 인지상담 기법은 **표 6-6**과 같다.

표 6-6. 인지주의 상담기법

구분	내용
인지적 기법	• REPT(Rational Emotive Behavior Therapy)의 자조양식을 사용한다. • 기회가 있을 때마다 합리적인 자기 진술을 읽게 한다. • REPT와 관련된 서적을 읽게 한다. • 재정의 기법을 활용하여 부정적 언어의 의미를 변화시킨다.
정서적 기법	• 유머를 사용하여 내담자의 불안을 감소시킨다. • 상담자 자신이 비슷한 문제로 고통을 당한 경험을 솔직하게 표현한다. • 비유나 우스꽝스러운 노래를 사용한다. • 수치심을 극복하는 어떤 행동을 시도해 보도록 한다.

구분	내용
행동적 기법	• 행동과제를 부여한다. • 새로운 경험을 통해 비능률적인 습관을 버리도록 한다. • 합리적인 인간이 된 것처럼 연출하여 매사에 합리적으로 생각하고 행동하도록 지시한다.

① 내담자에게 이론적 근거를 설명하기

상담자는 처음에 내담자가 자신의 심리적인 문제를 규정하고 풀어 나가려는 시도를 살펴보고, 문제영역에 관련된 역기능적이거나 왜곡된 관념을 바꾸기 위해서 상담자는 내담자 문제의 인지모형을 간단하게 설명한다. 설명에는 내담자 자신, 환경, 미래에 대한 사고방식과 감정, 동기, 행동 간의 밀접한 관계를 포함한다. 인지상담에서 요구되는 핵심정보는 자신의 삶에서 일어나는 일들에 대해서 내담자의 이해 혹은 오해와 해석이다. 따라서 결정적인 단계는 내담자가 그의 인지를 관찰하고 기록하는 훈련을 하는 것이다. 인지적 관찰과 기록훈련은 내담자로 하여금 심상과 자기 말을 인식하게 함으로 왜곡되고 역기능적인 인지를 확인할 수 있도록 훈련시키는 것이다. 이 훈련을 통해서 내담자는 자신의 생각과 실제 사건들을 변별하는 학습이 필요할 수 있고 그의 인지, 정시, 행동 그리고 환경적인 사건들 간의 관계를 이해할 필요가 있다.

② 재귀인 기법

재귀인 기법은 내담자가 혐오적인 사건을 비현실적으로 자신의 능력이나 노력부족과 같은 개인적인 부족함에 귀인할 때 사용된다. 자신을 비난함으로써 내담자는 많은 죄의식을 느끼거나 심한 우울을 느낄 수 있다. 상담자와 내담자는 사용가능한 정보에 논리적인 법칙을 적용하여 내담자가 가져야 할 책임을 지도록 사건들을 검토한다. 이러한 검토과정을 통해서 내담자는 객관성을 얻음으로써 부적절한 귀인으로 인해 받고 있는 고통에서 벗어날 뿐만 아니라 열악한 상황을 이겨 내는 방법을 찾을 수 있고 재발을 방지할 수도 있다. 이와 같은 재귀인은 자기 비난이 지나친 사람이나 어떠한 부정적인 사건에 대해서도 자기책임으로 돌리는 사람에게 유용하다.

③ 역기능적 사고들의 기록

인지와 반응을 횡선에 평행하게 기록하는 것은 인지의 검토 및 평가와 수정하기를 시작하는 한 방법이다. 내담자에게 한 칸에 그의 인지를 쓰고 그 옆의 칸에 합리적인 반응을 적도록 가르친다. 나머지 칸에는 내담자의 감정과 행동 그리고 인지에 선행하는 상황이나 사건의 구체적인 내용을 적도록 하는 과제를 줄 수도 있다. 이로 인해 내담자가 역기능적인 사고와 심상을 인식하는 데 도움이 될 수 있다. 상담자의 주요 과제는 내담자가 그의 부정적 인지에 대한 합리적인 반응을 생각하도록 돕는 것이다. 상담자의 목표는 내담자의 인지에 대한 객관성을 증가시키는 것과 부정적 인지와 불쾌한 감정 그리고 비생산적인 행동 간의 관계를 설명하는 것, 그리고 무엇보다도 중요한 것은 사건에 대한 현실적인 설명과 독자적인 개인적 의미에 의한 왜곡된 설명을 구분하도록 하는 것이다.

5) 가족치료

가족치료의 이론은 대화적 가족치료, 전략적 가족치료, 구조적 가족치료, 정신분석적 가족치료: 대상관계이론, 경험적 가족치료, 보웬(Bowen)의 가족치료 및 해결중심 가족치료로 구분할 수 있다(김종배 외, 2023; 민경산, 2015).

(1) 대화적 가족치료

그레고리 베이트슨(Gregory Bateson)의 조현병 환자의 가족에 대한 연구에서 시작된 대화적 가족치료(Role of Communication Family Therapy) 이론은 이중구속이론(double bind)에 그 기반을 두고 있다. 이중구속이론은 대화의 형태가 어떻게 인간을 조현병으로 몰고 가는지를 밝혀 주고 있다. 대화이론은 폴 와츠라위크(Paul Watzlawick)에 의해 시작되었는데, 수학의 공리를 활용하여 이론을 만들게 되었다. 여기서 공리란 누가 봐도 그럴 듯하다고 인정할 만한 현상을 말한다. 즉, 공리라는 것은 각 분야가 만들어질 때 이미 전제되어 증명이 불가능한 것들을 약속해 놓는 것으로 항상 같은 명제에 같은 값이 도출되는 증명되지 않는 이론이라고 할 수 있다. 가족의 의사소통은 표 6-7과 같이 다섯 가지 공리로 구분할 수 있다.

표 6-7. 가족 의사소통의 공리

구부	내용
인간의 모든 행동은 대화로 시작된다.	여기에서 말하는 행동이 대화라는 것은 인간의 대화인 언어뿐만 아니라 비언어적인 측면도 포함된다. 언어적인 측면은 거짓이나 침묵 등으로 표현할 수 있지만 얼굴 표정이나 눈빛, 신체적인 표현까지도 포함이 된다.
대화에는 정보와 정보를 전달하는 방식이 있다.	인간의 대화에는 여러 가지 정보가 포함이 된다. 대화를 하면서 이면에 숨어 있는 내용까지 파악을 해야 하고, 그 내용에 따라 상호작용이 달라질 수 있다.
대화에는 구두점이 있다.	대화의 흐름을 이어가다 내용의 마침표를 말하는 것으로 가족관계는 서로에게 영향을 미치고 서로 주고받는다. 이 구두점의 원리는 사람과의 관계에서의 갈등을 서로 상대방에게 책임이 있다고 미루며 자신의 책임을 전가하는 것이다. 이런 갈등이 악순환이 되어 각자의 입장에서 이야기하는 것이다.

구분	내용
대화에는 디지털과 아날로그 방식이 있다.	디지털은 논리적인 반면 아날로그는 감성적이고 느낌을 통해 전달한다. 디지털은 이성적이고 논리적인 언어를 말하고 아날로그는 얼굴 표정이나 신체적인 몸짓 등 비언어적인 측면을 말하여 메시지를 해석하기가 쉽지 않다.
대화는 상보성과 대칭성의 원리를 가지고 있다.	대화하는 사람 간의 힘의 균형에 관한 것을 말한다. 힘의 우위에 따라 의사결정이나 서로에게 미치는 영향이 달라질 수 있는 것이다. 상보관계는 힘을 가진 사람이 우위에서 영향력을 미치는 것을 말하고 대칭성은 비슷한 힘을 가진 사람과의 관계에서 대등한 위치를 말한다. 대칭 관계는 비슷한 영향력을 가진 사람이 서로 의견을 나누고 협의하는 관계이다.

가족이 지닌 역기능은 앞의 다섯 가지 공리가 정확히 작동하지 않을 때 발생하게 된다. 첫째, 화자나 청자가 대화를 거부하기 때문에 역기능이 발생된다. 언어적, 비언어적 대화의 내용이나 말하는 사람, 듣는 사람, 맥락 등을 부정함으로 역기능이 생긴다. 둘째, 정보를 주고받는 관계에 문제가 발생하면 역기능이 발생된다. 관계의 방식이 다름에도 소통이 아닌 자신만의 관계를 유지하며 대화를 시도하면 역기능이 발생되는 것이다. 셋째, 대화를 자신의 입장에서만 끊어 듣고 상대의 토막을 인정하지 않는 구두점을 가진다면 소통은 실패하고 역기능이 발생하게 된다. 넷째, 디지털 방식과 아날로그 방식의 대화를 받아들이지 않으면 역기능이 발생한다. 예를 들어, "오늘은 정말 날씨가 좋다"는 아날로그 방식 대화에 "영하 3도인데 뭐가 좋아?"라는 디지털 방식의 반응이 일어나면 갈등이라는 역기능이 발생하게 된다. 마지막으로 힘을 남용하거나 경쟁하는 방식의 대화는 역기능을 발생시킨다.

대화이론은 역기능의 원인은 '대화의 소통문제'에서 발생한다고 주장하면서 이를 해결하기 위한 방법으로 '메타대화(meta-talk)'를 제시하고 있다. 메타대화는 자신의 대화방식을 객관적으로 분석함으로써 대화방식을 이해시키는 것이다. 이해를 한 이후에는 여러 가지 방법으로 대화를 조정하여 역기능적인 요소를 제거하게 한다. 대화적 가족치료 상담의 목표와 상담기법은 **표 6-8**과 같다.

표 6-8. 대화적 가족치료의 상담목표와 기법

구분	내용
상담목표	효율적이고 기능적인 의사소통을 나누게 하는 것을 목표로 하며 서로에게 대화를 위한 대화를 나눌 수 있도록 하는 것이다. 이런 초의사소통을 통해 가족구성원들 간의 악순환을 풀어내고 가족관계의 갈등을 해소하면서 가족관계 회복을 위해 노력한다. 가족관계 회복을 통해 효율적이고 개방적으로 의사소통을 하게 된다.
상담기법	가족 내에서 갈등을 풀어내기 위해서는 다섯 가지 공리에서 분석을 통해 진행을 하게 된다. 상담자는 분석하기, 가르치기, 조정하기 등을 통해 상담기법을 활용하게 된다. 상담자는 가족들에게 가족을 이해시키기 위한 방법을 가르치고 갈등을 분석하여 원인을 알아낸다. 가족구성원들의 객관적인 입장에서 볼 수 있도록 도우며 적극적으로 가족구성원들에게 방법을 지시하고 행동하도록 한다.

(2) 전략적 가족치료

전략적 가족치료(Strategic Family Therapy) 이론은 역기능의 원인을 자존감(self-esteem: 버지니아 사티어), 위계질서(hierarchy: 제이 헤일리와 마다네스), 가족항상성(family homeostasis: MRI 연구팀), 가족의 비밀게임(family game: 밀란학파)으로 보고 전략적인 접근으로 가족역기능 문제를 해결하려고 하였다. 구체적으로 버지니아 사티어(Virginia Satir)는 자기 자신에 대한 태도, 상, 생각 등을 항아리로 개념화하였다. 높은 자존감은 높은 항아리로, 낮은 자존감은 낮은 항아리로 표현된다. 자존감의 상승을 위해 대화의 언어적 측면과 비언어적 측면을 일치시키는 것을 목표로 하였다. 낮은 자아존중감을 소유한 사람은 자신이 느끼는 바를 대화로 나타내지 못하기 때문에 이런 역기능 대화게임을 통해 치료의 목적을 달성하고자 하였다.

항상성(Homeostasis)이란 어떤 생물체나 체제가 일정한 상태로 균형을 유지하려는 성질을 뜻한다. MRI 연구팀은 가족에게도 기존의 가족체계를 유지하려는 항상성이 존재하며 이 가족항상성이 가족문제의 유발점이라고 보았다. 따라서 가족의 문제 치료를 위해서는 문제를 유발하는 가족 내의 피드백 고리를 통한 가족규칙을 수정함으로써 치료의 목적을 달성할 수 있다고 주장하고 있다(정문자 외, 2012).

헤일리는 가족 내 권력(power)과 위계(Rank)에 초점을 맞추었다. 즉, 가족 내 권력과 위계질서가 무너지면 가족관계가 붕괴되어 문제가 발생한다고 보았다. 그는 내담자가 증상을 통해 가족을 통제하는 권력을 지닌다고 보았다. 따라서 증상을 해결하기 위해 치료자는 가족의 권력과 통제 관계를 파악해야 하며, 가족 내 권력투쟁을 파악하여야 한다. 위계질서 이론에서는 가족의 무너진 권력관계와 위계질서를 복구함으로써 치료가 가능하다고 보았다. 헤일리는 융통성 없이 가족체계의 항상성을 고집하는 가족을 치료적 이중구속으로 빠지게 함으로써 역설적 방법으로 증상을 스스로 포기하도록 유도하였다.

밀란 학파는 역기능적 가족은 가족게임을 통해 힘을 소유한다고 보았다. 가족 내에는 그들만의 비밀스러운 게임이 존재한다. 이 게임을 '가족게임(Family game)'이라고 명명하였다. 조현병을 비롯한 역기능적 가족에게서는 가족원 모두가 가족게임의 규칙에 합의하지 않으면서 힘을 얻기 위한 끝없는 게임을 하게 된다. 초기 밀란 모델에서는 이를 위해 역설적 개입을 하는 것이 효과적이라고 보았으나 후기 밀란 모델에서는 역설적이고 지시적인 접근보다는 협동적인 형태로 전환하였다. 전략적 가족치료의 치료목표와 치료과정은 **표 6-9**와 같다.

표 6-9. 전략적 가족치료의 치료목표와 치료과정

구분	항목	내용
치료목표	전략적 가족치료의 공통적인 목표	• 제시된 현재 증상을 제거하고 행동을 변화시키는 것 • 증상과 문제가 사회적 맥락에서 발생하고 때문에 가족체계의 변화를 수반하는 문제해결에 초점
	MRI 팀의 목표	• 잘못된 문제해결방법을 수정하는 것(일차적인 목표) • 가족 안에서 일어나는 증상에 대한 가족들의 생각과 믿음의 틀을 재구조하는 것

<table>
<tr><th>구분</th><th>항목</th><th>내용</th></tr>
<tr><td rowspan="2"></td><td>헤일리의 구조적 · 전략적 가족치료의 모델</td><td>• MRI보다 행동적인 모델
• 가족을 구조적으로 재조직 하는 것
• 가족생활주기에 따른 단계 이행기의 과업 달성과 성장을 포함</td></tr>
<tr><td>밀란 모델</td><td>• 증상을 중심으로 가족들이 하고 있는 게임을 무력화시키는 것</td></tr>
<tr><td rowspan="3">치료과정</td><td>1단계: 초기면접과 현재 문제 정의 단계</td><td>• 전체 상담의 계획을 세우는 기초과정
• 문제나 증상에 대해 구체적인 행동 용어 정의
• 문제에 초점을 두고 지금까지 시도했던 대처방법과 해결책을 질문하여 문제를 유지
• 시키는 행동과 연쇄 과정 파악</td></tr>
<tr><td>2단계: 가설 설정과 목표 설정 단계</td><td>• 증상과 문제행동은 가족항상성을 유지하는 기제로서 다른 가족원에 대한 통제방식 기능을 한다는 가정
• 가족사정: 가족원 개개인의 문제를 어떻게 보는지를 파악하여 문제를 정의하는 데서 시작
• 문제에 대한 체계적 관점으로 구성된 가설이 정확하게 설정되면 이를 바탕으로 상담계획 수립
• 밀란 모델: 팀 접근을 하고 면접 후반부에 휴지기를 두어 가설 확인과 목표 설정 및 개입방법에 대한 논의</td></tr>
<tr><td>3단계: 개입 선택과 실행단계</td><td>• 정밀한 관찰과 면접을 통해 가족 상호작용의 반복적 연쇄 과정을 파악한 후 역기능적 연쇄 과정을 수정할 수 있는 작지만 의미 있는 개입을 계획
• 내담자의 강점을 찾아 그것을 문제해결에 활용
• 지시나 과제의 설정
• 치료 상황에서 내담자 가족에게 15분 이상의 논쟁을 허락하지 않음
• 종종 관찰팀과 작업함</td></tr>
<tr><td colspan="2">치료과정의 비교</td><td>
<table>
<tr><th>MRI의 상호작용모델</th><th>헤일리의 구조 · 전략적 모델</th><th>밀란의 체계론적 모델</th></tr>
<tr><td>• 상담과정 소개
• 문제에 대한 조사와 정의
• 문제 유지시키는 행동 평가
• 상담 목표 설정
• 개입 선택과 실행, 과제주기</td><td>• 사회적 단계
• 문제 정의 단계
• 상호작용과 가족구조 진단 단계
• 목표 설정 단계
• 개입선택과 과제 지시 단계</td><td>• 면접 전 정보 수집 단계
• 면접 동안 문제와 상호작용 평가 단계
• 휴지기 동안 가설설정 및 상담 목표설정 단계
• 개입 선택과 실행, 과제 부여 단계
• 면접 후 논의 단계</td></tr>
</table>
</td></tr>
</table>

(3) 구조적 가족치료

구조적 가족치료(Structural Family Therapy)는 살바도르 미누친(Salvador Minuchin)에 의해 시작되었다. 어떤 가족이든 가족원 간의 상호작용을 이루는 일정한 패턴을 가지고 있다. 구조적 가족치료는 가족을 재구조화(Restructuring)하여 문제나 증상을 사라지게 만드는 데 목적을 두고 있다. 구조적 가족치료에서 개인의 문제행동은 가족구조의 문제가 반영된 결과로 보며, 특히 현재에 초점을 두고 치료를 하게 된다. 이러한 구조적 가족치료는 우리 문화권의 가족을 설명하는 데 매우 유용한 것으로 평가를 받고 있다. 구조적 가족치료의 주요 개념 중 하나인 하위체계(subsystem)는 가족의 역할 수행을 위한 가족구성원과 구성원 간의 상호작용이 만들어 낸 일정한 형태를 말하는데, 부부체계, 부모체계, 자녀체계 등이 있다. 부부체계는 부모체계보다 상위에 있고 부모체계는 자녀체계보다 상위에 있다. 이러한 체계 간의 위계질서가 무너질 때 가족구조에 문제가 발생할 수 있다. 또 다른 주요개념으로 경계선(boundaries)이 있는데, 경계선은 체계의 영역을 구분하고 가족구성원 간의 접촉의 양을 결정하는 일정의 칸막이 역할을 하며 체계의 분화를 보장한다. 하위체계 경계선들의 모호성이나 경직성이 가족의 기능에 영향을 미치게 된다. 따라서 치료자는 이러한 가족 내 경계선이 어떤 형태로 존재하고 있는지를 파악하고 적절한 경계선을 가질 수 있도록 개입해야 한다.

구조적 가족치료의 목표는 가족구조를 변화시켜 문제를 해결하는 것이며, 치료자가 직접적인 문제를 해결하는 것이 아닌, 가족구성원 스스로 문제해결을 하도록 돕는 것이다. 이를 위해서는 부모가 권위를 가지고 가족을 통제할 수 있어야 하며, 부모하위체계를 이루는 아버지와 어머니는 부모의 권위를 위해 서로 연합해야 한다. 이러한 부모의 연합이 이루어질 때 자녀들의 형제자매 하위체계는 또래관계를 유지하면서 자녀답게 생활할 수 있다. 부부하위체계는 부모하위체계와 구분되어 존재하고 기능해야 한다. 이러한 구조적 가족치료는 어머니의 재혼으로 새아버지가 생긴 가족(새로운 부모체계의 동반자 구성)이나 부부 간의 갈등으로 자녀를 자기편으로 끌어들이며 삼각관계를 형성하는 경우에 적용할 수 있다.

구조적 가족치료에서는 합류(참여), 이해(실연), 변화(불균형)의 세 가지 치료기법을 활용하게 된다. 합류(joining)는 치료자가 가족구성원의 내부로 합류하는 것을 말하며, 이를 통해서 가족을 깊이 이해하며 가족구조를 변화시킬 수 있는 행동이 가능해진다. 이러한 합류의 기법으로는 적응하기, 추적하기, 모방하기 등이 있다. 이해기법은 대표적으로 실연화(enactment)가 대표적이며 가족에게 가족구성원 간의 역기능적 교류를 재현시키고 가족구성원 스스로 역기능적 상호작용의 문제를 해결하는 대안을 연기하도록 하는 방법이다. 변화기법은 치료자가 가족구성원의 증상과 가족의 신뢰에 도전하며 가족체계의 변화를 적극적으로 유도하게 된다. 이러한 변화기법으로는 재정의, 집중화, 강점 등이 있다. 구조적 가족치료의 치료과정은 표 6-10과 같다.

표 6-10. 구조적 가족치료의 치료과정

구분	내용
1단계 합류과정: 치료자가 기존의 가족구조인 패턴에 합류한다.	합류는 치료자가 가족을 있는 그대로 수용하고 그들의 방식을 존중하여 가족체계와 관계를 맺는 행동이다. 가족에게 합류한다는 것은 외부인의 관점이 아닌 가족의 일원으로서 자연스럽게 가족의 상호작용과 정서 체계에 적용하여 가족의 핵심 주제를 파악하고 가족원 각자의 느낌을 함께 느끼는 것이다.
2단계 가족의 구조 사정 과정: 가족의 역기능적 구조를 평가하고 사정한다.	치료자가 가족의 구조와 상호작용을 사정하고 평가하기 위하여 먼저 가족구성원의 성별, 연령, 종교, 직업, 가족주거와 발달단계 사회경제적 지위, 스트레스 상황과 발달적 변화, 현재 제시된 문제 등에 대하여 질문함으로써 기초 정보를 확인한다.
3단계 가족의 재구조화 과정: 가족구조를 변화시키기 위해 환경을 조성하며 재구성한다.	가족의 역기능 구조를 변화시키는 것을 가족의 재구조화라고 하며 이에는 가족의 경계선 조정, 하위체계의 기능 강화, 위계구조의 확립이 포함된다. 보통 가족구조를 확인한 다음 가족을 재구조화하는 작업을 시작하지만 어떤 경우에는 두 가지 작업이 동시에 진행되기도 한다.

(4) 정신분석적 가족치료: 대상관계 이론

정신분석적 가족치료는 심리학의 시초라고 할 수 있는 지그문트 프로이트에 이론적 기반을 두고 있다. 정신분석 치료의 핵심은 무의식적 충동과 이에 대한 방어를 밝혀내고 해석하여 성숙한 가족의 상호작용을 방해하는 결핍과 두려움을 찾아내는 데 있다. 정신분석은 개인이 지니고 있는 역동의 핵심을 연구하며 가족치료는 개인보다는 사회적 관계성을 연구한다. 이 두 이론을 연결시키는 것이 대상관계 이론이다. 대상관계 이론은 어린 시절의 형성된 경험을 통해 현재의 사람들과 관계를 맺는다는 것이다. 이런 어린 시절의 관계성의 잔여가 자기와 타인의 정신적 이미지를 형성하게 된다는 것이다. 초기 아동기에 형성된 대상관계로부터의 공포는 심리적 문제의 중요한 원인이 된다.

대상관계(Object Relation Therapy) 이론의 핵심은 우리가 성장하는 과정에서 부모를 비롯한 주요 타인들과의 관계 속에서 우리 자신과 다른 사람들에 대한 표상을 형성하며 이런 내면화된 표상들이 자신과 타인에 대한 지각과 경험, 관계양상과 문제에 영향을 미친다는 것이다. 대상관계 이론의 주요 개념은 표 6-11과 같다.

표 6-11. 대상관계 이론의 주요 개념

구분	내용
인간관	인간 개인과 그 개인의 양육과 성장을 돕는 주된 양육자와의 관계를 중요시한다.
대상관계	대상관계에서 유아는 자신과 내적 세계의 대상관계를 형성하는 데 보다 적극적이다. 모든 관계는 어머니의 젖가슴과의 관계에서 형성된 기본적인 대상관계의 토대 위에서 형성되는 것이다.
표상	유아의 초기 경험은 자기표상과 타인표상의 기본이 된다. 유아가 성장하면서 충분한 애정과 관심을 받지 못하고 반복적으로 거부당하거나 무시당하거나 처벌받으면서 성장한다면 유아의 내면과 타인에 대한 표상이 주로 부정적인 생각과 행동으로 구성된다는 것이다. 그 결과 낮은 자존감을 가지게 되고 타인에 대해서도 왜곡된 지각과 부정적인 정서를 형성하게 되어 대인관계에서 어려움을 가지게 된다.

구분	내용
대상 항상성	대상 항상성은 생후 24~36개월 사이에 형성되기 시작하며 긍정적인 측면으로 경험된 내적 존재로서 타인에 대한 일관된 지각을 의미한다.
분역	주된 양육자로부터의 경험은 긍정적인 측면과 부정적인 측면이 공존하게 된다.
투사적 동일시	투사는 자신이 스스로 받아들일 수 없는 충동이나 태도 등을 무의식으로 타인이나 환경 탓으로 돌리는 방어기제를 의미한다.
역할 상보성	애커만(Ackerman, 1983)은 가족 내에서 기능이 파괴되는 것은 가족 간의 갈등 때문이라기보다는 역할 상보성의 붕괴로 인한 것이라고 주장하였다. 가족의 가치체계를 조사하고 가족 내 상보적인 역할을 통하여 기능적인 가족이 될 때 변화가 일어난다는 것이다.

프로이트는 개인의 역동적인 결여를 '성(性)'적인 것으로 보았다. 그러나 멜라닌 클레인(Melanie Klein)은 대상관계 이론에서 결여와 애착이 성(性)의 결여가 아닌 대상관계와의 사랑의 결여와 애착으로 보았다. 특히, 어머니와의 경험은 유아에게 큰 영향을 끼친다. 어머니의 좋은 특성과 나쁜 특성을 경험한 유아는 자신이 사랑하는 사람을 괴롭히는 능력을 가졌다는 것을 깨닫게 된다. 어머니에 대한 이런 양가적 감정은 유아를 의기소침하게 하며 오이디푸스 콤플렉스(Oedipal Complex)의 발달로 이어지게 된다고 보았다.

대상관계 이론에서 정상가족은 유아기 초기 건강한 관계를 경험할 수 있는 가족이 정상가족이라고 보며, 특히 성장하면서 가족들과 함께 삶의 기쁨을 나누고 가족원이 성장할 수 있도록 서로 격려하고 돕는 삶이 가장 중요한 지지기반이자 소중한 배움의 터전이 되는 가족이 정상가족이며, 생애 초기에 충분히 좋은 양육자의 결여로 성장에 필요한 반영의 부족, 대상 표상의 분열 등으로 불안정한 자아의 형성과 온전한 통합을 저해하는 환경구성으로 역기능적인 개인 내적 역동을 구성하게 하는 가족을 역기능적인 가족으로 본다.

대상관계 이론에서의 치료의 주요 목표는 내적 대상에 대한 부정적인 그리고 적대적이거나 두려운 감정들을 긍정적인 감정과 마음속에 나란히 병존시킴으로써 내담자의 통합된 자아기능을 강화시키는 것이라고 볼 수 있으며, 이러한 치료과정에는 투사적 동일시를 일으키는 것, 직면시키는 것, 관계를 재구성하는 과정을 포함한다. 그리고 구체적인 치료기법은 표 6-12와 같다.

표 6-12. 대상관계 이론의 치료기법

구분	내용
정서적 연결	정서적 연결이란 공감적 이해를 표현하기 위하여 만들어진 다양한 기법을 의미한다. 내담자의 사실적 대화를 그 사람에게 적합한 정서적 대화로 바꾸어 말해 줌으로써 유대를 강화시킨다.
버텨주기	상담자의 치료적 태도는 버텨주기 혹은 받아주기, 담아주기의 개념으로 이해될 수 있는데, 이 개념은 어머니가 유아의 욕구와 내적 상태를 공감적으로 알아차리고 적절하게 반응함으로써 유아가 어머니로부터 사랑받고 있다는 느낌을 갖게 하는 것과 같이 치료자가 내담자의 경험을 심정적으로 이해하고자 하며 내담자의 욕구와 내적 상태를 민감하게 알아차리고 수용적 태도를 갖는 것을 의미한다.
명료화와 해석	내담자가 말하고자 하는 의미를 상담자가 해석하고 이를 다시 내담자에게 이야기해 주는 것을 명료화라고 한다. 해석이 가장 효과적인 때는 내담자의 주요 타인과의 관계에서 나타나는 대상관계, 현재 대인관계에서 나타나는 대인관계, 전이관계 사이의 공통적인 주제나 핵심 갈등을 주제나 핵심 갈등을 파악해서 설명했을 때이다.
직면	직면이란 내담자의 판단과 행동의 원인을 압축하여 제시함으로써 내담자가 이것을 받아들일 수 있도록 하는 것이다.

(5) 경험적 가족치료

경험적 가족치료(Experiential Family Therapy)를 대표하는 학자는 칼 휘태커(Carl Whitaker)와 버지니아 사티어이다. 경험적 가족치료는 가족구성원 개개인의 내적 경험을 개방하여 다른 가족과의 상호작용을 촉진하도록 돕는 이론이다. 경험적 가족치료의 이론은 개인의 경험과 이해의 수준을 수용하는 가족 상호작용을 강조한다. 개인 수준의 경험 확대는 가족집단의 새로운 장을 열기 위한 선행조건이며 새로운 변화에 대한 인식은 가족구성원 간의 의사소통 증가와 감정의 공유를 자극하게 된다는 것이다. 개인과 가족 성장을 증진시키는 방법은 가족구성원 간의 감정표현을 자유롭게 공유하는 것이 된다.

경험적 가족치료자들은 치료에서 인간의 감성적인 힘을 강조하였으며, 인지적 측면보다 감성적 측면을 우선시하였다. 이들은 통찰력보다는 정서적 경험을 중시하였다. 경험적 가족치료는 개인과 가족들에게 다양한 정서적 경험을 제공함으로서 개인은 물론 가족구성원이 성장하도록 돕는다. 개인의 성장과 자아성취는 충동과 방어기제가 감소할 때 자연적으로 나타나는 인간의 기본적 욕구이다. 따라서 경험적 가족치료에서는 방어기제를 감소시키는 것을 목표로 삼고 습관적인 행동에 도전과 차단으로 변화를 주어 성장을 향한 잠재력 개발로 가족구성원들에게 만족을 주는 것이다. 이를 위한 경험적 가족치료의 치료기법은 표 6-13과 같다.

표 6-13. 경험적 가족치료 이론의 치료기법

구분	내용
가족 조각	캔터(Kantor)에 의해 개발된 기법으로 현실의 공간에 사람들을 놓고 자세나 표정도 자신이 인식한 대로 표현하게 함으로써 내담자의 대인관계를 파악하는 기법이다. 이 기법을 통해 가족의 의사소통, 감정, 가족규칙, 대처방식, 관계 등을 파악할 수 있다.
역할극	역할극은 실제 경험을 바탕으로 현재의 느낌을 노출하는 기법으로, 과거의 사건이나 바람 또는 미래 사건에 대한 감정을 직접적으로 표현함으로써 가족들에게 생생하게 경험할 수 있는 기회를 제공하는 것이다. 이 기법은 지나간 기억을 회상하고 억업된 감정을 표출하여 정서적 경험을 확대시키는 결과를 낳고, 가족원들이 가깝게 접근할 수 있는 기회를 제공한다.
재정의	재정의는 부정적 의미를 긍정적으로 바꾸기 위하여 행동과 감정, 사고에 감추어진 긍정적인 의미를 제시하는 것이다. 이는 내담자가 긍정적인 측면에서 자신이나 다른 사람의 행동을 볼 수 있도록 하여 문제에 새로운 의미를 부여하는 것이다. 이로써 긍정적으로 변화할 수 있다는 희망과 기대감을 갖게 하는 것이다.
원가족 도표를 활용한 원가족 삼인 군 치료	원가족 도표는 가족의 역동성과 가족관계를 쉽게 이해하고 평가하기 위하여 활용되는 기법이다. 이로써 가족원의 성격, 자아존중감의 정도, 의사소통유형, 가족규칙, 가족의 역동적 관계, 세대 간의 유사성과 차이점, 원가족 삼인 군에서의 학습된 경험 등을 파악할 수 있다. 원가족 도표는 스타의 원가족, 스타의 아버지 원가족, 스타의 어머니 원가족의 세 가지가 있다.

구분	내용
빙산 탐색	사티어가 개발한 것으로 개인의 내적 경험을 이끌어 내는 비유적 방법을 경험의 다양한 수준을 빙산에 비유하면서 이를 활용하여 개인의 내적 과정을 이해하려고 하는 것이다. 대부분 빙산의 일부인 행동만 보기 쉬운데, 사티어 모델의 빙산 탐색에서는 수면 아래 부분을 탐색하여 내담자의 경험을 표면화하도록 격려한다. 내담자가 내면의 감정을 느끼고 표현하는 것은 중요한 치료과정 중의 하나이다.

(6) 보웬의 가족치료

머레이 보웬은 이론의 핵심개념으로 자아분화(Differentiation of Self), 삼각관계(Triangles), 핵가족의 정서적 과정(Nuclear Family Emotional System), 가족 투사 과정(Family Projection Process), 다세대 전수 과정(Multigenerational Transmission Process), 형제순위(Sibling Posision), 정서적 단절(Emotional Cutoff), 사회의 정서적 과정(Societal Emotional Process)의 여덟 가지 개념을 명료화하였다. 보웬의 가족치료(Bowen's Family Systemic Therapy)의 핵심개념을 구체적으로 살펴보면 **표 6-14**와 같다.

표 6-14. 보웬의 가족치료의 핵심개념

구분	내용
자기분화	보웬 이론의 핵심적인 개념인 자기분화는 두 개의 힘을 가정하는데, 이는 가족 안에서 연합하고자 하는 힘인 연합성과 서로 분리하고자 하는 힘인 개별성이다. 개별성은 생물학적으로 유기체를 자신의 의지, 즉 독립적이고 분리된 존재로 나아가게 하는 생명력에 뿌리를 둔다. 연합성은 유기체를 상대의 의지, 즉 의존적이고 분리되지 않는 개체로 나아가게 하는 생물학적 생명력에 뿌리를 둔다. 이상적인 것은 두 세력의 균형이다. 개별성과 연합성의 불균형은 융합(fusion)이나 미분화(undifferentiation)라고 부르고 균형을 이룰 때 분화(differentiation)라고 부른다.
삼각관계	삼각관계는 상호 대인적 체계의 요소이다. 정서체계의 기본요소로 가장 작고 안정된 관계단위이다. 보웬은 자아의 통합정도와 자신이나 타인과의 관계에서 일어나는 불안이나 정서적 긴장에 관심을 두고 연구하면서 두 사람 관계체계에서 발생하는 스트레스나 상충된 욕구가 있을 때 균형을 유지하려고 시도하는 데서 삼각관계가 형성된다고 보았다. 삼각관계의 활동에서 영향을 미치는 가장 주된 것은 불안이다. 불안이 증가하면 제3자는 두 사람의 긴장에 관여하게 되어 삼각관계를 형성한다.

구분	내용
핵가족 정서체계	이 개념은 가족들이 감정적으로 서로 강한 결속력과 연결정도를 나타내는 것으로 가족 내의 정서적 힘에 대한 것을 말한다. 핵가족 내에서 이런 정서기능의 유형들은 가족원들 사이에 분화가 잘 이루어지지 않음으로 해서 나타난 산물로 원가족에서 형성된 것을 다시 지금의 가족 내에서 반복하는 패턴으로 작용하는 정서적 압력들에 관한 것이다.
가족투사 과정	보웬은 미분화된 부모가 출생순위와 상관없이 자녀 중에 가장 유아적인 자녀를 투사대상으로 선택하게 되는데, 이 현상을 가족투사과정이라고 하였다. 가족투사과정의 강도는 두 가지 요인과 관련되어 있는데, 한 가지는 부모의 미분화정도이고 다른 한 가지는 가족이 경험하는 스트레스나 불안의 수준이다. 정서적으로 단절된 부부는 심한 거리감을 느끼고 온통 자녀에게 관심을 쏟으며 그들에게 애착하게 된다. 이런 유형의 애착은 따뜻한 관심이 아니라 불안하고 속박적인 관심이다. 결국 자녀에 대한 과잉관여로 부부 간의 거리감은 더욱 심화되고 자신의 불안 때문에 자녀에게 더욱 매달리고 자신의 불안을 자녀에게 돌림으로써 정서적 장애를 일으킨다.
다세대 전수과정	다세대 전수과정에서는 두 가지 개념이 중요한데 역기능 가정에서 자라난 사람은 성인이 되어서도 자신과 비슷한 수준의 분화를 가진 상대를 배우자로 선택한다는 것과 부모의 낮은 분화수준이 부모의 정서유형에 민감한 특정자녀에게 전수된다는 가족투사 과정의 개념이다. 다세대 전수과정은 정서체계에 근간을 두고 있으며 한 세대에서 다음 세대로 계승된 정서, 감정, 그리고 주관적으로 결정된 태도, 가치와 신념을 포함한다.
형제지위	보웬은 가족 내 형제 순위를 기초로 자녀들의 성격이 일관되게 발달한다는 사실을 인정했으며, 이 개념에 의하면 자녀는 가족 내의 형제순위에 따라 어떠한 고정된 인성적 특성을 발달시킨다. 개인은 형제순위 속에서 특정지위를 갖고 태어남에 따라 그것과 관련된 기능을 떠맡게 된다.
정서적 단절체계	한 개인과 자신의 원가족 간의 미분화와 그것과 관련된 정서적 긴장을 설명한 것으로 극심한 정서적 분리적 양상을 의미한다. 정서적 단절은 세대 간의 잠재된 융해의 문제를 반영하는 것이며, 세대 간의 정서적 융해가 심할수록 정서적 단절의 가능성 또한 높음을 나타낸다. 융해가 심한 사람은 가족과의 정서적 접촉을 회피함으로써 문세를 해결하려고 히지만 고립된 소외에서 오는 불안으로 다른 사람과 관계를 맺으면 또 다른 융해를 초래한다.
사회의 정서적 과정	사회 내의 정서적 과정은 가족 내의 정서적 과정에 영향을 미친다는 개념이다. 가족은 만성적으로 불안에 휩싸이면 가족의 기능에 퇴행이 일어난다는 것이며, 사회적 퇴행은 불안에 의해 사회적 문제해결능력을 위태롭게 하는 정서적 과정이다. 보웬은 불안은 정서적 융해의 산물이며 지속적인 변화를 위해서는 안정적인 분위기에서 이해와 자기분화가 필요하다고 보고 있다.

보웬의 이론은 자아분화를 핵심으로 하고 있다. 자아분화는 정신내적인 개념인 동시에 대인관계적 개념이 된다. 자아분화는 자아강도에 비유할 수 있는 개념으로 내·외적인 정서적 압력에 자동적으로 반응하지 않고 생각할 수 있는 능력을 말한다. 또한 불안에 직면하더라도 유연하고 현명하게 행동할 수 있는 능력이다. 자아

분화가 덜된 사람은 내 · 외적인 정서적 충동에 쉽게 반응하기 때문에 그들의 삶은 주변의 사람이나 사건에 대해 충동적으로 반응할 가능성이 높다. 분화가 잘된 사람은 사고와 감정이 균형을 이루며 정서적 충동에 저항할 수 있는 자제력을 가지고 있다. 이와 대조적으로 자아분화가 덜 될 사람은 주위 사람들에게 정서적으로 반응하려는 경향을 가진다. 이들은 자율성을 유지하기 어렵고, 특히 불안을 느끼는 상황에서는 충동적인 반응을 할 가능성이 높다. 이들은 다른 사람의 말에 잘 동조하거나 사사건건 다투기를 좋아한다. 반면 자아분화가 잘된 사람은 충분히 사고하고 자신의 믿는 바와 신념에 따라 결정하고 행동하기 때문에 어떤 문제에 있어서든 분명하게 자신의 입장을 취할 수 있다.

보웬은 자아분화의 수준을 척도를 0~100으로 구분하여 '가장 낮은 자아분화 수준(0~25)', '낮은 자아분화 수준(25~50)', '보통 자아분화 수준(50~75)', '높은 자아분화 수준(75~100)'으로 4범주로 나누어서 설명하고 있다. 그리고 보웬은 정서적인 문제가 개인을 넘어서 가족에게까지 영향을 미치고 나아가 여러 세대까지 영향을 미친다는 '다세대 전수 과정(multigenerational transmission process)'을 주장한다. 즉, 보웬에게 있어서 가족의 문제는 한 개인의 문제를 뛰어넘는 세대 전수의 결과물인 것이다.

보웬의 가족치료는 자아분화의 수준을 높이는 것을 목표로 한다. 이를 위해 가족 내 문제의 핵심인 불안을 감소시키고 정서적 융합을 높이는 것을 목표로 하고 있다. 가족체계가 변화하려면 폐쇄된 가족유대를 개방하고 삼각관계에서 벗어나야 한다. 이로써 개인의 자율성과 성장을 위한 조건이 만들어진다. 이러한 목표를 달성하기 위한 보웬의 가족치료의 치료기법에 대해 살펴보면 **표 6-15**와 같다.

표 6-15. 보웬의 가족치료의 치료기법

구분	내용
가계도	가계도(Genogram)는 3세대 이상에 걸쳐 가족구성원에 관한 정보와 관계를 도형, 선, 단어를 사용해서 도표로 만든 것이다. 가계도를 만드는 것은 3세대 이상을 거쳐 온 정서과정의 강점과 약점을 도식화해서 복잡한 가족 유형을 한눈에 볼 수 있게 하기 위한 것이다. 가계도로 가족에 대한 자료와 정서적인 과정에 관한 것들을 연결시켜 관계성을 볼 수 있다.
삼각관계로부터 분화	치료적 삼각관계(the therapy triangle)는 가족치료자가 부부나 부모에게 합류함으로써 형성된다. 기본 전제는 부부나 부모 두 사람 간의 정서적 긴장에 제3자인 가족치료자를 끌어들이는 것이다. 성공적인 가족치료자는 삼각관계에 말려들지 않고 부부와 의미 있는 관계를 맺어야 한다. 이 기법은 치료자가 정서적 객관화를 유지할 수 있을 때 가능하다. 가족치료과정에서 치료자는 부부 각자가 객관적으로 사고하도록 하는 질문을 하며, 상담실은 객관적 상황을 유지할 수 있는 분위기를 유지한다.
가정으로 돌아가기	이 기법은 내담자가 자신이 성장했던 원가족에 대해 보다 잘 정확하게 이해하기 위해 성장한 가정으로 돌아가 보게 하는 것이다. 이러한 과정은 내담자에게 어떠한 의미가 있을까?. 1995년 글래딩(Gladding)에 의하면, 그들이 일부가 되었던 가정의 전반적인 상황 속에서 활동해 보게 함으로써 결과적으로는 자신의 가정에서 명백하게 분화되도록 하는 것에 그 목적이 있다.
코칭	코칭(Coaching) 기법은 가족치료자의 역할을 나타낸다. 가족치료자가 내담자에게 열린 마음으로 다가가서 가족들과 더불어 계획, 예상, 연습, 과제 등을 하게 하여 가족들이 자율적으로 변화하게 하는 것이다. 코칭 역할은 첫째, 가족치료에 대한 설명과 이해를 시킨다. 둘째, 언어로 감정을 표현하게 하는 것으로 자신에 대한 객관적 자세를 취하도록, 가족구성원에게 치료자를 따르고 배울 수 있는 모델의 역할을 한다. 셋째, 질문을 통해 가족들이 갖고 있는 관계의 형태를 스스로 발견하도록 돕는다. 넷째, 가족들이 스스로 변화의 주체가 되어 계획을 세우고 진행할 수 있게 한다.
관계실험	주요 삼각관계를 구조적으로 변화시키기 위해 사용하는 것으로 목표는 가족들로 하여금 제계 과정을 인식하고 그 과정 내에서 자신의 역할을 깨닫도록 하는 것이다. 예를 들어, 의존하려는 사람에게 상대방에 대한 의존을 자제하고, 요구하기를 중지하고, 정서적으로 연류되려는 압력을 감소시키고, 자신과 상대방과의 관계에서 어떤 일이 일어나는지를 보게 한다. 이러한 연습은 정서적 과정을 명료화하는 데 도움을 준다. 상대방의 요구를 회피하거나 무조건 항복하지 않고 그 대안을 찾게 된다.
자기입장	정서적 충동에 의해 반응하려는 경향을 막는 가장 직접적인 방법 중 하나는 자신의 견해를 피력하는 방법, 즉 상대방의 행동을 지적하기보다 자신의 감정을 피력하는 것이다. 예를 들어, “당신은 게으르기 짝이 없어”라고 말하는 대신에 “당신이 좀 더 도와줬으면 좋겠어”라고 말하는 것이다. 내담자뿐 아니라 치료자도 이러한 입장을 취하는 것이 좋다. 직면은 불안을 증대시키며, 분명하게 사고하고 대안을 찾는 능력을 떨어뜨린다. 따라서 덜 개인적으로 덜 위협적인 문제를 다루는 것이 객관성을 증대시키는 최상의 방법이다.

보웬은 인간행동을 과학화하는 방식을 보여 주는 공헌을 하였고, 우리가 개인으로 기능하는 정도와 가족들과 관계의 두 가지 관련성에 대해 잘 이해하도록 근본적인 기여를 하였다.

(7) 해결중심 가족치료

해결중심 가족치료는 문제가 해결된 상황에 초점을 두고 해결책을 구축하는 접근법으로 이론에 기초한 것이 아니라 실용적인 방법으로 만들어졌다. 해결중심 치료에서는 치료를 받으러 오는 사람은 이미 효과적으로 행동할 수 있는 능력을 갖춘 사람이며 단지 부정적 마음자세가 그들의 행동을 방해하고 있을 뿐이라고 가정한다. 문제 원인을 규명하는 것보다 가족이 가진 자원을 활용하면서 해결방법에 중점을 두는 해결중심 가족치료의 기본철학은 문제해결을 위해 치료사가 해결책을 제시하기보다 내담자를 중심으로 상담을 이끌어 나가야 한다는 것이다.

해결중심 가족치료에서 해결중심 치료사는 내담자에 대해 어떠한 판단도 하지 않으며, 그들의 소망이나, 욕구 그리고 행동의 이면에 있는 의미에 대해 어떤 해석도 하지 않는다. 치료사의 역할을 선택에 제한을 가하는 것이 아니라 이를 확대하기 위해 애쓰는 것이라고 본다. 치료사는 내담자가 아직 잘 사용하지 못하는 능력을 찾아 주어야 하며, 나아가 그들의 문제를 다루는 데 있어 보다 나은 기술을 찾아내고 활용할 수 있도록 도와야 한다. 따라서 분명한 표현을 통해 치료의 목표를 분명하게 설정하는 것이 필수적이다. 이러한 목표를 달성하기 위한 해결중심 가족치료의 구체적인 치료적 관계유형은 **표 6-16**, 해결지향적 질문기법은 **표 6-17**과 같다.

표 6-16. 치료적 개입: 치료적 관계유형

구분	내용
방문형	방문형 관계는 내담자가 치료에 비자발적으로 참여한다고 생각하고 치료목표, 과업, 해결책이 자신이 원하는 것과는 다른 것들이라고 생각할 때 형성된다. 내담자는 다른 사람에게 문제가 있다고 생각하여 자신이 치료사와 함께 다뤄야 하는 문제가 있다고 생각하지 않는다. 치료사는 이들을 보낸 사람과의 관계와 방문목적을 인식하도록 하고, 자신의 문제에 대한 인식을 자각하여 문제해결을 위한 치료에 협조하도록 하는 것이 중요하다.
불평형	불평형 관계는 다른 사람을 위한 목표를 가지고 있을 때 발생하며, 불평이나 치료목표를 상세하게 말한다. 불평이나 문제를 함께 확인하지만 그 문제해결을 위한 실마리를 자신이 쥐고 있다고는 생각하지 않고 치료사가 문제를 일으킨다고 생각되는 사람을 변화시켜 주기를 원한다. 치료사는 내담자를 이해하고 그동안의 노력에 지지를 보내며 문제와 해결에 대한 내담자의 지각을 바꾸도록 하여 내담자가 변화에 대한 방향성을 찾도록 한다.
고객형	고객형 관계는 문제를 해결하기 위해서 어떤 것이든 시도하려는 동기가 있으며 내담자는 자신과 관련된 치료목표를 표현하고 행동을 변화시킬 준비가 되어 이들은 상담 전에 어떤 변화나 의도적 예외가 있으므로 치료사는 그 예외를 지지하고 강화해야 한다. 고객형 내담자는 매우 긍정적인 협력적인 치료관계로 발전시킬 수 있지만 상대적으로 적은 편이다.

표 6-17. 치료적 개입: 해결지향적 질문기법

구분	내용
면담 전 변화에 관한 질문	해결중심 가족치료의 기본가정은 '변화는 불가피하며 계속적으로 일어난다'는 것이다. 그러므로 내담자가 면담을 약속한 후 상담소에 오기까지 경험한 변화에 대해 알아보는 것은 문제해결에 매우 중요한 단서를 제공해 줄 수 있다.
예외 질문	예외란 내담자가 문제로 생각하고 있는 행동이 일어나지 않는 상황이나 행동을 의미한다. 내담자가 행한 우연적인 성공을 찾아내어 내담자의 성공을 강화시켜 주고 의도적으로 계속 실시하도록 격려한다. 예외 질문은 매회 사용하며, 첫 회 이후 면담부터는 성장하고 변화한 것을 탐색하는 것에 초점을 두고 사용한다.
기적 질문	기적 질문은 문제 자체를 제거하거나 감소시키지 않고 문제와 떨어져서 해결책을 상상하게 하는 것이다. 문제중심적인 사람들이 문제가 해결된 상태를 상상하고 변화된 행동을 상상하는 과정에서 자기 문제를 인식하고 해결책을 탐색하게 된다. 즉, 기적 질문은 내담자가 해결하기 원하는 것들을 구체화하여 현실적이고 구체적인 상담목표 설정을 위해 사용된다.
척도 질문	척도 질문은 내담자에게 자신의 문제, 문제의 우선순위, 성공에 대한 태도, 정서적 친밀도, 자아존중감, 치료에 대한 확신, 변화를 위해 투자할 수 있는 노력, 진행에 관한 평가 등의 수준을 수치로 표현하도록 하는 방법이다. 즉, 1점부터 10점까지의 척도 위에 내담자가 인식하는 문제의 정도, 해결가능성, 상담의 진전 정도를 숫자로 표시하도록 질문한다.

구분	내용
대처 질문	대처 질문은 자신의 미래를 매우 절망적으로 보아 아무런 희망이 없다고 하는 내담자에게 주로 사용된다. 즉, 내담자가 어려움과 위기를 어떻게 극복하고 생존해 왔는지, 희망을 버리지 않고 유지해 올 수 있었는지에 관하여 질문하는 동시에 생존능력을 인정하고 간접적으로 칭찬하는 것이다.
관계성 질문	관계성 질문은 내담자와 중요한 관계에 있는 사람의 생각, 의견, 가치관, 반응 등에 관하여 질문하는 것이다. 사람이 자신의 희망, 힘, 한계, 가능성 등을 지각하는 방식은 자신에게 중요한 타인이 자신을 어떻게 보고 있을 것이라는 생각과 밀접한 관계가 있다.
메시지 전달	메시지는 내담자가 자신의 장점과 성공적 경험에 대한 확신을 가지도록 하고, 상담목표를 명확히 하도록 돕는다. 치료사가 내담자의 말을 주의해서 듣고 있다는 것, 내담자 자신의 문제에 대한 견해, 자신의 생활을 보다 만족스럽게 하기 위해 내담자가 취하고자 하는 행동에 동의한다는 것을 내담자에게 알리기 위한 것이며, 칭찬, 연결문, 과제의 세 부분으로 구성된다. 칭찬은 진술된 목적이나 문제해결 과정을 중심으로 내담자가 문제를 해결하기 위해 노력을 해 왔음을 긍정적으로 평가하고 치료사가 내담자에게 찬사와 지지를 하는 것이다. 연결문은 칭찬과 제안 또는 과제를 연결해 주는 메시지의 한 부분으로 과제를 제시하는 이유를 자연스럽게 설명하고 내담자에게 적절한 과제를 선택하여 부과한다.

지금까지 살펴본 바와 같이 가족치료의 이론들은 각자의 방법으로 가족 간의 문제를 해결하여 내담자를 치료하고자 하는 목적을 가지고 있다. 가족치료는 내담자의 문제적 병리현상은 내담자 개인의 문제가 아닌 가족 전체의 문제로 보고 개인의 치료와 함께 내담자의 병리현상을 가져온 가족체계 전체를 치료하고자 하는 상담기법이다. 따라서 가족치료는 내담자만이 아닌 내담자 가족 전체가 치료의 대상이 되며 자연인인 사람만이 아닌 왜곡된 가족체계를 정상화시키는 것까지 치료의 대상이 된다.

2. 통합적 접근으로서의 사례관리

1) 사례관리의 정의

사례관리는 1960년대 미국의 정신질환을 앓는 사람의 탈시설화정책에 따라 지역사회에서 각종 서비스를 조정하고 지역사회 내에서 보호하려는 시도와 더불어 노인·장애인 등 복합적인 욕구가 있는 서비스 대상자의 증가로 인하여 그 필요성이 대두되었으며, 1980년대 신보수주의 정부의 등장으로 사회복지서비스의 공급 주체가 연방정부에서 지방정부로 분권화됨에 따라 한정된 복지자원의 효율적인 배분과 새로운 서비스 전달방식에 대한 관심이 고조되었고, 학문적 영역에서는 사회적 관계망과 지지체계의 중요성이 대두됨에 따라 새롭고 효과적인 실천방법론의 필요성이 요구되는 시대적 배경을 가지고 사례관리가 등장하게 되었다(한국사례관리학회, 2012).

이러한 사례관리의 개념은 시대가 변하면서 다양하게 정의되고 있다. 구제적으로 클라이언트가 필요로 하는 서비스를 연결하는 것이 사례관리자의 주요 역할로 생각되던 1970년대에 비해 1980년대에는 클라이언트의 참여와 역량강화가 중요해지면서 서비스 조정이라는 용어를 사용하기도 하였다. 그리고 1990년대 후반부터는 사례관리자의 역할이 간접서비스(서비스 연결, 모니터링)의 역할과 직접서비스의 역할을 함께 수행하는 것으로 여겨졌으며, 최근에는 클라이언트가 사회적 기능과 역할을 잘할 수 있도록 타 전문가와 협업하여 사정, 상담, 교육, 설계, 옹호 등의 역할을 통해 도움을 제공하는 창의적인 활동으로 정의하고 있다(김학영, 2017; 조미리, 2014; Woodside & Mcclam, 2006).

앞과 같이 다양한 학자들의 사례관리에 대한 개념을 종합해 보면, 사례관리는 복잡하고 다양한 문제를 가진 클라이언트의 욕구를 사정하고 이를 해결하기 위해 관련 자원 및 서비스를 연계, 조정, 유지하여 위기사항을 극복할 수 있도록 하는 전문적인 서비스 활동이라고 정의할 수 있다.

2) 사례관리의 수행과정

사례관리를 구성하는 요인들은 프로그램을 시행하는 기관환경의 특성, 대상자와 실무자의 특성, 프로그램 운영 등의 공통적 요소가 포함된다(이은영, 2013). 그리고 사례관리 실천과정은 초기 접수, 사정, 계획, 개입, 점검, 평가의 단계로 나눌 수 있지만 사례대상자의 다양한 문제는 정형화가 되어 있지 않기 때문에 실천과정 중 인식되는 단계는 사례에 따라 다른 유형의 상황이 적용되기도 한다. 즉, 사례관리 실행의 절차 중 인식되는 중요도는 학자마다 달라서 사례관리 실천과정에 대한 분류도 조금씩 다르게 제시되기도 한다. 일반적으로 사례관리의 수행과정은 **그림 6-1**과 같이 사례발견 및 접수, 사정, 개입계획 및 자원개발, 개입 및 조정, 점검과 재사정, 평가, 종결 및 사후관리로 이루어지게 된다(강미애, 2013; 정선영 외, 2021; Mullahy, 1998).

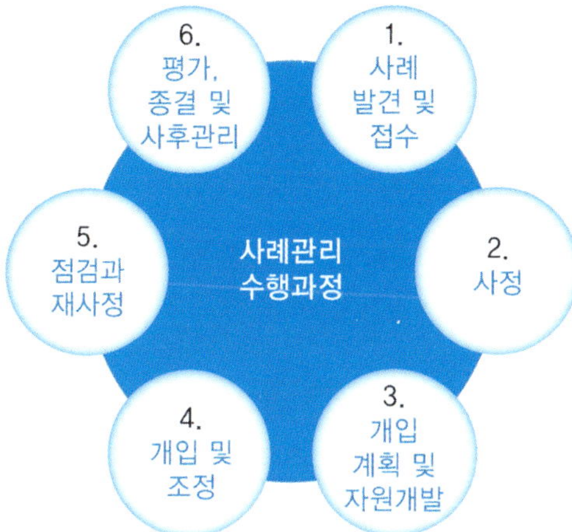

그림 6-1. **사례관리 수행과정**

(1) 사례발견 및 접수

사례발견 및 접수(Intake)는 욕구 상태 혹은 잠재된 욕구 상태에 있는 클라이언트를 확인하는 것부터 시작된다. 그리고 사례의뢰를 접수하고 기본정보를 수집하여 상황에 맞춰 기관에 배치하거나 다른 기관·시설에 의뢰를 이관하게 된다. 이것은 사례관리자가 가장 많이 수행하는 업무이며, 가장 중요한 직무 중의 하나이다.

(2) 사정

사정(Assessment)은 클라이언트의 의료적, 심리적, 신체기능적, 사회환경적, 재정적 욕구와 강점 등 클라이언트를 보호할 수 있는 공식적이고 비공식적인 모든 지원체계의 자원을 사정하는 것이다. 이때 클라이언트와 그 환경의 장점과 제한점 모두 사정 대상이 된다.

(3) 개입계획 및 자원개발

개입계획(Plan) 및 자원개발은 사례관리의 주요 목표로 클라이언트를 돕고 포괄적인 서비스를 제공하기 위한 구체적인 개입계획을 수립하는 것이다. 이때 우선순위를 정하여 과업 설정과 개입계획, 연계 방안을 세우고 정보공유 및 서비스 연계 조정을 하며 욕구에 기반한 자원발굴 및 개발을 위하여 클라이언트와 가족, 전문가와 협의하여 수립하게 된다. 서비스 자원의 정보수집을 위해서는 외부 기관, 서비스 제공자들과 원활한 관계를 형성하고 유지하는 중개자, 조정자, 협력자로서 역할이 강조된다.

(4) 개입 및 조정

개입 및 조정은 서비스를 실행하는 것으로 클라이언트의 욕구에 적합한 공식적·비공식적 자원들을 제공하는 것이다. 이때 클라이언트의 활동에 방해가 되는 요소를 극복할 수 있도록 상담, 교육, 지지 등의 활동을 하게 되며, 서비스 제공자와 원활한 활동을 할 수 있고, 또한 연계할 수 있도록 조정을 하게 된다.

(5) 점검과 재사정

점검(Monitoring)과 재사정은 서비스 지원체계가 유지되어 클라이언트의 능력향상 정도와 서비스 지원 체계에 대한 점검으로 서비스의 질에 관한 판단과 클라이언트에 대한 서비스 제공을 점검하는 것이다. 그리고 이때 클라이언트에 대한 재사정이 이루어지게 된다.

(6) 평가, 종결 및 사후관리

평가, 종결 및 사후관리는 사례관리자가 클라이언트에 대한 사례관리개입의 지속 또는 종결 여부를 결정하는 데 전체적인 평가를 시행하고 사후관리에 대한 계획을 수립하는 것이다. 평가를 시행할 때는 클라이언트의 변화와 만족, 서비스의 통합성, 서비스의 질, 결과에 대한 평가를 클라이언트와 전문가가 함께 참여하는 것이 효과적이다.

3) 통합사례관리

(1) 통합사례관리의 개념

사례관리는 다양하고 복잡한 욕구를 가진 클라이언트에게 지속적이고 효율적으로 서비스를 제공하기 위한 접근방법이다. 우리나라에서는 1990년대 사회복지의 방향이 지역사회복지 중심으로 전환되면서 효과적인 복지서비스 전달 모델의 하나로 사례관리가 강조되어 왔다. 왜냐하면 사례관리가 비용대비 효과성이 높고, 관리와 통제가 용이하기 때문이다. 따라서 최근 사례관리는 사회복지전달체계의 개편으로 공공과 민간의 광범위한 영역에서 수행·확산되고 있다. 이처럼 실천현장에서 사례관리가 지속적으로 확대되고 그 중요성이 강조되는 이유는 개인의 다양화된 욕구에 대한 맞춤식 휴먼서비스를 제공하는 전문적 실천전략이며, 사회복지의 생산, 전달, 소비가 시설중심에서 지역사회중심으로 변화해 가기 때문이다(민소영, 임선영, 2014). 이러한 사례관리의 궁극적인 목적은 서비스의 효과성을 증진시키고 클라이언트 및 클라이언트 환경의 역량체계를 강화하는 것이다.

사례관리의 개념은 시대에 따라 변화하고, 국가, 활용 분야에 따라서도 다양하게 활용되고 있어 일관되게 규정짓는 것은 쉽지 않다. 이처럼 사례관리는 지역사회라는 거시적 개입과 임상적 접근을 포괄하는 폭넓은 의미의 통합적 실천방법으로 간주된다. 이에 대해 보건복지부는 공공의 통합사례관리는 지역 내 공공 · 민간 자원에 대한 체계적인 관리 · 지원체계를 토대로 복합적이고 다양한 욕구를 가진 대상자에게 복지 · 보건 · 고용 · 주거 · 교육 · 신용 · 법률 등 필요한 서비스를 통합적으로 연계 · 제공하고, 이를 지속적으로 상담 및 모니터링 해 나가는 사업으로 정의하고 있다(보건복지부, 2018).

따라서 통합사례관리는 지역사회 주민의 지역사회 적응을 돕고 궁극적으로 사회적 기능을 회복하는 데 공공 사례관리의 궁극적인 목적이 있다. 따라서 정책이 담당하지 못하는 영역의 복합적이고 개별화된 복지 욕구가 발생하였을 때 적극적이고 유연하게 대처해야 하며 이는 지역주민과 긴밀한 상호작용이 중요하다. 다시 말해 통합사례관리의 목적은 서비스의 통합, 보호의 연속성, 평등한 서비스의 제공, 보호의 질 향상, 클라이언트 역량강화로 볼 수 있다(천슬기, 2023).

(2) 공공영역의 사례관리 전개 과정

2005년 개정된 「사회복지사업법」 제33조 5항은 "시장 · 군수 · 구청장은 보호 대상자별 보호 계획을 작성하고 변경할 수 있다"고 규정하고 있는데, 이는 공공 부문 통합사례관리의 실질적 기반이 되었고 정부의 재정지원이 투입보다 국민의 복지 체감도가 높지 않다는 비판적 인식 아래 공공과 민간의 복지서비스를 연계 · 조정하여 이용자 중심의 통합서비스를 제공하려는 방향으로 도입된 것이다(김승권 외, 2011).

그리고 2006년 주민 생활지원의 기능 강화를 위한 전달체계 개편을 통하여 시 · 군 · 구에 주민생활지원국을 설치하여 복지 · 보건 · 고용 · 주거 · 교육 등의 관련 기구와 인력을 통합하고 사회복지전담공무원은 통합조사 · 관리, 서비스 조정 및 연계 등에 우선 배치하게 되었다(이익선, 2018). 이처럼 시 · 군 · 구의 조직 개편으로 읍 · 면 · 동에 주민생활지원팀을 설치하고 상담, 현장 방문, 사후관리 기능 등의 일선창구 기능을 강화하였으나 업무량 폭주와 전담인력의 부족으로 사례관리 업무가 활성화되지 못하였다(천슬기, 2023).

또한 2009년 2월, 민생안정 지원체계를 구축하여 복합적 욕구를 가진 가구에 대한 맞춤형 통합서비스를 전달하기 위한 일환으로 전국 10개 자치단체에서 2009년 7월부터 12월까지 사회복지통합서비스 전문요원을 고용하여 사례관리를 수행하였고 2010년 1월부터는 전 자치단체로 통합사례관리를 확대하여 시행하였다. 2012년에는 지역별 통합사례관리체계를 강화하기 위하여 시 · 군 · 구에 「희망복지지원단」을 설치하였는데, 2014년까지 복지담당공무원을 단계적으로 총 7천 명까지 확충하였고 시 · 군 · 구의 기존 통합서비스 전문요원에 평균 6명의 복지공무원을 확충 배치하여 지자체 특성에 맞게 다양한 조직 형태로 운영하도록 하고 있다(국무총리실 외, 2011).

(3) 읍 · 면 · 동 통합사례관리

2016년부터는 국민중심의 맞춤형 복지실현을 위해 읍 · 면 · 동 복지허브화사업이 추진되었는데, 그 세부 추진 내용으로는 맞춤형 복지전담팀 구성과 운영을 권고하였으며, 사회복지전담공무원 팀장을 포함한 3명 이상의 사회복지전담공무원, 민간전문가(방문간호사, 사례관리사 등)로 구성되어 운영하고 있다. 즉, 사회복지 분야의 전문능력이 확보된 인원 충원과 개별팀을 구성하도록 하는 것이 복지허브화사업의 기본사항이다(한국사회복지행정연구회, 2016).

2017년 이후로는 '주민자치형 공공서비스 구축 사업'의 시행과 체감도 높은 복지서비스 전달을 위해 행정혁신과 주민공동체 강화가 필요하다는 인식에 따라 보건복지부와 공동으로 하되, 주무 부처는 행정안전부가 담당하는 것으로 업무를 이관하면서 현재 '찾아가는 보건복지서비스'로 통용되고 있다(행정안전부, 보건복지부, 2020). 읍 · 면 · 동 복지허브화사업과 다른 점은 행정팀에 주민자치 전담인력 1명, 찾아가는 보건복지팀에 간호인력 1명을 추가하는 것인데, 이러한 인력 증원은 실질적인 수행력을 높이기 위함이며, 동시에 복지와 보건의 연계, 복지와 행정의 연계, 주민자치의 강화가 주 목적이다(주현정, 2020).

읍 · 면 · 동 통합사례관리란 읍 · 면 · 동 단위에서 복합적인 욕구를 가진 대상자의 욕구를 파악하여 다양한 지역사회 자원을 연계하고 문제해결에 나설 수 있도록 지원하는 것으로, 다양한 사례관리 사업과의 연계 및 공동 개입 등 지역사회 사례관리의 게이트웨이 역할을 수행하며 대상자 욕구 충족을 위한 공공 · 민간자원 연계 확대 및 자원 활용도를 제공하며 대상자 누락 및 중복 등 기존 사례관리 분절성을 극복하기 위하여 자료를 공유하는 것을 말한다(행정안전부, 보건복지부, 2022).

2016년 714개소부터 시작된 읍 · 면 · 동 통합사례관리는 2021년 현재 전국 3,501개 읍 · 면 · 동 중 3,312개소(94.6%)에서 통합사례관리 전담팀을 설치 · 운영하고 있는데, 연도별 설치현황은 **표 6-18**과 같다(행정안전부, 보건복지부, 2022).

표 6-18. 통합사례관리 전담팀 설치 현황

구분	2016년	2017년	2018년	2019년	2020년	2021년
전담팀 수(개소)	714	1,816	2,582	2,911	3,197	3,312

출처: 행정안전부, 보건복지부(2022).

이와 같은 읍 · 면 · 동 통합사례관리의 절차는 **그림 6-2**와 같이 10단계로 대상자 발굴, 초기상담, 대상자 접수, 욕구 및 위기도 조사, 사례 회의 개최, 대상자 구분 및 선정, 서비스 제공계획수립, 서비스 제공 및 점검, 종결, 사후관리를 통해 이루어지고 있다(보건복지부, 2022).

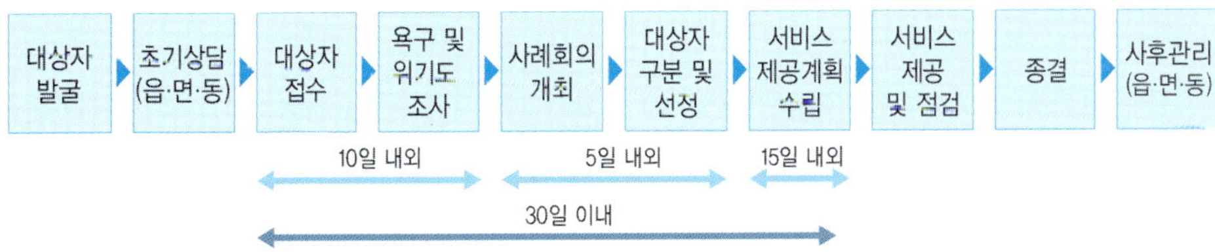

그림 6-2. 통합사례관리 절차

출처: 보건복지부(2022).

첫째, 대상자 발굴이란 모든 지역주민, 유관 기관, 이웃 등의 발굴체계를 이용하거나 별도의 지역 특화사업을 통해 욕구를 가지고 방문하는 지역주민 또는 지역사회 내 위기가구를 찾는 과정으로 다양한 발굴체계를 활용하여 취약계층 발굴에 참여하고 일제 조사를 실시하게 된다.

둘째, 초기상담이란 지역주민과 행정기관이 만나는 첫 단계로, 대상자의 의뢰 동기와 근본적인 문제 및 복지 욕구를 파악하는 것이다. 초기상담 단계에서 상호 신뢰 관계를 잘 형성해야만 기관에 대한 신뢰가 증진되고 사회복지서비스에 대한 긍정적 효과가 나타날 수 있다. 초기상담은 의뢰일로부터 5일 이내에 실시하며 당사자뿐만 아니라 가구원별로 주요 문제를 파악하여 문제의 심각성과 필요한 지원에 대한 대상자의 우선순위 등을 파악하여야 한다. 주요 문제 영역별 점검 항목은 안전, 건강, 일상생활 유지, 가족관계, 사회적 관계, 교육, 경제, 직업, 생활환경, 법률 및 권익보장이며 읍·면·동 초기상담 후 지역자원 부족과 협력체계 미흡으로 해결이 어려운 고난이도 사례의 경우 희망복지지원단에 요청하여 시·군·구, 읍·면·동 간의 충분한 사전협의를 통해 주 사례기관을 결정하게 된다.

셋째, 대상자 접수란 초기상담 시행 후 통합사례관리가 필요한 가구를 접수하는 단계로 대상자 서비스를 의뢰요청할 경우 즉시 접수 처리하며 대상자에게 통합사례관리 서비스를 안내한다.

넷째, 욕구 및 위기도 조사란 욕구의 원인을 분석하여 통합사례관리 가구와 서비스 연계 가구로 구분 · 선정하기 위한 욕구 조사와 위기 정도 파악 및 통합사례관리 종결의 적정성 판단 등 통합사례관리 대상자 선정을 위한 위기도 조사로 구분한다. 이때 사회복지전담공무원은 사회보장정보시스템(행복e음)에 통합사례관리를 요청한 날짜로부터 10일 이내에 욕구 및 위기도를 조사해야 한다.

다섯째, 사례회의의 개최란 대상자와 관련된 사업 담당자, 전문가들이 참여하여 진행하는 회의로 대상자 선정 · 종결 시 필수적으로 진행한다. 사례회의의 역할 및 기능으로는 대상자 구분 · 선정 및 사례관리 가구에 대한 서비스 제공 계획수립, 대상 가구의 욕구 변화 및 문제해결 정도 점검, 서비스 제공 점검, 개입방법 변경, 장 · 단기 목표 및 서비스 계획 수정 등이 있다.

여섯째, 대상자 구분 및 선정이란 욕구 및 위기도에 대한 조사결과를 통해 사례회의를 실시하고 읍 · 면 · 동 사례관리 팀장과 주 사례관리자가 협의하여 대상 가구를 통합사례관리 가구, 서비스 연계 가구, 미선정 가구로 구분하는 것이다.

일곱째, 서비스 제공계획 수립은 사례회의를 통해 선정된 통합사례관리 가구에 대해 장 · 단기 개입 목표를 설정하고, 구체적인 서비스를 제공할 계획을 세우는 것으로 목표달성 가능성, 구체성, 측정 가능성, 대상 가구 상황 등을 고려하여 수립한다.

여덟째, 서비스 제공 및 점검은 통합사례관리 가구에 서비스 제공계획에 따른 서비스를 제공하고, 서비스 이행 상황과 대상 가구의 환경과 욕구 변화 등을 주기적으로 점검 · 파악하는 것으로 전화 · 찾아가는 복지상담 등을 통해 대상자의 서비스 평가, 생활 실태 등을 파악하여 욕구 재조사, 서비스 제공계획 재수립, 종결을 위한 통합사례관리를 평가하게 된다.

아홉째, 종결은 통합사례관리의 대상 가구 장·단기 개입목표가 달성되었거나 타 시·군·구로의 전출, 대상자의 사망, 거부, 연락 두절 등의 사유로 통합사례관리를 더 이상 지속하기 불가능할 경우 실시한다.

열째, 사후관리란 통합사례관리 가구에 대한 개입 종결 후 일정 기간을 설정하여 대상 가구가 변화를 지속해서 유지하는지에 대한 모니터링이다. 이때 새로운 문제·욕구가 있으면 재개입의 필요성 등을 판단하여 통합사례관리 대상 가구의 문제가 재발하지 않도록 한다.

지금까지 살펴본 읍·면·동 통합사례관리는 지역사회 자원을 발굴하여 당사자의 욕구에 부응하는 최적의 지역사회 자원을 연계하여 기존 사례관리의 분절성을 극복하기 위한 데이터베이스를 마련하여 대상자의 누락과 서비스의 중복을 방지하고 신속하고 효과적인 자원 연계 및 제공을 실시하는 것이 주 목적이라고 할 수 있다(이익선, 2018; 천슬기, 2023).

(4) 통합사례관리자의 역할수행

사례관리자는 사례관리체계를 구성하는 가장 핵심적인 요소로 다양한 서비스를 제공하는 전문가들과의 협업을 통해 클라이언트를 연속선상에서 보호하고 다양한 서비스 체계와 연계함으로써 클라이언트의 사회적, 경제적, 신체적 건강을 지원하게 된다. 따라서 사례관리자에게는 도움이 필요한 클라이언트의 욕구 충족을 위한 직접적인 서비스 제공과 잠재적 자원을 연계하는 등의 간접적인 서비스 역할을 수행하며, 이를 위해 다양한 지식과 기술을 가져야 한다. 전통적 사례관리자 역할은 사례관리 과정에 따라 다양하게 정의되어 왔으나 최근에는 직접적 서비스 기능과 간접적 서비스 기능으로 사례관리자의 역할을 구분하고 있다(김학영, 2017; 박인희, 2013; 천슬기, 2023).

① 직접서비스의 역할

직접적 서비스 제공자의 역할은 클라이언트와 협력 관계를 유지하면서 클라이언트의 욕구를 구체화하고, 그 욕구를 실현하는 것을 가로막는 장애 요인을 확인하고 극복하도록 원조하는 것이다. 이때 사례관리자는 클라이언트가 자신의 욕구를 인식하고 충족하기 위해 클라이언트 스스로에 초점을 두고자 하며, 동시에 서비스에 접근할 수 있는 능력과 기술을 향상하는 데 중점을 둔다. 직접서비스의 역할은 이행자, 교육자, 안내자 · 협조자, 진행자, 정보전문가, 지원자 등의 역할로 구분되며, 주로 위기에서 스스로 문제를 해결하기 어려운 클라이언트에게 심리적인 지지를 제공하는 이행자의 역할을 수행한다. 반면 지원자의 역할은 클라이언트가 자신의 강점과 능력을 발견하고 자기옹호를 충분히 할 수 있을 때 수행할 수 있으며, 사례관리자는 이 역할을 위해 지식, 기술, 자기분석과 자기인식능력을 갖추어야 한다.

② 간접서비스의 역할

간접적 서비스 제공자의 역할은 클라이언트가 사회망을 발전시키는 전력에 사례관리자가 관여하는 것으로 사례관리에 있어 매우 중요하다. 간접적 서비스 역할은 중개자, 연결자, 조정자, 옹호자, 협동자, 협의자, 평가자의 역할로 구분되며, 사례관리자는 간접적 서비스 역할을 통해 클라이언트의 향상을 위한 자원들이 연결되고 유지되도록 노력해야 한다.

07

Chapter

사회복지실천에서의 관계와 의사소통

배울 내용

1. 사회복지실천의 관계
2. 사회복지실천에서의 면접
3. 사회복지실천을 위한 의사소통

학습 목표

1. 사회복지실천에서 관계형성의 개념을 이해하고 관계형성의 중요성을 알 수 있다.
2. 면접 기술의 내용을 이해하고 사회복지실천 면접을 수행할 수 있다.
3. 사회복지실천을 위한 의사소통 방법을 알고 사회복지현장에서 실천할 수 있다.

1. 사회복지실천의 관계

1) 관계의 개념

사회복지실천에서 사회복지사는 클라이언트를 비롯하여 참여자들과 의사소통을 통해 관계를 맺고 실천 과정을 이끌어 간다. 사회복지실천에서 사회복지사가 훌륭한 이론적 지식과 효과적인 개입모델과 방법을 알고 있더라도 클라이언트와 전문적인 관계가 형성되어 있지 않다면 원조 과정에서 어려움에 직면하게 된다. 리치몬드(Richmond, 1917)는 관계를 마음과 마음이 만나는 것으로 클라이언트의 최선의 이익을 위해 원조하는 데 영향을 미치는 것이라고 주장하였고, 비에스텍(Biesteck, 1975)는 관계를 사회복지사와 클라이언트 간의 역동적인 상호작용으로 클라이언트가 환경에 보다 잘 적응할 수 있도록 클라이언트 개인의 능력과 지역사회 자원을 적절히 동원하고 활용할 수 있도록 사회복지사가 돕는 것이라고 하였으며, 핀커스와 미나한(1973)은 관계란 사회복지사와 그가 관계된 다른 체계 간의 정서적인 유대라고 주장하면서 이들 관계에는 협력, 현상 또는 갈등의 분위기가 포함될 수 있다고 보았다.

사회복지실천에서 관계의 의미는 사회복지사와 클라이언트의 관계로 한정된 개념이며 도움을 요청하는 클라이언트와 도움을 제공하는 사회복지사 간의 통제적 관계를 의미한다. 따라서 사회복지사는 관계의 의미와 전문적인 관계의 특성을 잘 이해하고 효과적인 관계형성을 위한 능력을 갖추어야 한다.

2) 관계의 특성: 전문적 관계

사회복지실천은 사회복지사가 클라이언트에게 직접적으로 관여하여 문제를 해결하고 클라이언트가 갖고 있는 능력을 향상시키기 위한 원조관계로 다음과 같은 특징을 갖고 있다.

(1) 의도적 목적성

서로 인정하고 합의된 의도적인 목적이 있다. 인정하고 합의된 목적이란 클라이언트가 필요로 하고 성취하기를 기대하는 것과 문제해결을 위한 원조이다.

(2) 시간 제한성

사회복지실천에서 사회복지사와 클라이언트는 구체적으로 한정된 기간을 갖고 관계를 맺는다. 사회복지실천과정은 시작단계, 중간단계, 종결단계에 이르는 과정으로 시간의 제한성을 갖는다. 목적이 달성되면 관계는 종결된다. 그러나 목적달성의 여부과 상관없이 종결이 필요하다고 생각될 때도 관계를 종결할 수 있다.

(3) 클라이언트에 대한 사회복지사의 헌신

사회복지실천과정에서 사회복지사는 자신의 이익보다 클라이언트의 이익을 위해 자신을 헌신한다. 따라서 사회복지사는 타인의 욕구에 민감할 수 있도록 객관성과 자기인식을 토대로 관계를 형성한다.

(4) 권위성

사회복지사는 특화된 지식 및 기술, 전문직 윤리강령에서 비롯된 권위를 지닌다. 사회복지사는 그들이 갖는 권위와 권한의 내용과 범위에 대해 클라이언트에게 잘 설명해야 하며 전문가의 권위에는 지식과 전문성, 그에 수반되는 책임까지 포함한다.

(5) 통제된 관계

통제된 관계는 사회복지사가 자신과 원조방식에 대한 통제를 의미한다. 효과적이고 효율적으로 원조하기 위해 원조자 자신과 원조의 내용 및 방법에 대해 통제한다는 의미에서 통제된 관계이다.

(6) 책임성

전문적 관계의 출발은 항상 클라이언트의 입장에서 시작되어야 하며, 사회복지사는 관계의 전반적인 과정에서 책임을 진다는 의미이다.

3) 전문적 관계형성을 위한 요소

클라이언트와 사회복지사의 관계는 전문적인 관계로 도움을 요청한 클라이언트의 행동과 환경에 초점을 두며, 클라이언트의 문제해결 및 적응이라는 분명한 목적이 있다. 이러한 목적 달성을 위해 클라이언트의 입장에서 출발하며 사회복지사는 전반적인 과정에서 책임을 지게 된다. 이러한 전문적인 책임을 위해 사회복지실천에서 갖추어야 할 요소가 있다.

(1) 자기인식과 자아실현

사회복지사의 자아인식은 자신과 목표에 관하여 심사숙고하고 자신을 믿고 존중하며 자신을 원조 활동의 중요한 부분으로 인식하는 것이다. 자신의 신념, 태도, 행동 습관을 알고 있으며, 이것이 클라이언트와의 관계 및 사회복지실천에 어떤 영향을 미칠지 정확하게 인식하고 있다는 것을 의미한다. 사회복지사는 사회복지실천에서 클라이언트의 욕구 및 문제해결 과정을 자신이 성장할 기회로 당면한 문제를 지혜롭게 해결할 수 있는 자아실현 능력이 있어야 한다.

(2) 감정이입

감정이입은 사회복지사가 자신의 관점을 유지하면서 클라이언트의 입장에서 클라이언트의 느낌과 경험에 몰입할 수 있는 능력이다. 사회복지사는 클라이언트에게 감정이입을 하면서도 문제 자체와 그 해결 가능성을 객관적으로 분석하고 이성적으로 행동해야 한다. 클라이언트의 말을 적극적으로 경청하고 지속적인 주의를 기울이며 비언어적 표현에 민감하게 반응할 수 있을 때 감정이입이 가능해질 수 있다.

(3) 타인에 대한 관심과 이해

타인에 대한 관심은 클라이언트에게 일어나는 일에 대해서 진심 어린 관심을 두고 상대방의 감정과 교류할 수 있다는 것을 의미한다. 면접 초기 단계에서 타인에 대한 관심은 책임감, 배려, 존중, 타인에 대한 이해 및 그들의 더 나은 삶에 대한 바람까지 포함한다.

(4) 헌신과 의무

헌신과 의무는 원조 관계에서 책임성을 의미하는 것으로 일관성 있게 원조하는 것을 의미한다. 원조 관계에서 목적 달성을 위해 사회복지사뿐만 아니라 클라이언트도 헌신과 의무를 다할 때 긍정적인 원조 관계를 형성할 수 있다. 클라이언트의 의무는 자신의 문제를 정직하고 솔직하게 표현하는 것과 전문적 관계에서 요구되는 시간 약속 등을 지키는 것이다.

(5) 진실성과 일치성

진실성은 사회복지사가 자신의 진실한 반응을 신뢰하고 그러한 감정과 반응을 전달하는 것으로 사회복지사는 클라이언트에 대한 자신의 느낌을 인식해야 한다. 여기서 말하는 진실성은 사회복지사의 감정과 생각을 모두 개방하라는 의미는 아니다. 원조 과정에 도움이 된다고 판단될 경우, 자신의 감정이나 경험을 적절하게 개방한다. 일치성은 일관성 있고 정직한 개방성을 유지하는 것이며, 대화의 내용과 행동이 항상 일치하면서도 전문가로서 자아와 가치 실현에 부합해야 한다.

(6) 구체성과 직접성

구체성은 클라이언트가 자신의 행동, 사고, 감정을 독자적인 방법으로 표현할 수 있게 도와주는 것을 의미한다. 직접성은 사회복지사와 클라이언트가 현재 일어나고 있는 상호작용 속에서 당면하고 경험하는 행동, 감정, 사고에 있어서 현실을 정확하게 묘사하고 명료화하여 클라이언트가 처한 현실을 직접 수정할 수 있는 것을 의미한다.

(7) 직면 또는 대응

직면은 사회복지사가 클라이언트의 이야기를 경청한 결과 어떤 모순점이나 다른 점이 발견되면 이를 클라이언트에게 표현해 주는 것이다. 사회복지사는 클라이언트의 현재 상황을 그대로 전달해 주고 클라이언트 자신이 인식한 상황이 실제 상황과 다를 때 정확히 인식하고 대응할 수 있도록 도와주는 것이다. 이는 클라이언트와 사회복지사가 파악한 현실이 일치하고, 다루고자 하는 내용이 합의될 때 가능하다.

(8) 자기노출

자기노출은 사회복지사가 도움의 상황에서 적절하다고 생각되는 자신의 경험을 클라이언트와 함께 나누는 것이다. 사회복지사와 클라이언트의 관계가 동등한 인격적인 관계라고 느낄 때 효과적인 방법이다. 그러나 사적인 대화와 역감정전이가 유발될 수 있으므로 주의해야 한다.

4) 관계형성의 7대 원칙

비에스텍(1975)은 도움을 요청하는 모든 사람에게는 공통적인 기본 감정 및 태도의 유형이 존재한다고 보았다. 사회복지사와 클라이언트와의 태도 및 감정의 상호작용이 사회복지실천의 관계에 기본이 된다고 보고 7대 원칙을 제시하였으며, 이를 관계형성의 7대 원칙 또는 관계론이라고 한다.

(1) 개별화의 원칙

클라이언트마다 개별적인 독특한 원칙이 있다는 것을 인정하고 개별 클라이언트를 원조하는 방법을 차별적으로 적용하는 것이다. 개별화는 클라이언트가 속한 집단적 특성을 탐색하는 과정을 포함한다. 개별화 원칙을 적용하는 사회복지사는 인간에 대한 편견이나 선입관을 탈피해야 하며, 인간행동 및 발달에 대한 지식을 갖고 활용할 수 있어야 한다. 또한 클라이언트의 말을 경청하며 관찰하고, 클라이언트의 미묘한 감정을 민감하게 포착할 수 있어야 한다. 사회복지사는 클라이언트의 현재 능력을 활용할 수 있게 도와줘야 하며, 클라이언트의 개성과 상황에 따라 원칙을 융통성 있게 적용해야 한다.

(2) 의도적인 감정표현의 원칙

의도적인 감정표현의 원칙은 감정을 표현하고 싶은 클라이언트의 욕구를 인식하며 그 감정을 자유롭게 표현하도록 도와주는 것을 의미한다. 사회복지사는 부정적인 감정의 표현을 막거나 비난하지 않고 그러한 감정을 표현하도록 적극적으로 도와주면서 경청할 수 있어야 한다. 클라이언트가 자신의 감정을 의도적으로 표현하면 스트레스나 긴장이 완화되어 문제를 분명하고 객관적으로 바라볼 수 있게 된다.

또한 사회복지사는 클라이언트가 자신의 감정을 표현할 수 있도록 안정된 환경을 조성해 주어야 한다. 예를 들어, 클라이언트가 자유롭고 안전한 분위기 속에서 자신의 감정을 표현할 수 있도록 편안한 분위기를 조성해 주거나 클라이언트가 부정적인 감정을 가질 수 있다는 것과 그런 감정을 표현해도 좋다는 것을 알려 주는 것이다. 클라이언트가 감정을 표현하도록 격려하고 촉진하며 그의 표현을 경청해 주고 양가감정은 누구나 보편적으로 갖고 있는 것이라고 알려 주어 클라이언트를 안심시키는 것도 사회복지사의 역할이다.

(3) 통제된 정서적 반응의 원칙

통제된 정서적 반응의 원칙은 사회복지사가 클라이언트의 감정에 대하여 민감성을 가지며 그 감정의 의미를 이해하고 그 감정에 대해 의도적으로 적절한 반응을 보이는 것이다. 클라이언트는 자신의 문제에 대해 사회복지사의 공감을 얻고 싶어 하기 때문에 사회복지사가 공감한다는 반응을 보일 때 클라이언트는 자신의 감정이 수용된다는 느낌을 받게 되며 심리적 안정감을 찾을 수 있게 된다.

따라서 사회복지사는 클라이언트의 감성에 대해 민감성을 가져야 하며 클라이언트의 감정이 의미하는 것을 이해해야 한다. 또한 클라이언트의 감정에 대해 의도적으로 적절한 반응을 해야 하는데, 이 반응은 원조의 목적에 맞게 통제하고 조절해야 한다.

(4) 수용의 원칙

수용의 원칙은 클라이언트를 있는 그대로 인식하고 대하는 것을 의미하며 클라이언트의 강점과 한계, 긍정적 감정과 부정적 감정, 건설적 혹은 파괴적 태도와 행동을 그대로 인정하고 존중하는 것이다. 수용의 대상은 좋은 것이 아니라 있는 그대로의 것으로 수용은 클라이언트가 '가치 있는 인간으로 인정받고 싶다'는 욕구에 대해 반응하는 것이다. 그러나 수용인 클라이언트의 일탈 태도나 행동을 허용한다는 의미는 아니다. 단지 클라이언트의 행동이나 생각을 알면서도 '좋다'거나 '나쁘다' 등으로 비판하거나 판단하지 않는다는 것이다.

다시 말해 수용은 행동으로 표출된 감정을 허용하는 것으로 그 행동을 인정하는 것은 아니다. 클라이언트의 사고와 감정은 허용하고 존중하되 클라이언트의 태도나 행동에 '해도 좋다', '해도 된다'고 허용하는 것은 아니다. 사회복지사는 윤리와 법, 전문적 가치에 따라 바람직한 것과 수용할 수 있는 것에 대한 기준이 있어야 한다.

(5) 비심판적인 태도의 원칙

비심판적인 태도는 심판받지 않으려는 인간의 욕구를 기반으로 하며 클라이언트의 문제나 욕구의 원인이 클라이언트의 인격과 같은 개인 내적인 요소에 의한 것이든 클라이언트의 환경에 의한 것이든 그 문제의 책임이 클라이언트에게 있다고 판단하고 비판하지 않는 것이다. 대부분의 클라이언트는 사회복지사의 심판적 판단을 두려워한다. 사회복지사가 비심판적 태도로 견지하면 관계형성에 도움이 되며 클라이언트는 자신을 방어하지 않고 편안하게 자신의 문제와 욕구를 논의할 수 있다.

따라서 사회복지사는 클라이언트의 잘못을 비판하지 않을 것을 전달해 주고 클라이언트에 대해 편견과 선입관을 버리고 객관적으로 평가하며 자기인식을 통해 개방적인 태도를 유지해야 한다.

(6) 클라이언트 자기결정의 원칙

자기결정은 사회복지실천과정에서 스스로 선택하고 결정할 자유에 대한 클라이언트의 권리와 요구를 인정하는 것으로 의사결정 과정에 스스로 참여하고 선택하고 결정하는 것이다. 이때 사회복지사는 문제해결의 주도권을 잡는 것을 피해야 하며, 주요 문제해결자는 클라이언트임을 강조해야 한다. 클라이언트가 나아갈 방향을 결정하려는 것을 존중하고 그 욕구를 결정하는 강점을 자극하면 클라이언트는 문제해결을 위해 적극적으로 참여할 수 있다.

(7) 비밀보장의 원칙

비밀보장의 원칙은 사회복지사가 클라이언트를 도와주는 전문적 관계에서 알게 되는 클라이언트에 관한 비밀을 동의 없이 제3자에게 누설하지 않는 것을 말한다. 사회복지실천과정에서 도덕적, 윤리적으로 클라이언트의 비밀이 보장되어야 하나 한계가 있을 수 있다. 즉, 클라이언트 자신의 생명이나 안전이 위협을 받을 경우 클라이언트의 보호를 우선으로 하고 비밀보장의 원칙은 유보할 수 있다. 제3자의 보호 및 안전을 위협할 경우에도 비밀보장의 원칙은 적용되지 않는다.

5) 관계형성의 장애요인

(1) 전이

전이는 클라이언트가 과거에 알았던 사람에 대한 감정과 태도 등을 사회복지사에게 보이는 것으로 이전 경험을 토대로 현재 일어나고 있는 사실을 일반화해서 왜곡된 지식을 갖는 것을 말한다. 클라이언트가 과거 타인과의 관계에서 경험했던 소망이나 두려움의 감정을 사회복지사에게 보이는 반응으로 클라이언트가 사회복지사의 사적인 생활이나 취향에 관심을 두고 사회복지사의 태도나 행동에 칭찬하거나 비난할 경우 전이를 의심해 볼 수 있다. 이때 클라이언트의 반응이 비현실적임을 알려 주고 사회복지사에 대해 현실적인 관점을 갖도록 도와주어야 한다.

(2) 역전이

역전이는 전이의 반대로 사회복지사가 클라이언트에게 자신 과거의 어떤 인물에 대한 감정과 태도 등을 클라이언트에게 보이는 것이다. 사회복지사는 자신의 감정의 기원에 대해 관심을 두도록 노력해야 하며 클라이언트와의 현실적 관계에 집중하도록 노력해야 한다.

(3) 불신

사회복지사에 대해 클라이언트가 불신하는 것으로 이는 대부분 과거에 경험한 다른 관계에서 비롯된다. 이러한 불신은 클라이언트가 사회복지사에게 쉽게 의지하지 못하게 하며 비난, 거부, 상처 등을 예상하여 방어적인 태도를 보기에 되며 자기노출에 어려움을 겪게 된다. 이때 사회복지사는 인내하고 지속적인 관심으로 클라이언트의 과거 상황을 이해하고 원인 규명을 통해 전문적 지지로 대처하는 노력이 요구된다.

(4) 저항

저항은 사회복지사가 원하는 방향과 반대되는 클라이언트의 행동으로 사회복지사와 클라이언트의 관계에서 변화를 방해하는 힘을 말한다. 이러한 행동은 클라이언트가 의식하는 경우도 있지만 대부분 의식하지 못하고 사회복지사의 눈에만 보이는 경우가 많다. 일반적으로 사회복지실천현장에서 나타나는 저항의 유형은 다음과 같다.

① 침묵하기

침묵하기는 클라이언트가 갑자기 말하지 않거나 할 말이 생각나지 않는다고 하거나 말하고 싶지 않다고 하는 경우이다.

② 핵심에서 벗어난 이야기하기

개입의 목적 혹은 문제해결과 관련 없는 중요하지 않은 이야기를 장황하게 하는 것이다. 중요한 이야기를 그냥 넘겨 버린다거나 고통스러운 이야기에 대해서는 미처 듣지 못한 것처럼 한다거나 다른 주제를 이야기하는 것이다.

③ 비관적이고 무력한 태도

이는 비관적으로 미래를 내다보고 자신의 무력감을 나타내는 것이다. 이러한 반응은 사회복지사를 무력하게 만들기도 한다.

④ 문제를 축소하거나 마술적인 해법을 기대하기

이는 문제를 인식하지 못하거나 문제를 인식하더라고 심각하게 생각하지 않는 것이다. 문제가 한순간에 쉽게 해결될 것이라는 기대를 하는 것이다.

⑤ 저항의 심리를 행동으로 표현하는 것

면담 시간에 지각이나 결석하는 것, 면담 중 안절부절못하고 두리번거리거나 지루해하는 행동을 하는 것으로 이런 행동 역시 저항의 한 형태로 변화를 거부하는 것으로 간주된다.

(5) 양가감정

양가감정은 저항과 밀접하게 관련되는데 변화를 원하는 것과 원하지 않는 마음이 동시에 공존하는 것이다. 사회복지사는 클라이언트에게 양가감정은 자연스러운 것임을 알려 주어 클라이언트가 양가감정을 수용하고 자유롭게 표현할 수 있도록 돕는다.

2. 사회복지실천에서의 면접

1) 면접의 개념

면접은 사회복지실천적 개입을 하는 데 있어서 가장 중요하고 많이 사용되는 기술로 매우 중요한 도구이다. 사회복지실천에서 면접은 전문적 관계에 바탕을 두고 정보수집, 과업수행, 클라이언트의 문제나 욕구 해결 등과 같은 목적을 수행하기 위한 시간제한적 의사소통이다. 사회복지사는 인간의 행동과 반응에 대한 전문적인 지식과 인간관계의 기술을 갖추고 클라이언트와 클라이언트의 문제를 이해하고 원조한다는 목적으로 의도적으로 이끌어 가는 전문적인 대화이다.

2) 면접의 목적

사회복지실천에서 면접의 목적은 클라이언트의 정확한 이해를 통한 적절한 서비스의 제공이다. 사회복지사는 클라이언트의 문제를 파악하고 문제상황에 있는 사람들과 그들의 환경을 이해하고 스스로 문제를 효과적으로 돕는 것을 목적으로 한다. 헵워스와 라슨(Hepworth & Larsen, 1990)은 면접의 목적을 삶의 질 향상과 성장을 위해 문제를 해결하고 그에 필요한 전략이나 행동을 모색하기 위한 정보의 상호작용이라고 했으며, 브라운(Brown, 1992)은 사회복지실천 면접의 목적은 자료수집을 비롯하여 치료관계의 협조를 확립과 유지, 클라이언트에게 정보를 제공, 원조

과정에서 장애를 파악하고 제거하는 것, 목표 달성을 위한 활동, 원조 과정을 촉진하는 것이라고 하였다.

3) 면접의 종류

사회복지실천의 면접은 면접의 목적에 따라 세 가지로 나누어 설명할 수 있다.

(1) 정보수집을 위한 면접

일반적으로 사회조사라고도 하며 클라이언트의 개인적·사회적 문제와 관련된 정보와 발달상의 정보 등 기본적이고 기초적인 정보를 수집한다. 이는 클라이언트의 문제를 개인적·환경적·사회적 관점에서 이해할 수 있으며 문제해결을 위한 서비스 제공 계획을 세우는 데 기초자료가 될 수 있다. 정보를 수집할 때 파악해야 할 항목으로는 일반적 사항(나이, 성별, 학력, 결혼상태, 주소 등), 현재의 문제(현재 문제상황, 현재 문제와 관련된 과거력 등), 가족력(클라이언트의 원가족과의 관계, 부모 형제 관계, 부부관계, 자녀 관계 등), 개인력(아동기 성장 과정, 발달 단계상의 문제, 학교생활, 직장생활, 결혼생활 등)과 사회적·직업적 기능 등이 있다.

(2) 사정을 위한 면접

사정을 위한 면접은 구체적인 서비스에 대한 의사결정을 위한 면접이다. 서비스의 제공 여부와 필요한 서비스가 어떤 것인지 결정하기 위해 실시되는 면접이다. 사정을 위한 면접은 정보수집을 위한 면접보다 좀 더 목적지향적인 성격을 띠며 사정을 위한 면접을 실시하여 클라이언트가 처해 있는 현재 문제상황을 파악하고 문제해결을 위한 개입방법을 결정하게 된다.

(3) 치료를 위한 면접

치료를 위한 면접은 클라이언트의 변화를 돕고 클라이언트가 속해 있는 환경을 변화시키기 위한 면접이다. 사회복지사는 클라이언트의 자신감, 자기효율성을 강화하고, 문제해결 능력을 향상함으로써 클라이언트의 문제해결을 돕는 것과 같은 클라이언트의 변화를 위한 치료면접과 클라이언트의 권리와 이익을 옹호하고 대변하기 위해 사회복지기관이나 지역사회, 공공기관, 관련 공무원들과 이루어지는 환경변화를 목적으로 하는 치료면접이 있다. 치료를 위한 면접은 면접자체가 치료과정이 되는 경우가 많기 때문에 치료의 결과를 통해 클라이언트가 문제에 대해 좀 더 효과적으로 대응할 수 있도록 해야 한다.

4) 면접의 기술

사회복지실천현장에서의 면접기술은 클라이언트와 효과적인 의사소통을 통해 문제를 이해하고 해결책을 모색하는 데 필수적이다. 이러한 기술은 클라이언트와 신뢰 관계를 구축하고, 정보를 정확하게 수집하며, 개입 과정을 성공적으로 이끄는 데 중요한 역할을 한다.

(1) 관찰

관찰은 면접에서 가장 기본이 되는 기술로 클라이언트가 행동하는 것에 주의를 기울이고 그를 이해하는 과정이다. 이때 사회복지사는 클라이언트에 대한 선입견을 버리고 언어적, 비언어적 메시지를 잘 이해하는 능력을 갖춰야 한다. 관찰은 클라이언트가 대기실에 기다리고 있는 상황에서부터 시작해야 한다.

(2) 경청

경청은 클라이언트의 말을 주의 깊게 듣고, 그 내용과 감정을 이해하려는 노력을 의미한다. 이는 단순히 말소리를 듣는 것을 넘어, 클라이언트의 말 속에 담긴 의미와 감정을 파악하려는 적극적인 태도를 포함한다. 경청은 클라이언트가 존중받고 있다고 느끼게 하며, 자신이 이야기하는 것이 가치 있다고 생각하도록 돕고 이에 따라 클라이언트는 사회복지사와 더 깊은 신뢰 관계를 형성하게 된다.

따라서 사회복지사는 클라이언트의 말에 경청하고 있다고 느낄 수 있도록 고개를 끄덕이거나, 단순한 음성반응을 보이거나, 관심 어린 질문을 하는 것이 좋다.

(3) 질문

질문은 클라이언트의 생각과 느낌을 표현하도록 돕는 기술로, 이 과정에서 사회복지사는 질문기술을 통해 클라이언트가 스스로 자기탐색을 촉진할 수 있게 하여 자기 생각을 자유롭게 표현할 수 있게 한다.

질문은 개방형 질문과 폐쇄형 질문으로 구분된다. 개방형 질문은 클라이언트가 자기 생각과 감정을 자유롭게 표현할 수 있는 질문으로 클라이언트가 원하는 대로 광범위한 표현을 할 수 있다. 면접 초기에 사용하여 클라이언트에 대한 많은 정보를 얻을 때 사용할 수 있다.

폐쇄형 질문은 '예', '아니오'와 같이 짧게 대답할 수 있는 질문으로 구체적인 정보가 필요할 경우 사용된다. 명백한 사실을 간단히 확인할 때 사용되며 클라이언트가 자기 생각과 감정을 조리 있게 표현하지 못하는 경우, 자신감이 낮은 경우 대답에 대한 부담감을 줄여 주고 면접이 수월하게 진행될 수 있다. 반면, 클라이언트의 대답이 제한되어 있기 때문에 클라이언트에 대한 이해의 폭이 좁을 수 있다.

그리고 질문할 때 '왜'라는 질문은 과다하게 사용하지 않도록 한다. '왜'라는 질문을 받게 되면 클라이언트가 도덕적으로 추궁을 받는 느낌이 들어 방어적인 태도를 보일 수 있다. 또한 중첩질문이나 이중질문처럼 한꺼번에 많은 질문을 하게 되면 클라이언트는 어느 질문에 초점을 맞춰야 할지 몰라서 혼란스러울 수 있고 피상적인 대답을 할 수 있기 때문에 질문할 때는 한 번에 한 가지 질문만 하는 것이 좋다.

(4) 반영

반영은 클라이언트의 말과 행동에서 표현된 감정, 생각, 태도를 사회복지사가 다른 말로 되돌려 주는 기술이다. 클라이언트의 감정을 정확하게 이해하고 이를 공감하고 있다는 것을 전달하는 것이다. 반영하기에는 재진술과 같은 의미로 클라이언트의 전달 내용에 표현된 핵심 인지 내용을 되돌려 주는 내용 반영이 있다. 이는 클라이언트가 말하고자 하는 본질적인 내용을 보다 짧고 명확한 말로 되풀이해 주는 기술이다. 이때 클라이언트가 한 말 중 중요한 단어를 강조하면서 되돌려 주는 것이 도움이 된다.

감정 반영하기는 클라이언트가 말한 내용보다 그 뒤에 숨겨진 감정을 파악하고 되돌려 주는 기술로 클라이언트가 애매하게 표현하는 감정을 보다 분명한 의식 수준으로 끌어올려 줌으로 클라이언트의 감정을 정확하게 이해하고 이를 공감하고 있다는 것을 전달하는 것이다. 이 경우 클라이언트는 자신이 표현하고자 하는 속마음을 이해받고 있다는 느낌을 받고 사회복지사에 대한 친밀감이 높아져 자기 개방 수준이 높아지기 때문에 자신의 내면을 더욱 쉽게 드러내게 된다.

(5) 명료화

명료화는 클라이언트가 더욱 명확하게 말하도록 격려하는 것으로 클라이언트의 말속에 내포된 것을 클라이언트에게 명확하게 해 주는 것이다. 사회복지사가 클라이언트의 감정이나 생각 속에 담긴 의미를 명확하게 이해하지 못했을 때 클라이언트에게 다시 말해 달라고 요청하는 것이다.

명료화 기법을 효과적으로 활용하기 위해서는 먼저 클라이언트의 언어적, 비언어적 메시지 내용을 확인해야 한다. 다음으로는 클라이언트가 표현한 메시지 중에서 애매한 부분이나 더 확인할 필요가 있는 부분을 찾아낸 다음 명료화해야 할 내용을 정확하게 말로 표현해야 한다. 마지막으로 클라이언트의 반응을 듣고 관찰한다.

(6) 직면

클라이언트의 말과 행동 사이의 불일치와 표현한 가치와 실행 사이에서 나타나는 모순을 클라이언트가 스스로 인식할 수 있도록 직시하는 기술이다. 클라이언트가 모르고 있거나 인정하기 싫어하는 생각과 느낌에 주목하도록 돕는 기술로 클라이언트가 감정, 사고, 행동의 모순을 깨닫도록 하는 것이다. 직면하기의 목적은 클라이언트가 자신이 인정하고 싶지 않은 감정과 행동을 직면할 수 있도록 함으로써 불안해결과 자신의 행동과 감정에 대한 이해를 촉진하기 위함이다.

직면은 클라이언트의 모순된 말과 행동을 지적하는 것이기 때문에 클라이언트가 받아들이지 못할 경우 상처를 받거나 신뢰 관계에 문제가 생길 수 있기 때문에 클라이언트와 충분한 신뢰 관계가 형성되었을 때 사용해야 긍정적인 효과를 볼 수 있다.

(7) 해석

해석은 클라이언트가 겉으로 나타내는 문제의 단서를 발견하고 그 결정적인 요인을 클라이언트가 알 수 있도록 언급해 주거나 클라이언트가 좀 더 자세히 설명하도록 격려함으로써 스스로 깨달을 수 있도록 도와주는 기술이다. 클라이언트가 의식하지 못하는 의미까지 설명해 준다는 점에서 면접 중 가장 어려우며 전문적인 기술이 요구된다. 클라이언트가 사회복지사의 해석을 받아들일 준비가 되어 있지 않은 상태에서 섣불리 해석하게 되면 저항이 일어나 클라이언트의 자기 탐색 감소, 심리적 불균형, 불안과 같은 결과가 나타날 수 있기 때문에 클라이언트가 받아들일 준비가 되었다고 판단되었을 때 조심스럽게 하는 것이 중요하다.

3. 사회복지실천을 위한 의사소통

1) 기본적 의사소통

(1) 언어적 의사소통

의사소통은 사회복지실천의 모든 단계와 모든 형태에서 필요한 것으로 사회복지 원조 과정의 기초적인 구성요소이다. 사회복지사의 의사소통 기술의 습득은 필수적인 것으로 효과적인 의사소통을 위해서는 몇 가지 고려해야 할 사항이 있다.

첫째, 모든 인간은 독특하기 때문에 누구나 모든 상황을 독특한 방식으로 사건을 인식하고 경험하고 상호 교환한다는 것을 인식해야 한다. 그러므로 의사소통 과정에서 어느 정도의 오해가 발생할 것을 예상하고 최소화하기 위한 자세를 갖추어야 한다.

둘째, 다른 사람이 자기 생각을 잘 이해할 수 있도록 생각을 가다듬어 효율적으로 표현하고자 하는 의지가 있어야 한다.

셋째, 다른 사람의 말을 그대로 듣기 위해서 자신의 방어기제를 낮추어야 한다.

넷째, 자신의 생각, 느낌, 행동에 대해 책임지고자 하는 의지가 있어야 한다.

다섯째, 상대방을 이해하고 이해시키기 위해 의사소통에 필요한 정보를 충분히 확보하려는 의지가 있어야 한다.

의사소통이 잘 이루어지기 위해서는 송신자와 수신자가 가져야 할 규칙이 있다. 송신자가 가져야 할 규칙은 다음과 같다.

첫째, 명확하고 단순한 말을 사용하고, 너무 빠르지 않게 말한다.

둘째, 전달하고자 하는 메시지와 몸짓이 일치해야 하며 적절한 시선 접촉과 몸짓을 사용한다.

셋째, 너무 많은 정보를 전달하려고 하지 않는다. 길고 복잡한 메시지는 몇 개의 부분으로 나누어 보다 쉽게 이해할 수 있게 한다.

넷째, 수신자가 잘 이해했는지 확인하기 위해 질문이나 피드백을 요구한다.

또한 메시지 수신자가 가져야 할 규칙은 다음과 같다.

첫째, 말하는 것을 멈추고 들어야 한다.

둘째, 메시지 전달자를 편안하게 해 주고 전달자의 불안을 줄이기 위해 할 수 있는 노력을 한다.

셋째, 주의를 집중하여 당신이 듣고 있다는 것을 보여야 한다.

넷째, 말하는 사람을 참을성 있게 대하고 말을 끊지 않는다.

다섯째, 상대방의 이야기를 듣고 싶어 한다는 것을 언어적 · 비언어적으로 표현한다.

(2) 비언어적 의사소통

의사소통이 대화자의 인식 차원에서 이루어지지만, 비언어적 의사소통은 의식적인 통제가 덜한 상태에서 이루어지기 때문에 의사소통에 비해 좀 더 솔직한 의사소통이 이루어진다. 비언어적인 의사소통의 기법으로 눈 맞춤, 얼굴표정, 목소리의 어조, 손과 팔 등의 몸동작, 몸의 자세, 옷차림과 외모를 들 수 있다.

2) 표현적 의사소통

표현적 의사소통은 클라이언트의 준거틀보다는 사회복지사의 준거틀에서 의사소통하는 것으로 새로운 주제를 소개하거나 클라이언트가 시작한 주제를 확장하게 될 때 사용한다.

(1) 목적, 역할 및 기대의 명료화

클라이언트와 사회복지사와의 첫 만남에서 사회복지사는 클라이언트에게 면접의 일반적인 목적에 대해 명확하게 언급하고 사회복지사의 역할에 관해 설명을 해 주어야 한다. 사회복지사가 클라이언트에게 갖는 기대감을 말함으로써 여러 가지 관련된 부분들에 대한 염려를 줄일 수 있다.

집단의 경우 집단과정에서 지켜야 할 규범에 대해 미리 전달해야 하며, 개인 수준의 실천에서보다 집단 수준의 실천에서 더욱 강조할 필요가 있으며, 특히 비자발적 집단의 경우 좀 더 세부적으로 진행이 되어야 한다.

(2) 초점화

초점화는 사회복지사가 사회복지실천에서 중요한 어떤 부분을 강조하거나 집중시킬 때 사용하는 기술이다. 초기 단계에서 초점을 두어야 할 내용으로는 클라이언트가 가장 중요하다고 느끼는 문제나 문제의 일부분, 기관의 기능에 해당하는 문제의 부분, 사회복지사의 판단에 도움이 가장 필요하다고 생각하는 문제이다.

(3) 부분화

문제가 복잡하거나 클 경우 문제 전체를 동시에 다루기에는 어려움이 있다. 이때, 문제를 해결해 나가는 데 집중적으로, 또는 먼저 다루어야 할 문제를 가려내기 위해 문제를 여러 개의 작은 부분으로 나누어 초점을 모으는 것을 부분화라고 한다. 문제가 개별적으로 보이거나 작은 부분으로 보일 때, 클라이언트는 혼란스럽지 않고 논리적이고 우선순위를 생각해 문제를 쉽게 받아들일 수 있다.

(4) 정보공유

정보공유와 교육하기는 사회복지실천에서 특히 중요한 기술이다. 효과적인 의사소통을 위해서 개인이나 집단의 목적과 현재 상황에 대해 정보를 적절하게 제공하는 기술이 필요하다. 사회복지사가 현재의 목적과 상황에 관련된 정보를 적절하게 제공하는 것은 전문적인 책임이며 정보를 공유할 때는 사실과 의견을 분명하게 구분해야 한다. 정보는 클라이언트가 자유롭게 받아들을 수 있거나 거절할 수 있는 여건에서 공유해야 하며 의견을 나눌 때는 "제 생각으로는~", "제 생각은 ~입니다." 라고 제안해야 한다.

(5) 직면

직면은 사회복지사가 클라이언트에게 말과 행동 사이에 불일치나 모순을 직접 지적하는 것으로 클라이언트의 행동이 역기능적으로 되거나 언어적 메시지나 비언어적 메시지가 일치하지 않을 때 사용된다. 직면은 문제를 지속시키는 클라이언트의 감정, 행동, 사고를 직접 지적하기 때문에 조심스럽게 사용해야 한다. 지적을 받아들이기 힘든 클라이언트는 방어적인 반응을 보일 수 있기 때문에 직면에 앞서 충분한 이해관계를 바탕으로 한 공감적인 대화가 이루어져야 한다.

PART 3

사회복지실천기록과 과정

Chapter 08 사회복지실천의 기록
Chapter 09 초기단계
Chapter 10 사정 및 계획단계
Chapter 11 실행단계
Chapter 12 종결단계

Chapter 08

사회복지실천의 기록

배울 내용

1. 기록의 이해
2. 기록의 방법
3. 기록의 종류
4. 기록 시 유의사항

학습 목표

1. 기록의 목적, 중요성 및 필요성을 설명할 수 있다.
2. 사회복지실천과정에 따른 기록의 방법을 파악한다.
3. 기록의 종류에 따른 기록방법과 장단점을 파악한다.
4. 기록 시 유의사항을 숙지하고 올바른 기록을 위한 방안을 모색해 본다.

1. 기록의 이해

1) 기록의 목적

사회복지사가 사회복지실천에 대해 기록하는 것은 사회복지실천과정의 일부이며, 잘 작성된 기록서는 훌륭한 사회복지실천과 밀접한 관련이 있다. 따라서 사회복지사가 사회복지실천과정을 기록하는 데는 여러 가지 목적이 있으며(김경호, 2006; 윤선오 외, 2023), 구체적인 내용은 **표 8-1**과 같다.

표 8-1. 기록의 목적

- 사회복지실천활동을 정당화하기 위해서이다. 사회복지실천과정이 문서로 기록되지 않은 경우 사회복지실천활동이 이루어졌다는 것을 입증할 수 없다. 또한 기록은 필요시 클라이언트에게 유효한 법적 증거로도 활용될 수 있다.
- 수퍼비전을 통해 효과적인 서비스를 제공했는지 점검할 수 있게 한다. 수퍼바이저는 사회복지사가 기록한 내용을 검토함으로써 사회복지사가 클라이언트와 클라이언트의 문제를 정확히 파악하고 적합한 서비스를 제공했는지 평가하고, 효과적인 실천을 할 수 있도록 수퍼비전을 제공할 수 있으므로 궁극적으로는 서비스의 질을 향상시키는 데 도움이 된다.
- 사례의 지속성을 유지할 수 있게 한다. 사회복지실천활동이 일회성으로 끝날지라도 기록으로 남겨 놓은 경우에는 클라이언트가 이전에 이야기했던 것을 다시 반복하지 않고 현재 자신이 이야기하고 싶은 것부터 말해도 되는 장점이 있다. 아울러 사회복지사가 이직한 경우에도 기록이 있는 경우 그동안의 사회복지실천과정을 파악하기 용이하므로 클라이언트에게 지속적인 서비스를 제공할 수 있다.
- 클라이언트를 돌보는 다른 전문직과의 의사소통을 원활히 할 수 있다. 예를 들어, 종합병원에서 일하는 의료사회복지사는 사회복지실천활동을 기록함으로써 자신과 팀으로 일하는 의사, 간호사, 임상심리사와 기록을 통해 효과적으로 정보를 주고받을 수 있다.
- 클라이언트에게 사회복지실천과정에 대한 정보를 제공함으로써 클라이언트가 사회복지실천활동에 적극적으로 참여하게 도울 수 있다. 아울러 사회복지사는 클라이언트가 자신에 대해 기록한 파일에 접근할 권리가 있음을 기억해야 한다.
- 사회복지실천의 발전을 위한 자료로 활용할 수 있다. 예를 들어, 사회복지실천기록에 근거하여 클라이언트들이 호소하는 문제의 유형이나 욕구, 제공한 서비스의 유형 등을 분류한 통계자료는 클라이언트를 위한 서비스 개발의 지침으로 활용될 수 있다.

2) 기록의 중요성

사회복지실천은 일종의 서비스이며 소멸성을 가지고 있다. 소멸되고 잊혀지는 사회복지실천 서비스의 과정과 기억을 유지시키는 일련의 노력을 기록이라 할 수 있다. 기록으로 남기지 않은 서비스들은 차후 서비스의 효과성을 검증하기 쉽지 않으며, 체계적인 관리가 이루어질 수 없기 때문에 정확하고 철저한 기록은 서비스의 효과성과 효율성 검증, 개입과정 모니터링에 유용한 자료로 활용될 수 있다. 따라서 사회복지사들은 클라이언트에 대한 기록, 서비스의 목적, 과정, 영향에 대한 기록을 철저하게 해야 한다. 즉, 대상 클라이언트에게 기관이 수행한 업무에 관한 정확한 문서기록을 해야 하는 것이다.

정확하고 명확한 기록은 정보의 보존, 서비스 전달 촉진, 기관 내·외의 전문가들과의 의사소통, 또한 실천가들은 기록을 통해 교육 및 감독, 서비스 질을 높인다. 그리고 조사연구 사용 기록의 목적은 책임성이다. 따라서 사회복지사들은 자신의 서비스를 기록하고 설명하고 평가함으로써 클라이언트, 기관, 지역사회에 대한 법적·윤리적 책임을 져야 한다.

그리고 클라이언트 권리의 측면에서 사생활 보장과 기록의 보관에 대한 의무 제시 기록은 서비스 과정에서 전반적으로 수행할 과업이자 윤리적 책임이다. 기록은 충분한 정보를 확인하고 이를 바탕으로 체계적인 의사소통, 사고를 조직화하여 제한된 자원으로 최적의 효과를 거두기 위한 결정을 하고 이를 입증할 도구이다. 기록의 중요성을 구체적으로 살펴보면 **표 8-2**와 같다(신성자 외, 2021; 이영호, 2008).

표 8-2. 기록의 중요성

구분	내용
내담자의 욕구 확인	기록은 클라이언트의 상황과 서비스에 대한 욕구를 확인시켜 주는 정보를 포함한다. 즉, 클라이언트의 문제와 서비스를 개시하는 이유에 관한 내용뿐만 아니라 내담자-상황에 관한 기술과 사정, 심리적 진단을 포함한다.
서비스 내용의 보고	기록은 사례의 개시부터 종결에 이르기까지 클라이언트와 함께 또는 클라이언트를 위해 실행된 활동에 관한 정보를 담고 있고 클라이언트의 욕구와 서비스 목표 및 계획과 관련된 서비스 내용을 포함한다.
사례의 지속성 유지	기록은 사례를 담당하던 사회복지사의 부재 시 클라이언트에게 서비스를 전달하는 다른 사회복지사가 사례에 대한 현재까지의 진행 과정을 검토할 수 있게 해 준다.
전문가 간 원활한 의사소통	기록은 클라이언트에 대한 개입을 위해 노력하는 다른 전문가와의 의사소통을 촉진시키는 역할을 한다. 팀 구성원에게 집단결정과 집단행동을 강화시키는 자원을 제공하고, 전문가들의 개별적 노력을 조정할 수 있도록 돕고, 팀의 모든 구성원들이 접할 수 있는 새로운 정보를 만들어 낼 수 있다.
클라이언트와 정보 공유	기록은 클라이언트와 의사소통하는 도구로 사용될 수도 있다. 클라이언트의 변화 정도를 스스로 기록하게 함으로써 사회복지사와 공유하는 형태와 사회복지사가 클라이언트에 대한 개입의 내용 및 과정을 기록함으로써 공유하는 형태로 나눌 수 있다. 특히 클라이언트가 기록 문서를 볼 수 있도록 허용하는 기관의 사회복지사는 자신의 기록이 클라이언트에게 읽힐 수 있다는 것을 항상 염두에 두는 것이 필요하다.
수퍼비전, 자문, 동료 검토의 원활화	기록은 수퍼바이저, 자문가, 동료들과 클라이언트의 상황과 개입 과정에 대해 공유하고 지도 · 감독받는 데 중요한 자료로 활용된다. 수퍼바이저는 기록을 통해 사회복지사의 업무의 질을 사정하고 변화나 더 많은 발전을 필요로 하는 분야를 파악하고 사회복지사의 강점이 무엇인지를 발견할 수 있다. 그리고 사례회의 시 기록을 통해 수퍼비전, 동료의 검토, 자문이 이루어진다.
서비스의 과정과 효과의 모니터링	기록은 서비스를 지속적으로 평가하기 위한 유용한 도구이다. 첫째, 사회복지사와 클라이언트는 서비스의 목적, 목표, 계획에 관한 계약을 체결한 후 서비스 과정을 통해 실무자는 계획을 실행하고 목표를 성취하고 서비스의 목적 달성에 관한 과정을 기록한다. 기록은 문서화를 위해서뿐만 아니라 내담자와 함께 또는 내담자를 대신해서 서비스 활동을 검토하고, 평가하고, 수정하고, 지속적으로 모니터링하기 위해 사용된다.
학생과 다른 전문가들에 대한 교육	기록은 사회복지실무와 기관의 업무과정을 가르치는 것과 같은 교육적 측면에서도 유용한 도구가 된다. 실습생이나 초보 사회복지사에게 기관 실무를 소개하는 데 사용될 뿐만 아니라 더 나아가 각 실무자의 지속적인 교육과 발전에 있어서도 중요한 도구가 된다. 또한 다른 전문직 분야에서도 사회복지사의 기록을 통해 사회복지사의 업무를 배우고 이해할 수 있다.

구분	내용
행정적 과업을 위한 자료 제공	클라이언트와 서비스에 관한 정보는 클라이언트를 지속적으로 추적하고 클라이언트의 욕구, 서비스 유형, 직무 관리, 직원의 직무 수행, 자원의 분배에 관한 행정적 결정을 위한 정보를 제공하기 위해 사용된다.
연구 조사를 위한 자료 제공	기록은 사회복지실천과 관련된 연구를 수행하는 데 매우 중요한 자료로 활용될 수 있다. 예를 들어, 기관과 실무자는 클라이언트의 욕구와 기관의 서비스 전달 유형에 관한 체계적 연구를 실시하거나 클라이언트의 행동과 목적 달성을 모니터링을 하기 위해 단일사례방법을 사용하기도 한다.

이처럼 사회복지실천에 대한 기록은 여러 가지 이유로 사회복지사가 수행하는 사회복지실천과정에 있어 매우 중요한 역할 중의 하나라고 할 수 있다. 하지만 모든 사회복지실천에 대한 기록이 양호하게 작성되어 있다고는 할 수 없다. 사회복지실천에 대한 기록이 잘 되어 있지 않은 사례와 그와 같은 기록을 인계받은 경우 발생할 수 있는 문제들을 살펴보면 **표 8-3**과 같다.

표 8-3. 기록이 잘 되어 있지 않은 사례의 문제점

- 사회복지실천과정 중 각 클라이언트에게 제공된 서비스의 내용과 양 그리고 범위에 대한 정보가 없다.
- 사례관리 실천과정에서 중요한 서비스 제공 내용에 대한 정보가 없다.
- 클라이언트가 그동안의 서비스 내용에 대한 정확한 정보를 제공해 줄 상황이 아닌 경우, 적절한 개입의 방향을 설정할 수 없는 문제를 야기하게 된다.
- 새롭게 처음부터 개입하고 기록해야 하는 문제가 발생할 수 있다.

3) 기록의 필요성

사회복지실천에 대한 기록은 클라이언트에 대한 이해의 증진, 서비스의 연속성 보장, 클라이언트와 전문가와의 의사소통, 평가 및 반성, 법적 요구사항에 대한 충족 및 전문성 유지를 위해 중요하며, 또한 기록은 효과성, 효율성 및 모니터링을 위해 필요한데, 구체적인 내용은 **표 8-4**와 같다(윤선오 외, 2023).

표 8-4. 기록의 필요성

구분	내용
효과성	기록은 사회복지실천에서 효과성을 파악하는 데 있어 중요한 기초자료로 활용되며, 기록이 분명하고 논리적이며, 철저하게 치료과정을 묘사하고 표출된 문제와 강점, 단기 및 장기 목표, 기대되는 측정가능한 목표에 대해 구체적으로 진술할 때 임상의 효과성을 향상시킨다. 명확한 기록은 사회복지사와 클라이언트가 동의한 목표, 과업, 궁극적인 목적에 초점을 유지하도록 도와준다. 기록은 도표를 활용해서 향상된 것과 향상되지 않은 것, 관련이 없거나, 목표에서 벗어난 이슈들이 나타나는 상황을 설명한다.
효율성	효율성은 임상실천에서 문서기록이 분명하고 정밀하며 정확한 경우에 나타나는 결과이다. 부정확하고 체계가 없고 불충분하거나 결함이 있는 기록들을 재수정하고 재검토하는 데는 행정적 시간이 소비된다. 정확한 기록은 클라이언트의 서비스 제공을 위한 필수조건이 되기 때문에 주의 깊은 사례기록은 한 기관의 존속 여부에도 영향을 미친다. 임상적 비효율성은 클라이언트의 구체적인 문제와 강점, 서비스의 목표, 사회복지실천의 과정과 결과, 개입기술에 대한 부정확하고 모호한 형식 때문에 발생된다. 따라서 사회복지실천가들이 클라이언트의 행동을 불충분하거나 부정확하게 묘사한다면 클라이언트는 신속하고 긍정적으로 원조를 받을 수 없게 된다.
모니터링	기록은 실질적인 개입과정을 모니터링하는 데 중요한 수단이 된다. 개입과정에 대한 모니터링은 모든 실천 분야와 기관에서 실질적으로 실시되는 사례기록의 개요와 검토를 의미한다. 동료 사회복지사들은 기록을 통해 개입의 적절성을 평가하며, 사례관리자들은 적절하고 효과적인 임상실천이 제공되었는가를 확인하기 위해서 사례기록을 검토한다. 평가들은 일반적으로 문서화된 기록을 토대로 행해진다. 사회복지사가 아무리 훌륭하고 유능한 실무자라고 하더라도 기록을 제대로 하지 않았다면 개입과정에 대해 부정적인 평가를 받게 된다.

이처럼 사회복지실천기록의 필요성은 클라이언트에게 제공하는 서비스에 대한 효과성, 효율성 및 모니터링을 위한 중요한 요인 중의 하나인데, 이러한 요인들을 충족시킬 수 있는 좋은 기록의 특징을 보면 **표 8-5**와 같다(윤선오 외, 2023).

표 8-5. 좋은 기록의 특징

- 서비스의 결정과 행동에 초점을 맞춘다.
- 사정, 개입, 평가의 기초가 되는 클라이언트의 상황에 관한 정보를 포함시킨다.
- 각 단계에 목적, 목표, 계획, 진행을 포함하여 서비스 전달에 관한 정보가 들어 있다.
- 상황 묘사와 사회복지사의 견해가 명확하게 분리되어 별도의 제목하에 기록되어 있어 읽는 사람들이 사회복지사의 관찰 사항과 해석을 구분하여 이해할 수 있다.
- 구조화되어 있어서 정보를 효과적으로 문서화할 수 있고, 쉽게 검색할 수 있다.
- 서비스 전달이 잘 묘사되고 모든 문서가 정확하여 유용하다.
- 기록이 간결하고 구체적이며, 타당하고 명확하며, 논리적이고 시기적절하며, 의미 있고 사실에 근거한다.
- 전문가 윤리를 바탕으로 한다.
- 수용된 이론에 기초를 하고 있다.
- 전문가의 견해를 담으면서도 클라이언트의 관점을 무시하지 않는다.

2. 기록의 방법

사회복지실천의 초기난계, 중간단계, 종결단계에 따라 기록하는 내용도 달라진다. 사회복지실천과정에 따른 기록방법을 구체적으로 살펴보면 다음과 같다.

1) 초기단계

초기단계의 기록에는 클라이언트의 인구학적 특성, 호소하는 문제, 인지, 신체, 건강, 교육, 직업, 재정, 범법 행위, 대인관계, 문화적 특성, 주거환경, 자원, 강점, 약점 등에 대해 기록하는 것이 도움이 된다. 그리고 이러한 정보를 토대로 클라이

표 8-6. 개인사정보고서

개인사정보고서

1. 기본정보
   - 이름
   - 성별
   - 생년월일
   - 주소
   - 동거가족
   - 직업
   - 수입
   - 종교

2. 개인 내적 측면
   - 신체적 측면
   - 정신적 측면
   - 생리적 측면

3. 개인사

4. 가족상황

5. 환경적 측면

6. 문제의 사정

7. 개입 방향과 계획

년 월 일

사회복지사 ○ ○ ○ (인)

언트에 대한 사정보고서를 작성할 필요가 있다. 아울러 클라이언트와 계약서를 작성하는 것이 바람직하며, 계약서에는 개입 목적, 개입 계획, 사회복지사와 클라이언트의 역할과 과업 등을 명시하는 것이 일반적이다. 초기단계의 개인사정보고서와 서비스 탐색 단계에 대한 기록의 구체적인 내용은 표 8-6, 표 8-7과 같다(신성자 외, 2021; 윤선오 외, 2023).

표 8-7. 서비스 탐색 단계

구분	내용
클라이언트 특성	인구학적 정보는 전문적 판단을 요하지 않는 정보이며, 사회복지사와 클라이언트가 대면하기 전에 클라이언트 자신이나 사무직원이 기록하기도 한다. 클라이언트에 대한 인구학적 정보에는 이름, 주소, 생년월일, 성, 교육수준, 현재의 직업, 수입, 결혼 상태, 가족 구성, 종교 등을 기록한다.
서비스를 개시하는 방법과 이유	클라이언트가 직접 서비스를 요청하는 경우에는 클라이언트가 기관의 서비스를 어떻게 인식하고 있는지를 알려 준다. 또한 클라이언트가 다른 부서나 다른 기관에서 의뢰된 경우에는 서비스를 의뢰하는 측이 갖고 있는, 내담자가 필요로 하는 서비스에 대한 정보를 알려 준다. 이때 '현재 제시된 문제'가 '앞으로 다루어야 할 문제'와 일치할 수도 있지만, 다른 사례에서는 그렇지 않을 수도 있다.
현재와 과거의 클라이언트 상황에 대한 기술	클라이언트의 문제나 욕구를 역사적이며 생태학적 맥락에서 이해하기 위해 클라이언트 상황에 대한 현재와 과거에 대해 얻은 정보를 사회력(social history)이라고 한다. 사회력은 현재의 클라이언트 상황을 이해하는 데 적합한 개인적 · 대인적 · 사회적 · 환경적 정보에 집중하고 중심 문제를 관련 생태학적 맥락에서 다룬다.
자원과 제약	탐색 과정에서 확인된 문제와 욕구에 대응하기 위해 사회복지사는 클라이언트가 필요로 하고 이용가능한 자원과 서비스를 고려하게 된다. 즉, 교회단체, 자조집단, 사회적 서비스 기관과 같은 공식적 또는 비공식적 자원뿐만 아니라 지역사회 자원의 부적합성이나 장애 요소도 기록되어야 한다.
사정	클라이언트 상황과 서비스 과정 및 진행에 관한 기술이 이루어진 다음에 클라이언트에 대한 사정이 이루어진다. 사회복지사는 구체적인 준거 틀이나 기준에 따라서 클라이언트 상황이나 서비스 교류에서의 중요한 요인들을 분석한다. 사회복지실천기록에서의 사정은 '사회복지사의 사정', '견해', '조작적 가설'과 같은 분명한 명칭을 제시하는 것이 좋다. 또한 클라이언트 상황에 대한 사정은 클라이언트의 욕구와 제약뿐만 아니라 강점과 자원에 대한 평가도 함께 이루어진다.

2) 중간단계

클라이언트에 대한 사정보고서와 계약서를 작성한 후에는 매번 클라이언트를 만난 후 클라이언트의 호소 내용, 개입 내용, 사회복지사의 느낌과 생각, 개입에 대한 사회복지사 자신의 총평 등을 중심으로 기록하는 것이 일반적이다(**표 10-8**). 아울러 중간단계 동안 작성한 기록들을 요약한 중간보고서를 작성하는 경우, 사회복지실천이 초기단계의 계획대로 진행되고 있는지를 평가할 수 있는 장점이 있다. 중간단계의 사회복지실천기록과 서비스 형성 단계, 서비스 실행 단계에 대한 기록의 구체적인 내용은 **표 8-8, 표 8-9, 표 8-10**과 같다(신성자 외, 2021; 윤선오 외, 2023).

표 8-8. 사회복지실천기록

사회복지실천기록

일시:
참석자:

1. 클라이언트의 호소 내용

2. 개입 내용

3. 사회복지사의 느낌과 생각

4. 개입에 대한 총평

년　　월　　일

작성자: 사회복지사　○ ○ ○ (인)

표 8-9. 서비스 형성 단계

구분	내용
서비스에 영향을 미치는 결정	클라이언트에게 전달되는 서비스의 종류나 양에 영향을 미치는 중요한 결정들의 본질과 정당성을 기록하는 것이 중요하다. 사회복지사와 클라이언트 간의 상호결정은 계약을 통해 이루어지는데, 계약에는 서비스의 목적과 방법에 관한 전반적 합의를 기본으로 하여, 면담 시간, 비용, 과제 등과 같은 구체적인 것들에 대한 합의도 포함된다. 문서 계약을 할 때에는 계약서 사본을 보관해 두어야 하고, 구두 계약을 할 때에는 결정 참여자, 결정 내용, 결정의 정당성을 기록해야 한다.
서비스의 목적	서비스 목적을 기록한다는 것은 서비스를 통해 무엇을 달성할 것인지를 결정하는 것이다. 서비스의 목적은 모호하거나 추상적인 용어를 피하고 구체적으로 기록해야 한다. 예를 들어, '자아존중감 및 자기효능감을 증진시킨다', '대인관계 능력을 증진시킨다'와 같이 구체적으로 기록하는 것이 좋다.
서비스의 계획	서비스 계획은 서비스 목적을 달성하기 위하여 구체적으로 행해질 내용을 기술하는 것이다. 계획을 자세하게 기록해 놓으면 담당 사회복지사의 부재 시 서비스의 지속성을 유지하는 데 도움을 줄 뿐만 아니라 서비스의 실행을 평가하는 데에도 유용하다.
서비스의 특성	서비스 특성은 '클라이언트의 특성'과 마찬가지로 행정적 처리나 조사연구를 위해 구조화된 기록을 말한다. 특히 공공부조나 아동학대와 같이, 서비스가 클라이언트의 자유 재량이 아니라 자격권이나 법적 의무로 주어지는 공적 기관에서는 전형적으로 이런 표준화된 서비스 특성에 대한 기록 양식을 사용한다. ▸ **서비스** ( ) 개인상담 ( ) 집단상담 ( ) 가족상담 ▸ **자원 제공** ( ) 교통편 ( ) 전화방문 ( ) 도시락배달서비스 ( ) 정보 제공 및 의뢰 ( ) 옹호

표 8-10. 서비스 실행 단계

구분	내용
중간 노트	일단 서비스 실행이 시작되면 중간 노트(midterm notes)에 클라이언트 상황과 서비스 교류를 정기적으로 기술하고 사정한다. 이를 과정 노트(process notes)라 부르기도 하는데, 중간 노트는 간결할 수도 있고 포괄적일 수도 있는데, 이는 어떤 정보를 포함하며 얼마나 자주 기록하느냐에 달려 있다. 중간 노트는 다음의 내용을 포함한다. • 지난번 기록 이후의 클라이언트 상황의 상태와 변화에 관한 기술 • 지난번 기록 이후의 클라이언트 상황의 상태와 변화에 대한 사정 • 마지막 기록 이후의 서비스 활동과 서비스 과정에 관한 기술 • 중요한 사건의 보고 • 서비스의 목적, 계획, 과정, 진행에 대한 사정 • 서비스의 목적 또는 계획의 변화
서비스 재검토	중간 노트가 주어진 사례에 대한 사회복지사의 지속적 관찰과 사정을 기록한다면, 서비스 재검토는 서비스 결정과 서비스 활동에 대한 공식적 재평가를 기록하는 것이다. 서비스 재검토는 많은 경우 사례회의를 통해 이루어지며, 이는 책무성의 목적을 위해 기록된다. 일반적으로 서비스 재검토의 내용은 날짜, 참여자, 제안점 그리고 결정 내용을 포함해야 한다. 재검토 후 사회복지사는 서비스의 목적과 계획에 새로운 제안과 결정을 반영할 수 있도록 수정을 할 수도 있다.

3) 종결단계

종결단계에서는 그동안 진행된 사회복지실천활동을 요약하고 평가하는 내용으로 기록을 작성한다. 종결보고서에는 의뢰경위, 주요문제, 개입목적, 개입과정 요약, 개입에 대한 총평가, 사후관리 계획 등을 중심으로 기록한다. 종결단계의 사회복지실천 종결보고서와 서비스 종결단계에 대한 기록의 구체적인 내용은 **표 8-11, 표 8-12**과 같다(신성자 외, 2021; 윤선오 외, 2023).

표 8-11. 사회복지실천 종결보고서

사회복지실천 종결보고서

클라이언트:

1. 의뢰 경위

2. 주요 문제

3. 개입 목적

4. 개입 계획

5. 회기별 개입 요약

6. 개입에 대한 총평가

7. 사후관리

년 월 일

작성자: 사회복지사 ○ ○ ○ (인)

표 8-12. 서비스 종결 단계

구분	내용
서비스 종결의 방법과 사유	서비스는 사전에 수립된 계획에 따라 종결될 수도 있으며, 또는 내담자의 독립적 결정에 의해 조기에 종결될 수도 있다. 서비스 종결과 관련된 내용은 책무성, 서비스 평가, 내담자에 대한 향후 서비스의 계획을 위해 기록된다.
서비스 활동과 결과 요약	사회적 서비스에 관한 기록은 흔히 서비스 과정의 개괄이라고 할 수 있는 종결 요약과 종결 당시의 서비스 결과에 관한 기술을 포함한다. 서비스 개시 이유, 서비스 동안의 클라이언트 상황, 서비스의 목적, 계획, 과정, 서비스와 클라이언트 상황에서의 중요한 사건들을 기록한다. 또한 종결 시의 클라이언트 상황의 위치, 서비스에 대한 평가와 클라이언트 상황과 이용가능한 자원에 관한 서비스의 영향에 관한 평가를 포함한다.
사후관리	서비스가 종결된 이후에도 변화의 유지 및 지속성을 위한 사후관리가 필요하다. 사후관리에 관한 기록은 클라이언트 상황에 관한 현재의 상태와 향후의 서비스에 관한 제안, 클라이언트와 함께 또는 클라이언트를 대신해서 취해진 모든 행동에 대한 정보를 포함한다.

3. 기록의 종류

사회복지실천의 기록은 기록유형에 따라 달라질 수 있고, 기록의 유형은 클라이언트의 규모에 따라 달라질 수 있다. 이는 사회복지사가 개입하는 대상(개인 또는 집단이나 지역사회 등)과 이들의 특성에 따라 기록방식이 달라진다. 따라서 사회복지사는 클라이언트의 원조과정을 문서화하는데 있어서 클라이언트의 상황과 문제에 따라 적합한 기록형태를 잘 활용하고 기록할 줄 알아야 한다. 사회복지실천에서 많이 사용되는 최소기본기록, 요약기록, 이야기체 기록, 문제중심 기록 및 과정기록을 중심을 살펴보면 다음과 같다(신성자, 2012; 윤선오 외, 2023).

1) 최소기본기록

최소 기본기록은 단순하고 경제적인 기록 양식이다. 이 기록은 기본적인 정보인 클라이언트의 이름, 주소, 전화번호, 직업과 수입, 가족이나 친척주소, 면접날짜, 클라이언트의 주요문제, 목적, 개입계획, 클라이언트의 반응, 필요한 자원, 클라이언트를 위해 필요한 행동과 종결상태를 기록한다.

2) 요약기록

요약기록은 시간의 경과에 따라 변화된 상황, 개입활동, 중요한 정보 등을 요약하여 기록하는 기록방법으로 시간대별로 사건이 있을 때마다 기록한다. 사례가 장기간 진행될 경우 유용하며, 사회복지기관에서 가장 많이 사용되는 기록형태이다.

3) 이야기체 기록

이야기체 기록(narrative recording)은 사회복지사가 클라이언트 및 그 상황이나 서비스에 대하여 이야기를 풀어 가듯이 서술체로 기록하는 방법이다. 이야기체 기록은 면담의 대화 내용을 있는 그대로 재현하는 것이 아니라, 면담의 내용이 요약되어 서술된다. 따라서 간결하며 초점이 분명한 이야기체 보고서는 특히 사회력이나 사정과 같은 특정 내용 요소들을 문서화하는 데 효과적이다. 사회복지기관에서 흔히 사용되는 이야기체 기록의 특징을 살펴보면 **표 8-13**과 같다.

표 8-13. 이야기체 기록의 특징

- 클라이언트의 개별적 상황에 맞추어 개방적인 형식으로 기록해 나가는 것으로 기록 내용이 이야기체 형식을 취하고 있어서 이야기체 기록이라고 한다.
- 많은 사회복지기관에서 사용하는 기록으로 기록의 내용과 구조 등이 사회복지사의 재량에 맡겨지기 때문에 사회복지사들은 조직적이고 내용이 적합하고 문장력이 있는 이야기체 기록을 할 수 있는 능력을 갖추고 있어야 한다.

이야기체 기록은 사회복지사의 말이나 느낌보다는 클라이언트의 상황과 서비스 실시에 초점을 맞추어 기록해야 하며, 사회복지사는 자기가 기록해야 할 중요한 내용을 선택하고 시간의 순서에 따라 주제별, 제목별로 구분하여 기록한다. 이야기체 기록은 사례가 진행되는 동안 과정의 진행을 보고하는 형식이기 때문에 장기간에 걸쳐 진행되는 사례에서 유용하게 활용된다.

이야기체 기록은 클라이언트 및 그 상황과 서비스 교류의 특수한 본질을 개별적으로 반영할 수 있어서 임상 실무를 문서화하는 데 적합하다. 또한 융통성이 있어서 중요하다고 생각되는 것은 포괄적으로 기록할 수 있는 장점이 있다(윤현숙 외, 2002). 구체적인 이야기체 기록의 단점은 **표 8-14**, 이야기체 방식의 제한점을 최소화하면서 장점을 극대화하기 위한 방법은 **표 8-15**와 같다(신성자 외, 2021).

표 8-14. 이야기체 기록의 단점

- 사회복지사의 재량에 많이 의존한다는 것이다. 따라서 지나치게 단순할 수도 있고, 지나치게 길고 초점이 분명하지 않을 수도 있다. 기록의 질은 제공된 서비스의 질보다는 사회복지사의 문장력이나 기록에 걸린 시간의 양에 의해 더 좌우될 수도 있다.
- 이야기체 기록은 개별적 구성과 부담스러운 양 때문에 원하는 정보를 쉽게 찾을 수 없다는 어려움이 있다. 특히 장기간에 걸친 사례에서 특정한 정보를 찾는 경우에, 원하는 내용을 찾으려면 많은 페이지를 읽어야만 알 수 있다.
- 사회복지사가 이야기체 기록을 꼼꼼하게 하려면 기록하는 데 시간이 걸리고, 따라서 사회복지사는 종종 기록을 미루게 되는 일이 발생한다. 이것은 기록을 부정확하게 하고 시기적절하지 않게 할 우려가 있다.

표 8-15. 이야기체 기록의 장점의 극대화 방법

- 단기적 서비스나 일상적이고 전형적 서비스는 구조화된 양식이나 체크리스트를 사용하고, 복합적이고 개별화된 서비스에 대해서만 이야기체 기록을 사용하도록 한다.
- 이야기체 기록에 포함되는 것들에 대한 지침을 세운다. 핵심이 되는 내용에 대한 틀을 사용하는 것도 필요한 내용을 보다 편리하게 기록할 수 있는 방법이다.
- 이야기체 기록에서 배제되어야 할 것에 대한 지침을 세운다. 즉, 쉽게 접근할 필요가 있는 내용, 좀 더 효율적 양식을 사용하여 충분히 문서화될 수 있는 내용은 굳이 이야기체 기록을 사용하지 않는다.

4) 문제중심 기록

문제중심 기록(problem-oriented recording)[1]은 현재 제시되고 있는 문제를 중심으로 구성되며, 문제 영역을 규명하고, 사정하고, 각 문제에 대하여 무엇을 할 것인지에 대한 계획을 기록하는 것이다. 즉, 문제를 목록화하고 진행기록을 정리하는 특징이 있는 기록방법이다. 이 방식은 원래 병원에서 의료기록을 표준화하고 수행정도를 검토하기 위하여 개발되었으며, 단순히 기록 차원을 넘어서 문제해결에 도움이 되도록 만들어졌다.

문제중심 기록은 진행초기에 확인된 문제를 나열하고 사례를 진행하면서 새로운

1) 문제중심 기록은 현재 제시된 문제를 중심으로 문제 영역을 규명하거나 사정하고 각 문제에 대한 계획 내용을 기록하는 양식이다. 주로 SOAP 방식으로 기록한다.
- S(Subjective information): 주관적 정보
  클라이언트 입장에서 보는 상황에 대한 정보로 클라이언트와 가족들이 주관적으로 기술하는 문제와 정보
- O(Objective information): 객관적 정보
  사회복지사가 관찰한 클라이언트에 대한 객관적 정보, 전문가의 관찰, 임상적 검사, 체계적 자료수집 정보
- A(Assessment): 사정
  문제에 대한 견해, 해석, 사정으로 주관적 정보과 객관적 정보를 검토하여 얻은 전문가의 결론
- P(Plan): 계획
  전문가의 해결 방안

문제가 표면화될 때마다 이를 추가시키고 문제가 해결될 때마다 이를 표시하면서 진행과 계획, 완수를 한눈으로 볼 수 있도록 하는 방식이다. 문제중심 기록방법은 표 8-16과 같다(신성자 외, 2021; 윤선오 외, 2023).

표 8-16. 문제중심 기록방법

<table>
<tr><th>구분</th><th>내용</th></tr>
<tr><td>자료수집을 통한 데이터베이스를 구축한다.</td><td>데이터베이스는 접수과정 또는 개입기간 동안 수집된 정보로 구성되며, 클라이언트의 문제목록을 작성하기 위한 기본 자료가 된다. 이러한 자료는 클라이언트의 문제를 확인하고 개념화시키기 위한 근거를 제공하고, 예비적 문제목록을 만들어 내기 때문에 체계적으로 수집되고 정리되며 기록되어야 한다. 데이터베이스는 다음의 내용을 포함한다.
• 데이터베이스는 클라이언트가 제시하는 문제
• 클라이언트의 일상에 대한 서술, 사회 심리적 정보
• 현재 질병 및 과거력, 주변 환경에 대한 검토
• 신체검사 및 각종 검사결과 보고 등의 내용을 포함</td></tr>
<tr><td>문제목록을 작성한다.</td><td>사회복지사는 팀으로 또는 독립적으로 자료수집 과정 동안 밝혀진 문제들의 목록을 작성하게 된다. 초기 접촉에서부터 드러나는 문제가 있는가 하면 어떤 문제는 추후의 접촉 과정 동안 나타나기도 한다. 문제목록은 각 문제마다 번호가 붙여지게 되고, 추후에 새로운 문제가 나타나게 되면 문제목록에 추가시킨다. 문제목록은 개입의 초점을 제공하고, 책무성을 위한 문서가 되며, 서비스 종결 시에 서비스의 효과를 검토하기 위한 근거가 된다.
표 8-17. 문제목록의 예
<table>
<tr><th rowspan="2">번호</th><th rowspan="2">문제</th><th colspan="2">날짜</th></tr>
<tr><th>진행</th><th>중단/해결</th></tr>
<tr><td>1</td><td>출혈성 심장기능부전</td><td>4/4</td><td></td></tr>
<tr><td>2</td><td>식이요법 수행 부족</td><td>4/4</td><td></td></tr>
<tr><td>3</td><td>약물남용</td><td>4/7</td><td>4/12</td></tr>
<tr><td>4</td><td>우울증</td><td>4/12</td><td></td></tr>
</table></td></tr>
<tr><td>초기 계획을 세운다.</td><td>서비스 제공자들은 독립적으로 혹은 개별적으로 문제목록의 문제에 대해서 계획을 세운다.</td></tr>
<tr><td>진행노트를 작성한다.</td><td>개입의 진행은 문제 각각에 대해서 문제 번호에 따라 기록된다. 사례가 진행되면서 데이터베이스에 있는 정보나 초기 계획이 수정될 수도 있다. 개입이 필요할 때 이 행동을 서술하는 데는 SOAP 형식을 사용하는 것이 유용하다. 다시 말해 사례가 진행되면 서비스 진행과 변화 내용을 문제목록이 기재된 번호에 따라 SOAP 방식으로 기록한다.</td></tr>
</table>

이처럼 문제중심 기록은 네 가지 요소, 즉 데이터베이스의 설정, 문제목록, 초기 계획, 진행 노트로 구성된다고 할 수 있다. 이러한 문제중심 기록의 장점, 단점을 살펴보면 표 8-18과 같다.

표 8-18. 문제중심 기록의 장단점

구분	내용
장점	• 다양한 전문직 간의 의사소통을 촉진시킬 수 있다. • 팀 구성원들은 목록화된 각 문제에 초점을 맞추어 다루어야 하고 모든 치료 계획에 대해 문서화된 추후 점검을 할 책임이 있기 때문에 책무성을 향상시킨다. • 기록이 간결하고 형식이 통일되므로 기관 감독자, 조사 연구자, 외부의 자문가 등이 보다 쉽고 질 높은 기록을 검토를 할 수 있다.
단점	• 클라이언트의 욕구, 자원, 강점보다는 문제를 강조함으로써 사회복지실천의 관심의 폭을 지나치게 한정시킬 우려가 있다. • 개인과 환경의 상호작용보다는 개인을 강조함으로써 관련 현상의 복잡성을 단순화시킬 우려가 있다. • 부분화를 강조함으로써 통합적이며 체계적인 쟁점들을 왜곡시킬 우려가 있다.

따라서 문제중심 기록의 형식을 심리사회적 정보 및 사회복지서비스의 전 범위를 포괄할 수 있도록 수정한다면 보다 많은 사회복지기관에서 폭넓게 사용될 수 있다.

5) 과정기록

과정기록(process recording)은 면접내용과 면접의 연속적인 과정에 대해 자세하게 기록하는 것이다. 사회복지전공 학생이나 신입 사회복지사의 기본적인 기술 학습을 돕기 위한 유용한 도구가 될 수 있다. 과정기록의 내용에는 클라이언트가 나타내는 감정에 대한 사회복지사의 평가, 클라이언트의 일방적 행동양식과 외모, 사회복지사의 면접에 대한 반응 등이 포함되어야 한다. 과정기록을 위한 자료수집 방법에는 비디오, 테이프, 녹음기 등을 활용하는데, 활용 시 클라이언트에게 고지된 동의를 얻어야 한다. 과정기록의 장점과 단점을 살펴보면 표 8-19와 같다(신성자 외, 2021).

표 8-19. 과정기록의 장단점

구분	내용
장점	• 과정기록은 수퍼바이저의 면담기법과 개입방법에 관한 교육훈련을 위한 자료로 유용하게 사용된다. 수퍼바이저가 수퍼비전을 통해 전반적인 기능수행능력을 면밀히 파악하는 데 도움이 되고, 효과적으로 개입하고 있는 부분과 지도가 필요한 부분에 대해 파악할 수 있도록 해 준다. • 과정기록은 수퍼바이저의 자기인식 및 서비스 과정에서의 자아의 활용을 향상시켜 준다. 따라서 수퍼바이저는 클라이언트의 말과 행동뿐만 아니라, 자기의 말과 행동 및 감정도 자세히 기록해야 한다. 사회복지실천은 클라이언트의 변화와 함께 사회복지사 자신의 성장의 기회가 되는데, 이를 위해서는 자신의 생각, 느낌 등을 면밀히 분석하여 자기인식을 증진시키는 것이 필요하다. 또한 과정기록을 하는 과정에서 수퍼바이저는 면접과정의 재경험을 통해 자기의 개인적 느낌을 알아내고 이것이 서비스 전달에 어떠한 영향을 미치는지를 분석하게 된다.
단점	• 시간이 너무 많이 걸려 기관 실무에서 사용하기에 비효율적이다. • 과정기록은 면접 과정 동안 일어난 일을 실제로 완벽하게 기억하지 못한다.

따라서 만약 실제 서비스 과정을 보다 면밀하고 정확하게 검토하고자 한다면, 과정기록과 함께 음성녹음이나 동영상 녹화를 사용할 수 있다.

과정기록 방법으로 면담내용에서는 클라이언트의 언어적·비언어적 의사소통을 포함하여 면접 중에 일어난 일을 있는 그대로 기록한다. 구체적으로 사회복지사의 느낌, 대화가 진행되는 동안 사회복지사의 느낌을 솔직하고 개방적으로 기록한다. 분석에는 사회복지사의 느낌과 면접기법에 대한 분석, 다른 대안적 접근 등을 기록한다. 면접내용과 사회복지사의 느낌, 분석에 대하여 수퍼바이저가 추후에 코멘트한다. 요즈음 사회복지관 평가 시 전산시스템에 등록된 기록만 실적으로 인정하는 경향 속에 사회복지기록의 전산화가 가속화로 진행되고 있다. 그러나 이런 이유가 아니더라도 기록은 사회적 책무성을 달성하기 위한 수단이기 때문에 반드시 업무

처리 후 전산시스템에 입력하는 것을 권장한다.

전산시스템을 활용한 기록방법은 전산화를 통하여 기록 자료를 검색하고 서비스 이력을 한눈에 볼 수 있도록 기반을 제공할 수 있으나 아직까지 사회복지실무에 활용하기 좋은 기록형식을 충분히 제공하지 못하고 있는 실정이다. 기록과 관련된 윤리적 쟁점을 살펴보면 표 8-20과 같다(윤선오 외, 2023).

표 8-20. 기록과 관련된 윤리적 쟁점

- 정보를 숨기거나 왜곡시키는 행위이다.
- 기록은 전문가의 가치판단이 반영된다.
- 기록에서 누락된 정보가 없는지, 맥락상 어색한 부분은 없는지 수퍼바이저는 확인해야 한다.
- 부주의로 공개되는 문제가 있다.
- 기록 보관 소홀의 문제가 있다.
- 기록물에 대한 활용문제가 있다.
- 기록물이 저작권, 초상권 등의 문제가 있다.

4. 기록 시 유의사항

좋은 기록을 위해서는 체계적으로 준비하고 문장력을 향상시킬 필요가 있다. 따라서 사회복지사는 클라이언트를 만나기 전, 만나는 동안, 또는 만난 이후에 각각 기록할 준비가 되어 있어야 한다. 구체적으로 클라이언트와 만나기 전, 특히 서비스 관계 초기에 사회복지사는 기록에 필요한 정보를 문의할 준비를 해야 하며 기관에서 사용하는 양식, 간단한 서식, 방침을 검토하여 필요한 정보가 무엇인지 알아야 한다. 클라이언트를 만나는 동안이나 만난 이후에는 서비스를 제공하는 동안 얻어진 것과 밝혀진 것에 대하여 짧게 메모해 두는 것이 좋다. 중요한 단어와 문장은 사회복지사가 필요한 정보를 기억하는 데 큰 도움이 된다. 사회복지기록에 있어서 유의할 사항은 표 8-21, 반대로 피해야 할 기록에 대한 구체적인 내용은 표 8-22와 같다(김혜란 외, 2006: 신성자 외, 2021).

표 8-21. 사회복지기록의 유의사항

- 서비스의 결정과 행동에 초점을 둔다.
- 사정, 개입, 평가의 기초가 되는 클라이언트와 상황에 관한 정보가 들어 있다.
- 각 단계에서 목적, 목표, 계획, 과정과 진행을 포함하여 서비스 전달에 관한 정보가 들어 있다.
- 상황 묘사와 사회복지사의 견해가 명확하게 분리되어 별도의 제목하에 작성되어 읽는 사람들이 사회복지사의 관찰 사항과 해석을 구분하여 이해할 수 있다.
- 구조화되어 있어서 정보를 효과적으로 문서화할 수 있고, 쉽게 색출해 낼 수 있다.
- 서비스 전달이 잘 묘사되고 모든 문서가 정확하여 유용하다.
- 기록이 간결하고, 구체적이며, 타당하고, 명확하며, 논리적이고, 시기적절하며, 의미 있고, 사실에 근거한다.
- 전문가적 윤리를 바탕으로 한다.
- 수용된 이론에 기초해 있다.
- 전문가의 견해를 담으면서도 클라이언트의 관점을 무시하지 않는다.

표 8-22. 피해야 할 기록

- 부정확한 사정, 잘못된 판단, 비윤리적 행동, 부적절한 개입을 담고 있다.
- 정보가 너무 많이 또는 너무 적게 쓰이고 조직화되어 있지 않아 필요한 사람에게 정보를 제대로 제공하지 못한다.
- 뒷받침이 되는 관찰과 평가 없이 결론을 내려 기록상 과잉 단순화가 나타난다.
- 초점이 없고 모호하며, 편견에 치우쳐 있고, 추리에 의존하며, 정확하지 않다.
- 맞춤법상의 오류가 있다.
- 반복된 표현, 장황한 표현, 진부한 용어를 사용한다.
- 의미가 없고, 비판적이며, 과장되게 표현한다.
- 클라이언트와 상황에 대한 독단적 견해의 표현, 특히 클라이언트에 대한 비난 또는 부정적 낙인을 붙인다.
- 행위자가 식별되지 않는 수동태 문장으로 표현한다.

좋은 기록을 위해서는 사실과 견해를 구분하여 작성하는 것이 중요하다. 그리고 기록하기 전 클라이언트의 양해와 동의가 필요하다. 또한 기관의 양식, 서식, 방침을 검토하여 필요한 정보를 미리 숙지하도록 한다. 사회복지사는 좋은 기록을 위해 체계적 준비와 문장력 향상을 위해 노력하는 것이 중요하다. 그리고 평소 메모하는 습관을 기르기 위해 노력하는 것이 기록을 위한 좋은 방법 중의 하나이다.

09

Chapter

초기단계

배울 내용

1. 사회복지실천의 과정
2. 초기단계

학습 목표

1. 사회복지실천의 전 과정을 파악한다.
2. 초기단계에서의 활동들을 설명할 수 있다.

1. 사회복지실천의 과정

사회복지실천은 사회복지의 이론과 원칙을 바탕으로 개인, 가족, 집단 및 지역사회가 직면하는 다양한 문제를 해결하고, 삶의 질을 향상시키기 위해 실질적인 도움을 제공하는 활동을 말하는 것으로, 이는 여러 형태의 전문적 서비스와 개입을 통해 이루어지며, 클라이언트의 복지를 증진시키는 것을 목적으로 한다. 이와 같은 목적을 달성하기 위해 사회복지실천은 **그림 9-1**과 같이 초기단계, 사정 및 계획단계, 실행단계 그리고 종결단계로 이루어지게 된다. 각 단계에 대한 세부적인 내용은 **표 9-1**과 같다.

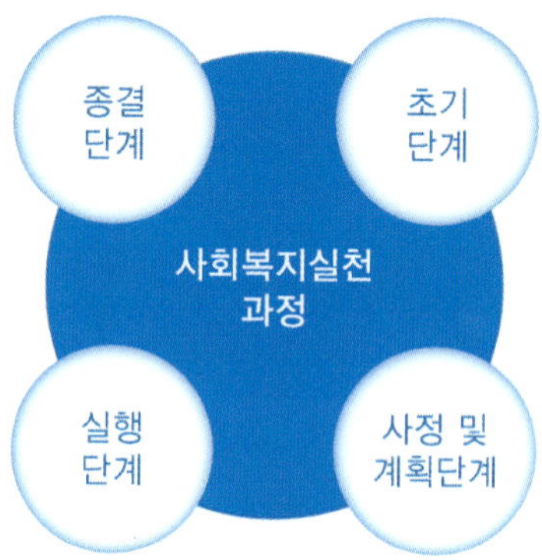

그림 9-1. 사회복지실천과정

표 9-1. 사회복지실천과정의 내용

구분	내용
초기단계	초기단계에서는 접수 및 자료수집이 주로 이루어지게 된다. 접수에서는 처음으로 클라이언트와의 접촉이 이루어진다. 이때 사회복지사는 클라이언트에 대한 기본 정보를 수집하고 서비스 요청의 목적과 목표를 이해한다. 이 단계에서는 클라이언트의 요구와 사회복지사가 제공할 수 있는 서비스 사이의 적합성을 결정하기도 한다. 만약 클라이언트의 서비스 요청이 적절하다면 사회복지사는 클라이언트를 등록하고 다음 단계인 사정 및 계획단계로 진행한다.
사정 및 계획단계	사정단계에서는 클라이언트의 문제와 필요성에 대해 깊이 이해하기 위해 광범위한 정보를 수집한다. 사회복지사는 클라이언트의 사회적, 심리적, 건강적 상태 그리고 가족 및 커뮤니티와의 관계 등을 평가한다. 사정단계의 목표는 클라이언트의 문제를 정확하게 이해하고 해결방안을 도출하기 위한 정보를 수집하는 것이다. 그리고 계획단계에서는 클라이언트와 함께 클라이언트의 문제를 해결하거나 그 영향을 줄일 수 있는 계획을 수립한다. 계획은 클라이언트의 개인적인 목표를 포함하며, 이를 달성하기 위한 구체적인 단계와 행동 계획을 포함해야 한다. 이 단계에서의 사회복지사는 클라이언트에게 선택 가능한 옵션과 그에 따른 결과를 설명하고, 클라이언트가 자신의 생활에서 어떤 변화를 원하는지를 이해하는 데 도움을 주게 된다.
실행단계	계획이 수립되면, 사회복지사와 클라이언트는 계획을 실행하는 단계로 넘어간다. 실행단계에서는 서비스의 제공, 조정, 지원 및 적응 등 다양한 활동들이 포함된다. 이 단계에서의 사회복지사는 클라이언트가 자신의 목표를 달성할 수 있도록 지원하고, 필요한 경우 계획을 수정하거나 조정한다.
종결단계	종결단계에서는 클라이언트의 상황이 개선되었는지, 계획이 잘 실행되었는지를 평가한다. 만약 목표가 달성되었거나 클라이언트가 더 이상 서비스를 필요로 하지 않는다면, 사회복지사는 서비스를 종결하게 된다. 종결단계의 목표는 클라이언트가 더 이상의 지원 없이도 자신의 문제를 스스로 다룰 수 있도록 하는 것이다. 서비스가 종결된 이후에도 사회복지사는 필요한 경우 후속 조치를 계획하거나 추천할 수 있다.

이와 같이 사회복지실천과정은 상호작용과 역동적인 과정이며, 클라이언트의 요구와 상황에 따라 변화될 수 있는 것이다. 그리고 각 단계는 클라이언트 중심의 접근방식을 강조하며, 클라이언트의 독립성과 자기결정권을 존중해야 한다. 사회복지실천과정의 각 단계에서는 핵심 과업과 중요성을 살펴보면 **표 9-2**와 같다.

표 9-2. 사회복지실천과정의 핵심 과업과 중요성

구분	내용
초기단계	초기단계의 핵심 과업은 클라이언트의 초기 연락을 받아들이고, 그들의 기본적인 요구사항과 관련된 정보를 수집하는 것이다. 클라이언트가 처음으로 서비스에 대해 문의하거나 요청할 때, 그들의 문제를 이해하고 적절한 지원을 결정하는 데 도움이 되는 정보를 수집한다. 이 단계의 중요성은 실질적인 도움이 될 수 있는 서비스에 클라이언트를 연결하는 것에 있다.
사정 및 계획단계	사정단계의 핵심 과업은 클라이언트의 문제, 욕구 그리고 강점에 대해 정확하게 이해하는 것이다. 이는 개인, 가족 그리고 커뮤니티와 같은 여러 맥락에서 클라이언트의 생활 상황을 평가하는 것을 포함한다. 이 단계의 중요성은 문제의 본질을 이해하고, 어떻게 도울 수 있는지를 결정하는 것에 있다. 그리고 계획단계의 핵심 과업은 클라이언트의 필요와 목표를 충족시키기 위해 명확한 계획을 작성하는 것이다. 이 계획은 클라이언트가 자신의 문제를 해결하고 목표를 달성하기 위해 필요한 자원과 지원을 명시해야 한다. 이 단계의 중요성은 클라이언트의 복지를 향상시키기 위한 청사진을 제공하는 것에 있다.
실행단계	실행단계의 핵심 과업은 수립된 계획을 실행하고, 필요한 지원을 제공하는 것이다. 이는 클라이언트의 문제를 해결하거나 클라이언트의 생활을 개선하는 데 필요한 다양한 활동을 포함할 수 있다. 이 단계의 중요성은 실제로 계획을 실행하여 클라이언트의 복지를 향상시키는 것에 있다.
종결단계	종결단계의 핵심 과업은 개입의 효과를 평가하고, 필요한 경우 후속 서비스를 계획하는 것이다. 클라이언트의 문제가 개선되었는지 그리고 계획이 잘 실행되었는지를 확인하며, 서비스를 종결하거나 다른 서비스로 이동하는 결정을 내린다. 이 단계의 중요성은 실제 결과를 확인하고, 클라이언트가 독립적으로 그들의 문제를 관리할 수 있도록 지원하는 것에 있다.

표 9-2와 같은 과정은 클라이언트의 복지를 향상시키는 데 중점을 두며, 각 단계에서 클라이언트 본인의 문제를 이해하고 해결하는 데 필요한 자원과 지원을 제공하는 데 집중해야 한다. 사회복지실천의 과정별 개입기술은 구조적이고 체계적인 방법으로 클라이언트의 문제를 해결하는 데 도움이 된다. 그러나 모든 접근법처럼 사회복지실천과정도 장점과 단점을 가지고 있는데 구체적인 내용은 **표 9-3**과 같다.

표 9-3. 사회복지실천의 과정별 개입기술의 장단점

장점	단점
• 구조적 접근: 과정별 개입기술은 사회복지사에게 단계별로 서비스를 제공하는 구조적인 프레임워크를 제공한다. 이를 통해 클라이언트의 요구를 체계적으로 이해하고, 적절한 계획을 수립하며 효과적인 개입을 진행하고 결과를 평가할 수 있다. • 클라이언트 중심의 서비스: 과정별 개입기술은 클라이언트의 목표와 요구에 집중한다. 따라서 클라이언트가 자신의 문제와 목표를 이해하고 이에 대한 해결책을 찾는 데 도움을 준다. • 다양한 클라이언트의 실제상황 적용 가능: 과정별 개입기술은 다양한 상황에서 사용할 수 있다. 따라서 클라이언트의 문제가 복잡하거나 다양한 문제가 겹쳐 있는 경우에도 적용할 수 있다. • 증명된 효과: 과정별 개입기술은 여러 연구와 실제 사례를 통해 그 효과가 증명된 방법론이다. 따라서 사회복지사는 이 접근법을 신뢰하고 이를 통해 클라이언트의 문제해결을 지원할 수 있다. • 클라이언트의 참여 강화: 클라이언트는 계획수립 및 실행단계에서 자신의 목표와 방향을 결정하는 데 직접 참여한다. 이는 클라이언트의 자기결정권을 존중하며, 클라이언트의 참여를 촉진한다. • 평가와 피드백의 기회: 평가와 종결단계에서는 클라이언트와 함께 개입의 효과를 평가하고 필요한 피드백을 제공하는 기회를 가진다. 이는 서비스의 품질을 높이고, 클라이언트의 만족도를 향상시킨다. • 후속지원 계획의 가능: 종결단계에서는 필요한 경우 후속 지원을 계획할 수 있다. 이는 클라이언트가 서비스 종료 후에도 필요한 지원을 받을 수 있도록 한다.	• 과정이 복잡할 수 있음: 과정별 개입기술은 단계별로 복잡한 과정을 요구할 수 있다. 이는 사회복지사에게 시간과 노력을 많이 요구할 수 있다. • 유연성의 부족: 과정별 개입기술은 클라이언트의 상황이 급변하거나 예측하지 못한 문제가 발생했을 때 유연하게 대응하는 데 어려움이 있을 수 있다. • 종결단계에서의 문제: 종결단계에서는 클라이언트 자신의 문제를 독립적으로 관리할 수 있어야 하지만 실제로는 클라이언트가 필요로 하는 지원 없이 문제를 해결할 수 없은 경우가 있을 수 있다. • 시간과 자원의 부담: 각 단계를 철저히 거치는 것은 많은 시간과 자원이 필요하다는 부담이 있다. 이는 사회복지사에게 큰 부담을 주거나 자원이 제한된 환경에서는 어려울 수 있다. • 표준화된 접근의 한계: 모든 클라이언트가 동일한 절차를 거쳐야 한다는 표준화된 접근은 개별 클라이언트의 독특한 요구와 상황을 완전히 반영하지 못할 수 있다. • 관리와 기록의 필요성: 각 단계별로 적절한 문서화와 기록이 필요하다. 이는 사회복지사에게 추가적인 업무 부담을 줄 수 있다. • 복잡한 사회문제에 대한 대응: 복잡하고 다중적인 사회문제에 대해 과정별 개입기술만으로는 충분히 대응하기 어려울 수 있다. 이런 경우 다른 접근법과 결합하여 사용해야 하는 필요성이 있다.

표 9-3과 같은 장단점을 인식하고 이해하는 것은 사회복지실천기술을 효과적으로 사용하는 데 매우 중요하다. 이는 사회복지사가 클라이언트의 요구와 상황에 따라 적절한 개입을 선택하고, 이 개입기술의 한계를 인식하며, 필요한 경우 다른 접근

법을 사용할 수 있도록 한다.

지금까지 살펴본 사회복지실천과정의 내용, 핵심 과업과 중요성 및 장단점을 종합해 보면, 사회복지실천의 과정별 개입기술은 개인, 가족, 집단 그리고 지역사회가 경험하는 다양한 사회적 문제를 해결하는 데 중요한 도구라는 것이다. 구체적으로 초기단계에서 시작하여 사정 및 계획단계, 실행단계 그리고 종결단계를 거치는 과정은 구조적이며 체계적인 방법을 제공한다. 이로 인해 사회복지사는 클라이언트의 요구를 정확하게 이해하고, 필요한 자원과 서비스를 제공하며, 그 결과를 평가하고, 필요한 후속 지원을 계획할 수 있다. 이러한 개입기술은 클라이언트 중심의 서비스를 제공하며, 클라이언트의 독립성과 자기결정권을 존중한다. 또한 다양한 클라이언트의 상황에 적용할 수 있다는 장점을 지니고 있다. 그러나 이러한 장점이 있음에도 불구하고, 이러한 개입기술은 복잡한 과정을 요구하며, 클라이언트의 상황 변화에 대한 유연성이 부족할 수 있고, 종결단계에서 추가적인 도전이 있을 수도 있다. 또한 사회복지실천의 개입기술은 많은 시간과 자원을 필요로 하며, 클라이언트의 독특한 요구와 상황을 완전히 반영하지 못할 수 있다는 표준화된 접근의 한계를 가지고 있다. 이런 이유로 사회복지사는 이 과정별 개입기술의 장점과 단점을 충분히 이해하고, 클라이언트의 요구와 상황에 따라 유연하게 적용할 수 있어야 한다. 필요한 경우, 사회복지사는 다른 접근법과 결합하여 클라이언트의 복잡한 사회적 문제를 더 효과적으로 해결할 수 있어야 한다. 결국 이 모든 것은 클라이언트의 복지 향상을 위한 것이며, 이는 사회복지실천의 궁극적인 목표라고 할 수 있다.

다시 말해 사회복지실천은 **그림 9-1**과 같이 초기단계, 사정 및 계획단계, 실행단계 그리고 종결단계로 이루어지게 된다. **그림 9-1**의 사회복지실천과정에서 본 장에서는 초기단계에 대해 자세하게 살펴보고, 나머지 사회복지실천과정은 10장(사정 및 계획단계), 11장(실행단계), 12장(종결단계)에서 구체적으로 살펴보고자 한다.

2. 초기단계

1) 초기면접 및 접수

사회복지실천과정에서의 첫 관문으로서 초기면접 및 접수는 사회복지사와 클라이언트가 처음으로 관계를 형성하는 단계로 서비스에 대한 접수가 이루어지는 단계이다. 이 단계에서 무엇보다 중요한 것은 클라이언트에 대한 정보수집이다. 대부분의 클라이언트는 이 초기 단계에 자발적이기보다 누군가에 의해 또는 기관의 의뢰 등으로 연결된다. 따라서 이 단계에서 사회복지사는 클라이언트와의 관계를 맺는 일에 관심을 기울이는 것이 무엇보다 중요하다. 이는 진행되는 앞으로의 과정에 초기의 잘 맺은 관계형성이 도움이 되기 때문이다. 클라이언트의 문제에 대한 본격적인 사정 및 개입계획 수립과 개입에 있어 원만한 진행은 관계형성으로부터 시작된다고 할 수 있다.

또한 클라이언트의 문제에 대해 초점화하고 명확화하는 노력이 요구된다. 클라이언트가 전문가를 찾아올 때 주로 자발적이고 적극적인 자세로 오는 경우가 드물기 때문에 이들의 문제에 대해 무엇을 해결하여야 할 문제인지를 정확하게 탐색하는 것은 아주 중요한 과업이다. 이 단계에서 사회복지사의 주된 과업은 문제의 명확화와 관계형성으로 제시할 수 있는데, 이를 구체적으로 살펴보면 **표 9-4**와 같다(김성철 외, 2020).

표 9-4. 초기면접 및 접수에서의 필요한 활동

구분	내용
문제의 명확화	클라이언트는 문제상황에서 전문가를 만나게 되고 이때 사회복지사는 클라이언트가 겪은 과거의 일들 속에서 문제상황이 전개되어 왔고, 복잡한 상황으로 인해 클라이언트 당사자 자신들의 문제에 대해 정확하게 인지하고 있지 못하거나 그들에게 있어 가장 우선시되는 문제가 무엇인지에 대해서도 혼란스러운 경우가 있다. 이러한 상황에서 사회복지사의 과업은 우선적으로 무엇이 문제인지를 정확하게 파악해야 하는 일과 그 문제들에 대한 개입의 우선순위를 결정하는 것이다.
관계형성	초기면접 및 접수과정에서 중요한 또 한 가지는 사회복지사가 클라이언트를 대상으로 복합적이고 만성적인 문제에 대해 확인하고 평가할 수 있어야 한다는 점이다. 사회복지사와 클라이언트의 관계형성기술에 있어서 전제조건으로는 먼저 자기인식이다. 자기인식은 자신에 대한 이해와 함께 사회복지 관련 기술 지식, 가치 및 개인적 경험을 의도적으로 활용하여 자신의 업무를 효과적으로 진행하고 향상시키는 원동력이다. 또한 자기인식은 사회복지사가 필요 이상으로 클라이언트에게 개입하는 것을 예방할 수 있으며, 클라이언트와 전문적인 관계를 형성할 수 있다.

초기면접 단계에서는 무엇보다 클라이언트의 욕구나 문제를 일차적으로 사정하여 문제의 성격과 개입의 필요성 그리고 담당 사회복지사를 결정하여야 한다. 개입이 필요하게 될 경우, 개입이 필요한 이유를 설명하고 사회복지실천의 구조와 과정을 간략하게 설명해 줄 필요가 있다.

그리고 초기면접 및 접수 단계에서 간단한 가계도와 생태도의 작성을 통한 사정이 포함된 접수면접(Intake) 양식의 마련이 필요하다. 이 단계에서는 클라이언트가 개입을 원하는 욕구, 클라이언트의 문제규정, 학교와 이웃 등의 다른 체계들이 보는 서비스 대상 클라이언트의 문제규정, 사회복지사의 첫인상 등이 파악될 필요가 있다. 또한 이 단계에서 클라이언트와 계약을 맺을 경우에 특별히 고려되어야 할 점들은, 첫째, 문제를 정의할 때에는 클라이언트가 그 문제에 대해 어떻게 지각하고 있는지, 둘째, 목표를 설정하고 개입과정을 명확히 하고 있는지 등이다.

따라서 초기면접 및 접수 동안에 사회복지사는 적극적 경청기술을 사용하고 감정과 비언어적 행동에 주의하여 클라이언트가 최대한 편안하게 느낄 수 있도록 하는 책임이 있으며, 조심스럽게 클라이언트의 문제를 탐색해야 한다. 초기면접에서 내려지는 진단은 항상 잠정적인 것이기 때문에 신뢰관계가 확립된 후 클라이언트의 탐색이 시작되면 초기면접 및 접수에서 파악된 내용을 재조사해야 할 필요성이 있다.

2) 자료수집

사회복지사는 클라이언트의 객관적인 자료와 정보수집에 있어서 필요한 사항으로 정보를 체계적으로 수집하기 위하여 초기 면접지와 같은 일정한 형식의 서류가 필요하게 되며, 이러한 서류를 살펴보면 신청자의 기본적인 인적사항으로써 성명, 성별, 구분, 주소, 연락처 등 간단한 기록과 신청자가 요청한 사항 및 접수 담당 사회복지사의 의견, 원조 범주와의 일치성에 대한 판단 등이다. 초기면접 및 접수에서 파악해야 하는 주요 정보들은 **표 9-5**와 같다. 그리고 사회복지사와 클라이언트와의 첫만남에 기초한 정보를 통해 사회복지사와 클라이언트는 상담목표를 설정하며 이를 조력하는 데에 힘써야 한다.

표 9-5. 초기면접 및 접수에서 파악해야 하는 정보들

구분	내용
클라이언트의 기본정보	성별, 생년월일, 주소, 연락처, 종교, 신체 · 정신적 질병에 관한 정보, 투약하는 약이나 영양제, 신체적 결함, 치료경험, 신청 경로 등을 파악한다.
외모 및 행동	클라이언트의 옷차림, 두발상태, 표정, 말할 때의 특징, 시선의 적절성, 대화할 때의 태도, 행동, 예절 등에 관한 관찰 등을 파악한다.

구분	내용
호소문제	클라이언트가 상담을 받으려는 이유, 목적이나 배경에 대해 알아본다. 즉, 문제가 발생한 시기, 상황적 혹은 생물학적 배경, 문제의 경로, 현재의 상태와 심각성 등이 해당된다. 또한 문제와 관련된 대인관계, 사회적인 직업상 혹은 학업상의 고충이나 변화에 대해서도 파악한다. 사회복지사는 이때 클라이언트를 도와 문제를 요령 있게 제시할 수 있어야 한다. 즉, 복합적인 문제들은 구분하여 제시하도록 도와주는 것이 필요하다. 이를 위해서는 클라이언트의 말과 용어를 그대로 기록하는 것이 도움이 되며 그렇게 해야만 클라이언트의 심정, 상황적인 사정, 도움을 요청하는 사정 등이 현실에 가깝게 기술될 수 있으며, 클라이언트의 상황이 반영될 수 있기 때문이다.
현재 및 최근의 주요 기능상태	클라이언트의 환경적, 심리적, 생화학적 변화가 급격히 발생했을지도 모르며, 그런 변화가 클라이언트의 문제와 직결되었을 가능성도 높다. 따라서 '현재 기능이 어떠한가?'와 '지난 1년간은 어떠했는가?'의 두 가지로 파악하는 경우가 많다.
스트레스 원인	클라이언트에게 스트레스를 주는 원인의 기록은 클라이언트의 말과 표현방식에 의거해 기록하는 것이 좋다. 왜냐하면 그 사람이 환경과 사건을 지각하는 스타일을 알아볼 수 있기 때문이다. 스트레스의 요인으로는 대인관계의 불화, 의사결정, 공부, 성적, 시험이나 논문, 재정적 어려움, 신체질병이나 가족원의 문제, 외로움, 권태, 잦은 사회적 모임, 소음이 심한 주거나 근무환경, 날씨 등 다양하다.
사회적 지원체계	'어려운 일이나 억울한 일 등 문제가 생겼을 때 만나서 상의하거나 하소연해 줄 내 편이 되어 줄 사람이 주위에 있을까?' 하고 생각할 수 있다. 이에 지원체계는 친구, 가족, 스승, 선후배, 이웃, 친척 등 다양하다. 사회적 지원이 없거나 빈약한 사람은 사회복지사에게 더 의지하거나, 그 반대이거나, 위기를 극복할 능력이 떨어지거나, 대인관계기술이 부족할 가능성이 높기 때문에 사회복지사가 각별히 신경을 써야 할 대상이다.
호소문제와 관련된 개인사 및 가족관계	클라이언트에게 '이전에도 이와 비슷한 문제로 고민해 보셨나요?', '이전에는 같은 문제가 생겼을 때 어떻게 대처했나요?'와 같은 질문들을 통해 알아보면 된다. 그리고 가족관계는 단순히 정보수집보다는 호소문제와 관련하여 정보를 수집하는 것이 바람직하다.

10
Chapter

사정 및 계획단계

배 울
내 용

1. 사정
2. 계획수립
3. 계약

학 습
목 표

1. 사정의 특성과 목적을 이해하고 구체적인 사정방법을 습득한다.
2. 계획단계의 목적설정 시 고려사항을 숙지한다.
3. 계약의 내용을 설명할 수 있다.

사회복지실천은 그림 9-1과 같이 초기단계, 사정 및 계획단계, 실행단계 그리고 종결단계로 이루어지게 된다. 사회복지실천의 초기단계는 9장에서 살펴보았고, 본 장에서는 사정 및 계획단계에 대해 구체적으로 살펴보고자 한다.

1. 사정

클라이언트에 대한 초기면접, 접수 및 자료수집이 이루어지고 나면, 다음의 활동으로는 클라이언트에 대한 사정(assessment)을 실시하게 된다. 사정은 수집된 자료의 해석을 통해서 클라이언트와 그가 직면하고 있는 문제와 상황을 확인하고 이해하기 위하여 자료를 수집하고 분석함과 동시에 문제해결을 위한 계획을 수립하는 일련의 과정을 의미한다. 즉, 사정은 클라이언트의 상황을 이해하고 이것을 개입을 위한 계획으로 연결시키는 것으로, 클라이언트의 문제가 무엇인지 이해하고 문제의 원인을 규명하여 그것을 해결하거나 감소시킬 수 있는 방법에 대해 전문적인 판단을 하는 과정이다. 이러한 사정의 종류는 표 10-1과 같다.

표 10-1. 사정의 종류

구분	내용
역동적 사정	클라이언트의 문제가 그의 생활 상황 중에 가지고 있는 의미, 개인 문제 상황의 복잡한 상호작용의 여러 요인에 관한 사정을 의미하는 것이다.
임상적 사정	한 사람의 인간을 그의 질병 혹은 적응 이상의 성질에 따라 분류하고 평가하려는 시도이다. 임상적 증후군의 정확한 분류는 정신의학에 속하지 사회복지실천에 속하지 않는다. 사회복

구분	내용
	지사는 성격의 역기능에 관해 일반적인 유형을 확인하는 지식을 가짐으로써 정신의학적 자문이나 의뢰를 해야 하는가의 여부를 결정한다.
원인론적 사정	문제의 발생원인과 그 후 발전과정, 즉 문제의 인과적 발전과정을 명백히 하는 것, 클라이언트에게 문제해결의 실마리를 자동적으로 부여하는 것, 자기결정의 원리를 실천하는 것이다.

1) 사정의 특성

사정은 접수단계의 다음 과정으로 클라이언트에 대한 기본적인 정보수집이 이루어졌다면 이것을 토대로 적극적이고 정확한 사정을 통해 개입의 목표가 세워질 수 있다. 따라서 이 시기에는 초기의 접수단계에서 형성된 신뢰로운 관계 속에서 이루어져야 하고, 클라이언트의 상세한 정보가 확인되어야 하는 단계라고 할 수 있다. 사회복지실천의 성패는 바로 사정의 정확성에 기초한 개입의 목표와 개입계획이 수립된다는 점에서 그 중요성을 강조할 수 있다. 이러한 사정에 대해 여러 학자들이 주장하고 있는 사정의 특성을 살펴보면 표 10-2와 같다(엄명용 외, 2020).

표 10-2. 사정의 특성

- 사정은 지속적인 과정이다.
- 사정은 상황 속의 클라이언트를 이해함과 함께 개입계획과 행동을 위한 기초를 제공하는 이중 초점을 가진다.
- 클라이언트와 관련된 체계들의 욕구와 욕구의 충족을 방해하는 문제나 한계, 변화에 대한 동기, 저항에 대한 정보를 수집해야 한다.
- 사정은 클라이언트와 사회복지사가 함께 참여하는 상호과정이다.
- 사정의 기본적인 자료수집이 사회복지사와 클라이언트의 상호과정 속에서 이루어지므로 사정 역시 상호작용 속에서 사정은 클라이언트의 반응을 이해하며 진행한다.
- 사정에는 사고의 전개과정이 있으며 이론적 지식을 기반으로 한다.
- 사고과정에서 사회복지사는 클라이언트의 정보가 논리적이며 일관성이 있는지 살펴보면서 지속적으로 필요한 정보를 수집하고 취합한 정보를 전체적인 맥락 속에 통합하여 사고할 줄 알아야 한다.

- 사정은 수평적 · 수직적 탐색을 통하여 이루어진다.
- 초기에는 수평적 정보, 즉 현재의 관계, 능력, 기능 등을 중심으로 클라이언트의 욕구를 발견하고, 시간이 흐르면서 수직적으로 탐색한다.
- 클라이언트의 과거력, 개인력, 문제의 역사 등에 대한 정보를 수집한다.
- 사정은 클라이언트의 욕구를 파악하고 욕구 충족에 방해가 되는 것은 무엇인가를 구체화함으로써 문제해결과정을 원활하게 한다.
- 실천과정에서 클라이언트의 강점이 구축될 수 있도록 사정에서는 클라이언트 및 생태체계의 강점을 확인해야 한다.
- 개인적 성장은 강점으로부터 출발하므로 클라이언트의 신체적 · 정서적 · 행동적 강점들에 대한 면밀한 사정이 우선이다.
- 사정은 개별적이다.
- 클라이언트는 그 사람 나름대로 독특한 상황에 놓여 있으므로 개별화된 사정이 요구된다.

2) 사정의 목적

사정의 목적은 사회복지사가 취급하고 있는 상황을 이해하고 개별화하며 특수한 상황 속에 관련된 요인들을 확인하고 분석하는 데 도움을 받는 것이다. 즉, 클라이언트가 제시한 중요 문제와 문제에 관한 그의 감정과 신체적 · 심리적 · 경제적 · 문화적인 제 요인들을 상호작용의 측면에서 명확하게 하는 것이다. 성공적인 사정을 위한 여섯 가지 질문을 살펴보면 **표 10-3**과 같다.

표 10-3. 성공적인 사정을 위한 질문들

- 클라이언트가 가진 문제는 무엇인가?
- 클라이언트의 문제는 얼마나 심각한가?
- 클라이언트 문제의 역동성은 무엇인가?
- 치료에 관한 클라이언트의 기대는 무엇인가?
- 무엇이 변화될 수 있는가?
- 무엇이 변화되어야 하는가?

따라서 사정의 요소에서는 사회복지사가 클라이언트의 문제를 규정하여 실천방향을 선택하기 위해서 수집되는 자료가 정확하고 클라이언트의 문제를 충분히 담아낼 수 있어야 한다. 이러한 클라이언트의 사정에 있어서 문제의 원인을 바라보는 시각이 중요하다. 즉, 문제의 원인을 인간 내면에 두는 관점과 사회구조에 두는 관점, 인간과 환경의 상호작용에 두는지를 알아야 한다.

3) 사정의 방법

사정의 방법에는 인터뷰, 가계도, 생태도, 사회관계망 그리드, 소시오그램(사회도) 및 관찰 등이 대표적이다(김종배 외, 2023).

(1) 인터뷰

인터뷰에는 면접과 도구의 사용(그림 그리기)으로 구분할 수 있는데, 구체적인 내용은 표 10-4와 같다.

표 10-4. 인터뷰의 구분과 내용

구분	내용
면접	사정의 가장 기본적이고 가장 중요한 방법으로, 면접은 여러 가지 도구를 활용할 수 있기 때문에 진행이 용이하다. 면접을 통해 주관적 자료수집과 객관적 자료수집을 할 수 있으며, 클라이언트의 의사소통과 클라이언트의 정보와 수집이 쉽다. 또한 클라이언트의 개입과 치료가 가능하며, 면접 전에 반드시 클라이언트에 관한 기록과 의뢰에 대한 정보 파악이 중요하다.
도구의 사용 (그림 그리기)	면접을 통해 클라이언트의 상태나 문제를 그림으로 보여 주는 사정 방법이다. 이는 클라이언트와 그의 주변 사람들과의 관계, 예를 들어 가족 내의 역동성을 한눈에 쉽게 볼 수 있다는 장점이 있다.

(2) 가계도

가계도(genogram)는 보웬(1978)의 다세대 가족 체계이론에 근거한 사정 도구로 2~3세대에 걸친 가족구성원에 관한 정보와 그들 간의 관계를 도표로 기록 · 작성하는 방법이다. 가족 내 역동을 이해하거나 가족이 여러 세대에 걸쳐 발전시켜 온 가족 역할, 유형, 관계 등을 가족과 함께 비위협적이고 상호적인 방법으로 살펴보기 위한 도구로 사용된다. 가계도는 특정 기간 동안 클라이언트 가족의 역사, 주된 사건을 한눈에 볼 수 있는 사정 도구이다(박귀영 외, 2023). 가계도 작성의 특성, 작성요령 및 예는 **표 10-5**와 같다.

표 10-5. 가계도 작성의 특성, 작성요령 및 예

구분	내용
특징 및 작성요령	• 가족 계보 중심으로 3세대 가족에 대한 정보를 보여 주는 것이다. • 중요한 생활사건(결혼, 이별, 이혼, 질병, 출생, 사망 등)을 나타낸다. • 사회 · 인구학적 특성(인종, 사회계급, 민족, 종교, 직업, 거주지 등)을 알려 준다. • 가족의 문제에 기여하는 중요 요인과 가족유형에 대한 파악이 용이하다. • 사회복지사가 질문 형식으로 인터뷰하면서 혼자 그리기도 하고, 내담자와 함께 그릴 때 가족을 하나의 단위로 보게 하는 기회를 제공한다. • 가계도에 나타난 사람, 사건에 대한 가족원에 느낌도 표현해 보는 계기가 된다. • 가족원 자신이 알고 있을 것이라고 생각했던 정보를 모르고 있다는 것을 깨닫게 해 주는 계기가 될 수 있다. • 가계도 그리는 것을 꺼리는 경우, 이를 존중해 주어야 한다.
예	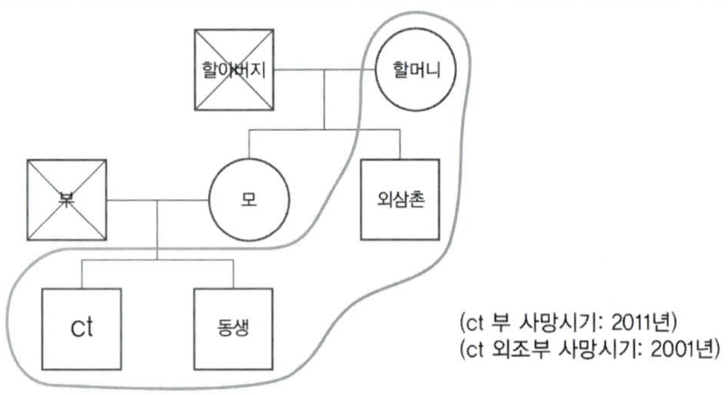

(3) 생태도

생태도(ecomap)는 클라이언트 및 클라이언트와 관련된 사람, 직접 관련 있는 사회사업기관과 환경적 영향 사이의 상호작용의 변화를 묘사하기 위한 것이다. 즉, 생태도는 하트만(Hartman, 1975)에 의해 개발된 것으로서, 가족과 가족구성원과 환경 간의 상호작용을 그림으로 나타낸 것이다. 생태도는 클라이언트와 그 가족의 삶에 영향을 미치는 조직이나 요인을 원을 사용하여 사회적 맥락에서 개인과 가족의 위치를 나타내 줌으로써 가족생활과 가족과 집단, 협회, 조직 그리고 다른 가족과 개인과의 관계 성격을 전체적이고 생태적인 관점에서 살펴볼 수 있도록 도와준다. 생태도 작성의 특성, 작성요령 및 예는 표 10-6과 같다.

표 10-6. 생태도 작성의 특성, 작성요령 및 예

구분	내용
특징 및 작성요령	• 경계의 본질, 가족 내 역동성 등 많은 정보를 제공한다. • 클라이언트를 둘러싼 각 체계와 가족 간의 관계의 성격을 파악할 수 있다. • 환경에서 가족으로 자원의 흐름표시, 클라이언트 가족에게 유용한 자원, 환경이 무엇인지, 가족체계 스트레스가 주는 것은 무엇인지, 체계들 간의 관계가 어떻게 유지되는지 많은 정보 등을 제공한다. • 생태도는 시회복지사가 질문 형식으로 인터뷰하면서 혼자 그리기도 하고, 내담자와 함께 그릴 때 사회복지사와 클라이언트 간의 신뢰형성을 강화시킬 수 있다.
예	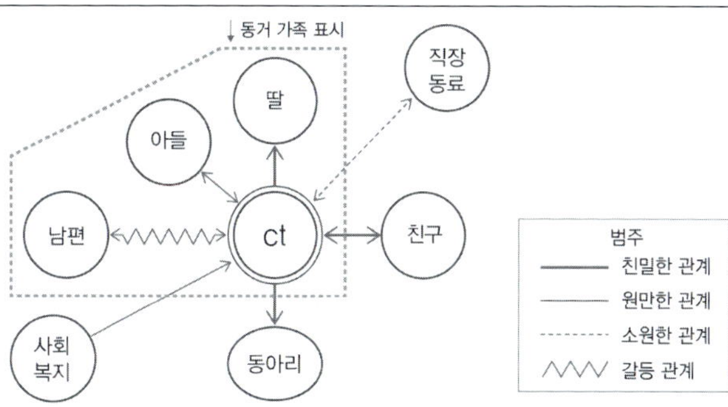

(4) 사회관계망 그리드

사회적 관계망은 클라이언트가 적절하고 효과적인 사회적 지지를 사용하도록 돕기 위해서, 클라이언트의 잠재적인 사회적 지지를 확인하고 사정하는 도구이다. 이는 클라이언트의 사회적 그리고 환경적 자원에 관한 정보를 체계적으로 수집하는 데 유용하다. 즉, 사회적 관계망 그리드(social network grid)는 개인, 가족의 사회적 지지체계를 사정하는 도구이다. 사회적 관계망을 그림이나 표로 보여 줌으로써 가족의 관계망을 전체적으로 볼 수 있게 해 준다. 외부체계 중 가장 많이 영향을 미치는 것은 사회적 관계망의 사회적 지지이다. 사회적 관계망 그리드는 대인적 역동성을 보다 명확하게 함으로써 사정 평가를 할 수 있고, 클라이언트 가족, 친구, 기타 사람들에 대한 자신의 감정과 태도를 명확하게 검토할 수 있다는 장점이 있다.

표 10-7. 사회관계망 그리드

구분		생활영역	물질적 지지	정서적 지지	친밀도	만나는 빈도	알고 지낸 시간
내용		1. 가구원 2. 다른 가족 3. 직장/학교 4. 조직 5. 다른 친구 6. 이웃 7. 전문가 8. 기타	1. 거의 없다 2. 가끔씩 3. 거의 항상	1. 거의 없다 2. 가끔씩 3. 거의 항상	1. 거의 친하지 않음 2. 가까운 정도 3. 매우 가까움	1. 1년에 몇 번 2. 한 달에 몇 번 3. 매우 많이	1. 1년 이하 2. 1~5년 3. 5년 이상
1							
2							
3							
4							
5							
6							
7							
8							

(5) 소시오그램(사회도)

소시오그램(sociogram)은 사회적 관계를 시각화하는 도구로, 개인 간의 상호작용, 관계의 정도 및 특성을 그래픽으로 나타내는 것이다. 이는 집단 내에서 개인의 위치와 그들 사이의 연결을 이해하는 데 도움을 준다. 주로 학교, 직장, 사회적 집단 내에서 인간관계의 복잡성을 분석할 때 사용된다. 개인들 사이의 관계를 점과 선으로 표현하여, 집단 내에서의 사회적 상호작용의 패턴을 드러내게 된다. 이를 통해 집단 내에서의 리더, 아웃사이더, 서브그룹 등의 역할과 위치를 명확하게 파악할 수 있다. 소시오그램의 특성, 작성요령 및 예는 **표 10-8**과 같다.

표 10-8. 소시오그램의 주요 특성 및 예

구분	내용
특성 및 작성요령	• 소시오그램이 제공하는 시각적 정보의 명확성과 직관성에 있다. 이 도구는 복잡한 인간 관계의 네트워크를 한눈에 파악할 수 있게 해 주며, 집단 내에서의 다양한 관계 유형을 쉽게 식별할 수 있게 해 준다. • 집단 내에서 발생할 수 있는 다양한 문제점들을 조기에 발견하고 대처하는 데 유용한 도구이다. • 일반적으로 원 안에 각 개인을 나타내고, 선으로 연결하여 상호작용의 성격과 강도를 표시한다. 소시오그램은 그룹 내에서 개인의 역할과 그들 간의 관계를 분석하는 데 사용된다. 예를 들어, 팀 프로젝트에서 팀원들 간의 협력과 의사소통 패턴을 이해하는 데 활용될 수 있다
예	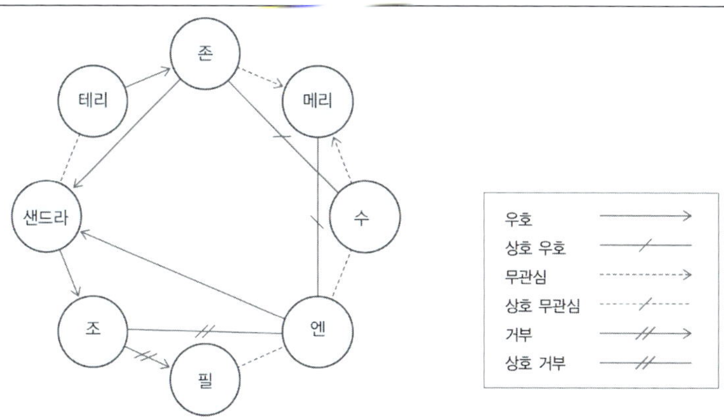

(6) 관찰

관찰은 사회복지실천의 모든 과정에서 사용되는 하나의 기술로서, 클라이언트가 말하고 행동하는 것에 주의를 기울이는 것이 관찰이라고 할 수 있다. 관찰에서 클라이언트의 표정, 손놀림, 눈 마주침, 얼굴 붉힘, 억양, 자세 등 비언어적 표현은 사회복지사가 클라이언트의 강점과 표현의 차이를 분명히 하고 클라이언트를 이해하는 데 매우 중요하다.

2. 계획수립

계획수립은 사회복지사와 클라이언트가 자료를 수집하고 사정하는 과정을 거친 후 수집된 자료를 근거로 사회복지사와 클라이언트가 상호 합의하에 목표를 구체화시키고, 이를 달성하기 위한 계획을 세우는 과정이다. 계획수립에서 목표설정 시에는 **표 10-9**와 같은 사항을 고려해야 한다.

표 10-9. 목표설정 시 고려사항

- 목표는 반드시 클라이언트가 바라는 바와 연결되어야 한다.
- 목표는 명백하게 측정가능한 용어로 진술되어야 한다.
- 목표는 달성 가능해야 한다.
- 목표는 사회복지사의 지식과 기술에 상응하는 것이다.
- 목표는 성장을 강조하는 긍정적 형태이어야 한다.
- 목표는 사회복지의 중요한 권리나 가치에 맞지 않는다면 동의가 필요 없다.
- 목표는 반드시 기관의 기능과 일치해야 한다.

3. 계약

계약은 클라이언트의 욕구가 확인되었다는 전제로 기관에서 제공 가능한 서비스나 프로그램이 클라이언트의 문제해결에 도움이 될 것이라는 전문가적 판단과 클라이언트의 동의로 체결하게 된다. 이와 같은 계약은 이후 어떤 방식으로 얼마간의 시간 동안 클라이언트의 문제나 욕구에 개입하게 될지에 대한 내용에 합의를 하는 것으로 이해할 수 있다. 다시 말해 클라이언트의 목표설정을 달성하기 위한 전략, 역할, 개입, 평가방법 등을 구체적인 활동용어로 기술한 계획에 대해 사회복지사와 클라이언트가 서로 동의하는 것이다. 계약에 포함되어야 할 요소를 보면 개입목표, 참여자의 역할, 개입기법, 시간적 조건 등이다.

11

Chapter

실행단계

배울 내용

1. 개입의 기술
2. 문제해결기술
3. 개입의 유형

학습 목표

1. 개입의 기술을 숙지한다.
2. 문제해결기술의 과정을 익히고 실제를 통해 기술을 향상시킨다.
3. 개입의 유형을 설명하고 역할을 숙지한다.

사회복지실천은 그림 9-1과 같이 초기단계, 사정 및 계획단계, 실행단계 그리고 종결단계로 이루어지게 된다. 사회복지실천의 초기단계는 9장, 사정 및 계획단계는 10장에서 살펴보았고, 본 장에서는 실행단계에 대해 구체적으로 살펴보고자 한다.

1. 개입의 기술

실행단계에서는 개입목표와 방법을 수립한다. 개입목표와 방법은 클라이언트에게 유익해야 하며, 사회복지사와 클라이언트가 함께 노력해서 세우는 것이 바람직하다. 이러한 개입목표와 방법은 상황에 따라 변화될 수 있으며, 클라이언트의 특성을 반영한 현실적 지원 제공을 원칙으로 한다. 개입목표를 설정할 때는 관련된 체계 등의 변화 가능성, 클라이언트 및 주변 체계들의 장단점이나 자원, 클라이언트가 겪고 있는 문제의 성격, 각종 체계들의 역동적 상호관련성에 대한 이해, 클라이언트에 대한 임상적 진단 등이 고려되어야 한다.

실행방법은 클라이언트 스스로가 정서적 또는 대인관계 문제 등에 대한 자신의 행동과 감정에 대해 이해하고 통찰할 수 있도록 하여 문제해결을 위한 개입방법을 직접적으로 선택하고 결정할 수 있도록 돕는 것이 필요하다. 직접적 개입은 개인이나 집단, 가족 등 미시체계 수준의 클라이언트에게 직접적으로 개입하는 것이다. 클라이언트를 직접 변화시켜서 클라이언트의 문제를 해결하는 기술로서 정서, 인지에 개입하는 기술과 행동변화 기술, 정보제공과 교육 및 상담 등의 방법이 사용된다. 그러므로 클라이언트는 개입방법을 선택할 수 있다. 클라이언트의 사회적 환경에 개입해야 하는 간접적인 개입이 필요한 경우에는 사회복지사가 자원동원자, 자원개발자, 조정자, 옹호자 등의 다양한 역할을 할 수 있다.

이러한 개입의 기술에는 사례 들기, 직면시키기, 재구조화, 시연, 문제의 외연화 및 은유 사용하기 등의 기술이 있는데, 이를 구체적으로 살펴보면 표 11-1과 같다(박귀영 외, 2023).

표 11-1. 개입의 기술

구분	내용
사례 들기	클라이언트의 경험에서 적절한 사례를 들어 설명한다. 적극적으로 추천하는 것은 종종 효과적일 수 있다. “제가 다른 엄마와 상담한 적이 있는데, 그때 그 엄마는 아이가 오후에 낮잠을 잘 잘 수 있도록 노력했다고 합니다. 2025년 2월 17일 상황이 그 엄마의 상황과 비슷하군요. 그 엄마의 결정이 당신에게도 도움이 될 것 같아요.”
직면시키기	직면은 클라이언트가 실패한 부분에 대해 스스로 확인함으로써 인식할 수 있게 하는 것이다. 주의 깊게 사용해야 클라이언트의 적대감을 일으키지 않으면서 빠른 변화를 가져오게 할 수 있다.
재구조화	과거의 관계 상황과 장소에서 새로운 관계 상황으로 어떤 상황을 옮기는 것이다. 문제에 대한 긍정적 해석(재구조화)은 클라이언트의 새로운 반응을 자극할 수 있다. 과잉행동을 하는 아동은 도전적이며 적극적인 아동으로 재구조화될 수 있다.
시연	클라이언트의 갈등을 ‘지금-여기’로 가져와서 단막극을 하듯 재연해 보는 것이다. 클라이언트가 문제상황에서 어떻게 행동하고 반응하였는지 스스로를 볼 수 있게 할 뿐 아니라 전문가에게도 클라이언트를 관찰하고 사정할 수 있게 한다.
문제의 외연화	클라이언트에게서 문제를 분리해 내는 것이다. 문제를 객관화시킴으로써 클라이언트가 특정 문제를 겪으면서 어떤 영향을 받았는지, 그 문제가 각자에게 어떤 영향을 미쳤는지 물어볼 수 있다. 알코올의존자가 있는 가족에게 알코올은 가족 공동의 ‘적’으로 외연화시킬 수 있다.
은유 사용하기	은유란 어떤 개체나 개념이 의미하는 것을 그것들과 비슷한 것이나 닮은 것으로 표현하는 것이다. 추상적 개념을 이해함으로써 클라이언트의 위협적 상황이 갖는 또 다른 상황에 대한 관념을 발달시킬 수 있다.

2. 문제해결기술

사회복지실천과정에서 클라이언트의 욕구, 즉 문제를 해결하는 기술이다(Compton & Galaway, 1984). 문제해결기술을 구체적으로 살펴보면 표 11-2와 같다(윤선오 외, 2023).

표 11-2. 문제해결기술

구분	내용
초점화	클라이언트가 자기 상황을 언어로 표현할 때 혼란되고 산만하게 느끼고 있는 것을 점검해 줌으로써 클라이언트의 말 속에 숨겨진 선입견, 가정, 혼란을 드러내어 자신의 사고과정을 명확히 볼 수 있도록 해 주는 기법이다.
일반화	클라이언트가 자기만 이런 상황에 있다고 괴로워하는 것에 대해 자기와 비슷한 상황에 있는 사람들이 일반적으로 그런 경험을 겪는다거나 특별하게 자신만이 가지고 있다고 생각하는 것을 사람들 모두 공통적으로 겪는 것임을 지적해 줌으로써 다른 사람들로부터 소외시키거나 일탈감을 느끼는 것을 막아 주는 기법이다.
재보증	클라이언트의 능력에 대해 사회복지사가 신뢰를 표현함으로써 클라이언트의 자신감을 키우는 기법이다. 재보증은 실제로는 현실적이며 건전하게 수용될 수 있는 사고방식이 있음에도 불구하고 자신을 믿지 못하는 클라이언트에게 효과적으로 사용되는 기법이다.
격려	클라이언트의 상황해결능력을 향상시키려는 기법의 하나로써 클라이언트의 행동이나 태도를 사회복지사가 인정하고 칭찬해 줄 때 사용되는 기법이다.
브레인스토밍	사고의 범위를 넓혀 모든 사람의 의견을 자유롭게 표현할 수 있도록 하여 가능한 대안을 비난 없이 수용하도록 하는 것이다. 브레인스토밍을 실시하는 이유는 창의성에 제한을 주지 않으므로 비현실적이거나 엉뚱한 생각들도 하나의 대안으로 수용하기 위해서이다. 브레인스토밍을 통해 참여자들은 긍정적 피드백을 주고받으며, 타인의 생각을 비판 없이 수용하는 법을 배우게 된다.

문제해결기술에서 사회복지사들은 전문적 원조관계를 통해 클라이언트의 당면 문제를 해결하도록 돕는 것뿐만 아니라, 앞으로 일어날 수 있는 일에 대한 대처능

력을 기를 수 있도록 돕는 것 또한 필요하다. 클라이언트의 욕구해결을 위해 사회복지사는 클라이언트가 문제해결기술을 익혀야 할 필요성을 설명하고 상호협조적으로 노력할 수 있어야 한다. 문제해결의 단계를 구체적으로 살펴보면 표 11-3과 같다(신성자, 2012).

표 11-3. 문제해결기술의 단계

- 1단계: 문제의 확인
- 2단계: 문제에 대한 해결책 생성
- 3단계: 생성된 해결책에 대한 분석
- 4단계: 실행 및 평가

1) 문제해결과정

문제는 예고 없이 찾아오는 우리 인생의 방해물이다. 문제란 현재의 자기와 이상적 자기와의 차이가 발생되었을 때 문제가 발생되었다고 한다. 하지만 개인마다 문제해결을 하는 능력은 선천적으로 갖고 태어나는 능력이 아니라 문제란 학습을 통해 문제해결능력을 향상시킬 수 있는 요인이다.

문제해결능력을 가지고 있을 때의 이득

문제해결능력을 가지게 되면 일상생활에서 스트레스를 덜 경험하게 된다. 또한 대인관계에서 발생되는 문제를 효과적으로 해결함으로써 대인관계를 원활하게 할 수 있으며, 문제해결능력의 습득은 삶의 자신감을 가지도록 해 주는 데 그 이득이 있다.

문제해결능력의 부족으로 발생되는 불이익

문제해결능력의 부족은 정신건강과 매우 밀접한 관련성이 있어서 스트레스를 더 많이 경험하게 되고, 정신적 문제를 경험할 가능성이 높다. 또한 대인관계에서 발생되는 문제를 효과적으로 해결하지 못하게 되어 대인관계의 갈등을 유발하게 되는 불이익을 경험하게 된다.

성공적인 문제해결을 위해서는 무엇보다 자신에 대한 자신감과 신뢰, 즉 믿음이 필요하다. 자신감을 갖게 됨으로써 문제를 보다 더 효과적으로 해결할 수 있는 초석이 되는 것이다. 자신감은 하루아침에 쉽게 가지는 것이 아니라는 점을 명심하고, 매일 자신에 대해 늘 사랑하는 마음을 가지는 것이 중요하다. 지금부터 문제해결의 전반적인 과정에 대해 살펴보면 다음과 같다.

(1) 1단계: 문제의 확인

문제에 대한 긍정적인 태도와 자신에 대한 자신감을 가진 다음에는 관련 사실을 모으고 목표달성을 방해하는 장애물을 파악한 후 현실적 목표를 명시함으로써 문제를 정의하게 된다. 문제가 무엇인지 명확하지 않을 경우 다음과 같은 질문을 통해 자신의 질문을 파악할 수 있다.

- 지난 일주일 동안 자신을 괴롭혔던 문제는 무엇입니까?

①

②

③

만약 문제를 해결하기 원한다면, 문제에 대한 정보를 가능한 한 많이 수집하는 것이 필요하다. 즉, 문제를 이해하고 정의하기 위해서는 문제상황과 관련된 사실적 정보를 가능한 한 많이 수집하는 것이 우선적이다. 일반적으로 개인의 문제는 여러 가지가 뒤섞여 있기 때문에 문제해결을 시도하기 위해서는 먼저 문제와 관련된 가능한 한 많은 정보를 수집해야 한다.

정보를 수집할 때는 구체적이고, 명확한 용어로 기술해야 효과적으로 문제를 해결하게 된다. 그런데 느낌과 가치와 같은 주관적 요인이 이 과정에 영향을 미칠 수 있으며, 결과적으로 왜곡을 초래하게 되며, 왜곡된 정보는 문제를 잘못 이해하게 하여, 비효과적 문제해결에 이르게 한다. 문제의 정보를 수집할 때 나타나는 흔한 왜곡은 표 11-4와 같다. 따라서 문제를 정의하고 형성할 때 이를 잘 살펴보아야 한다. 이러한 왜곡들은 문제를 확인해 가는 과정에서 정확한 문제정의를 방해하게 된다. 객관적이거나 다각적인 시각으로 문제를 볼 수 없게 만들기 때문에 제대로 된 문제해결과정으로의 진행이 어려워지게 된다.

표 11-4. 정보수집에서 보이는 왜곡

구분	내용	예
독단적 추론	이는 자신이나 타인의 특징 속에 놓여 있는 동기나 느낌 등에 대하여 어떤 지지할 만한 사실 없이 특정 결론을 내리고 다른 대안적 해석을 배제해 버리는 것이다.	예) 오래간만에 친구 집에 놀러 갔는데 그 친구가 너무 바빴기 때문에 같이 얘기할 시간이 없었다. 그는 나를 좋아하지 않기 때문에 나를 무시한다고 생각했다. 그래서 좀 더 친근해지기 위해 오래 머물러야겠다고 생각했다. 그리고 나서 조금 지났는데도 나에게 관심을 쏟아 주지 않자 일어서기도 창피하고 가만 있자니 답답하고 어찌할 바를 몰랐다. 친구 집을 나오면서 그 친구를 방해한 것 같아 미안하기도 하고, 필요할 때 같이 얘기할 친구가 없는 것 같아 허전했다. 예) 어떤 여자에게 첫 데이트 요청을 했다가 거절당한 남자는 그 여자가 자기를 싫어한다고 단정해 버렸다.
선별적 결론	이 오류는 특정상황에서 자신이 선택하는 선별적 사실과 정보에 주의를 쏟고 이 사실들에 기초하여 어떤 결론을 내리고 다른 관련된 정보를 무시하거나 고려하지 않는 것을 말한다.	예) 야구선수가 자기 팀의 다른 여러 멤버들이 자기보다 더 심각한 실수를 많이 범했었다는 사실을 무시한 채, 자기 팀이 시합에서 패배하게 된 이유가 전적으로 자기의 실수 때문이라고 결론을 짓는 것이다.

구분	내용	예
지나친 일반화	어떤 계층에 포함되는 사람이나 상황의 일반적 특징에 대한 가정을 가지고 있음으로 해서 단일의 사상에 기초하여 그 계층 내의 모든 사람 또는 상황에 대하여 획일적인 결론을 내리는 것을 말한다.	예) 남자에게 배신당한 여성이 "모든 남자는 도둑놈이야"라고 하는 경우 예) 직원의 단 한 번의 실수를 핑계로 그 직원을 '능력 없는 사람'으로 단정해 버리는 사장의 경우
지나친 확대 또는 축소	확대는 어떤 사상의 가치나 중요성을 과장할 때 일어나며, 반대로 부적절하게 사상의 중요성을 절하시키거나, 삭감시키는 것을 축소라고 한다.	예) 여성에게 거절당한 남성이 그 거절을 자신의 부족함을 보여 주는 재앙이라고 생각하는 것이다.

문제해결과정에서 무엇보다 중요한 것은 문제에 대해 왜곡없는 정확한 정보를 수집하는 것이다. 문제를 확인할 수 있는 다양한 방법들에 대해 살펴보면 다음과 같다.

① 브레인스토밍

브레인스토밍(Brain-Storming)은 1941년 알렉스 오스본(Alex Osborn)이 제안한 아이디어를 내기 위한 회의 기법에서 비롯된 것으로서 새로운 아이디어를 얻기 위해 매우 자주 사용되고 있는 기법 중의 하나이다. 브레인스토밍은 문자 그대로 폭풍이 몰아치듯 두뇌를 자극하여 아이디어의 연쇄 반응을 얻는 것이다. 즉, 소그룹의 사람들이 한 가지의 문제를 놓고 서로 앞다투어 아이디어를 냄으로써 문제해결을 위한 폭넓은 아이디어를 산출할 수 있다는 장점을 가지고 있다. 여럿이 모여서 하나의 문제를 해결하기 위하여 창의적인 아이디어를 낸다는 점에서는 일반적인 회의와 같으나 차이점은 브레인스토밍에서는 반드시 지켜야 할 규칙이 있다는 것이다. 다시 말해 브레인스토밍은 의사결정에 대한 아이디어를 구성원들이 자유롭게 개진하여 창의적인 방안을 선택할 수 있도록 하는 집단의사 결정기법이다. 즉, 복수의 사람들이 모여 특정 주제에 대해 생각해 낸 것을 자유롭게 발표, 정리하여 새로운 아이디어를 이끌어 내는 집단 사고기법이다. 브레인스토밍의 원칙은 표 11-5와 같다.

표 11-5. 브레인스토밍의 원칙

구분	내용
비판금지원칙	아이디어를 비판하면 발언자가 위축되어 새로운 아이디어를 발표할 수 없게 된다.
자유분방원칙	자유로운 분위기에서 좋은 아이디어가 많이 나온다.
질보다 양의 치중원칙	질은 양으로 승부된다는 말이 있듯이 최대한 많은 아이디어를 도출해야 한다.
통합과 개선원칙	다른 사람이 낸 아이디어의 개선과 결합을 한다.

② 문장완성검사

문제를 확인하기 위해 사용하는 방법 중의 하나는 문장완성검사(Sentence Completion)를 활용하는 것이다. 브레인스토밍에서 주로 단어만 나열했던 것과 달리 문장을 만드는 과정에서는 상황의 원인에 대한 생각이 연상될 수 있다는 장점을 지닌다.

- 나의 가장 큰 문제는 ______________________________

- 나는 또한 다른 ______________________________문제를 가지고 있다.

- 나는 또한 다른 ______________________________문제를 가지고 있다.

- 나는 또한 다른 ______________________________문제를 가지고 있다.

- 나는 또한 다른 ______________________________문제를 가지고 있다.

③ 체크리스트

브레인스토밍과 문장완성검사를 통해 정리된 문제들에 대해 본인이 느끼는 심각성의 정도를 확인해 보는 것이 필요하다. 문제를 확인하는 방법의 한 가지는 체크리스트(Check List)를 사용하는 것이다. 일반적으로 Mooney Problem Checkist가 가장 많이 사용된다. 즉, 문장완성검사에서 이야기한 문제를 체크리스트에 기록한 후 그 문제의 심각성을 어느 정도로 본인이 받아들여지는지를 파악한다.

표 11-6. 체크리스트

문제	자주 문제가 됨	때때로 문제가 됨	문제지만 불편하지 않음

④ 우선 순위 매기기

우선 순위 매기기(Prioritizing)는 나열된 문제들에서 가장 먼저 해결되어야 하는 것과 그 이후에 해결되어야 하는 것의 순서를 정리하는 과정이다. 순위 매기기는 긴박하고, 어려운 문제, 중요한 문제를 체크하게 함으로 많은 문제에 도움을 줄 수 있거나 혹은 특별한 세부문제에 도움이 된다. 평가를 위해 응용된 우선 순위 매기기는 개인의 문제들을 명확하게 지칭해 준다.

표 11-7. 우선 순위 매기기의 예시

직업선택
___1___월급
___8___휴일
___2___작업시간
___4___특별급여(보너스)
___3___작업조건
___5___일에 대한 흥미
___6___승진의 기회
___7___집과 작업장 간의 거리

위의 사항들을 보고 직업을 선택할 때 중요하다고 생각되는 항목을 선택하세요. 가장 중요하다고 생각되면 1, 다음으로 중요하다고 생각되면 2, 그다음은 3, 4, 5 이런 식으로 우선 순위를 기록해 보세요.

(2) 2단계: 문제에 대한 해결책 생성

문제에 대해 확인을 하고 나면, 문제해결의 장애물을 극복하고 문제해결의 목표를 달성하기 위한 여러 가지 해결책(대안)을 생성하는 것이다. 즉, 문제를 확인하게 되면 그 문제를 해결하기 위한 다양한 대안들을 생각해 봐야 한다. 그 대안은 이제까지 사용했던 해결책일 수 있고, 일상의 평범한 해결책일 수 있으며, 과거에 성공적이었던 해결책일 수 있다. 이 모든 것을 포함하여 가능한 더 많은 대안을 생각해 내는 것이 중요하다. 하지만 고려해야 할 점은 해결책 생성은 그 자체가 상상력과 독창성을 요구하는 창의적 과정이긴 하지만 단순한 자유연상과는 구별되어야 한다는 것이다. 여기서는 적절한 해결책, 즉 목표-지향적인 해결책 생성이 강조되어야 한다.

(3) 3단계: 생성된 해결책에 대한 분석

생성된 해결책 각각에 대해 긍정적 결과와 부정적 결과를 예상해 보고, 이득을 최대로 하고 손실은 최소화하면서 문제해결의 목표를 달성할 가능성이 가장 큰 해결책을 선택하게 된다. 일반적으로 해결책에 대한 이득과 필요한 요인, 방해요인에 대해 분석하는 과정을 진행하게 된다.

표 11-8. 생성된 해결책에 대한 분석표

해결책 모색	이득	필요한 요인	방해요인

(4) 4단계: 실행 및 평가

선택된 해결책을 실생활에서 실행해 보고 스스로 그 효과를 평가하는 것이다. 결과에 만족하면 문제가 해결된 것이며, 만약 결과에 만족하지 못하면, 다시 1단계로 돌아가서 처음부터 다시 시작하여 보다 효과적인 해결책을 찾는 것이 중요하다.

표 11-9. 문제해결 평가 기록지

<table>
<tr><td colspan="2">문제해결을 위해 사용한 방법이 문제해결에 어느 정도 도움이 되었다고 생각하십니까?
불만족스럽다 1 2 3 4 5 6 7 만족스럽다</td></tr>
<tr><td>문제해결을 위해 선택한 방법이 어떤 부분에서 가장 효과적이었는가?</td><td></td></tr>
<tr><td>문제해결을 위해 사용한 방법에서 개선되어야 할 부분은 무엇인가?</td><td></td></tr>
</table>

2) 문제해결능력 향상의 실제

• 앞과 같은 상황을 경험한 적이 있습니까? 있다면 어떻게 행동하셨습니까?

____

____

____

1단계: 문제의 확인

____

____

____

2단계: 문제에 대한 해결책 생성

문제발견		
문제에 대한 해결책 모색	1	
	2	
	3	
	4	
	5	

3단계: 생성된 해결책에 대한 분석

해결책 모색	이득	필요한 요인	방해요인

4단계: 선택된 해결책의 실행 및 평가

해결책:

행동	수행기준	시작일	완료일	책임자	필요한 자원

<table>
<tr><td colspan="2">문제해결을 위해 사용한 방법이 문제해결에 어느 정도 도움이 되었다고 생각하십니까?
불만족스럽다 1 2 3 4 5 6 7 만족스럽다</td></tr>
<tr><td>문제해결을 위해 선택한 방법이 어떤 부분에서 가장 효과적이었는가?</td><td></td></tr>
<tr><td>문제해결을 위해 사용한 방법에서 개선되어야 할 부분은 무엇인가?</td><td></td></tr>
</table>

3. 개입의 유형

사회복지실천은 광범위하게 정의되며, 개인, 가족, 집단을 대상으로 하는 미시적 개입과 조직, 지역사회, 정책을 대상으로 하는 거시적 개입을 모두 포함한다. 여기에서 거시적 사회복지실천은 조직, 지역사회, 정책을 변화시키기 위한 전문적이고 의도적인 개입을 의미한다(Netting et al., 2017). 개인의 복지가 인구통계학적 변화, 공공서비스의 민영화, 사회복지의 산업화, 문화적 다양성 증가 등의 거시적 차원의 환경 요소들로부터 영향받는 부분이 커질수록 거시적 사회복지실천의 중요성은 증가하는데, 거시적 사회복지실천은 간접적으로 환경을 변화시킴으로써 사람들의 복지를 증진시킬 수 있기 때문이다(김영종, 김은정, 2022).

사회복지실천 범위를 중심으로 살펴보면, 헤어(Hare, 2004)는 개입(intervention)의 개념을 중심으로 **그림 11-1**과 같이 사회복지실천의 범위를 제시하였다.

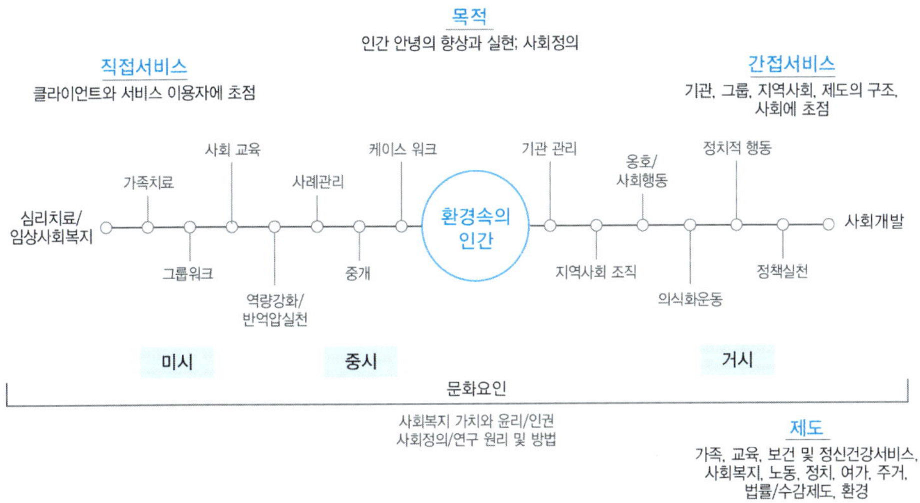

그림 11-1. 사회복지실천의 범위

먼저 개입방법에 따라 사회복지사가 개인이나 가족을 직접 접촉해 서비스를 제공하는 직접서비스와 사회복지사가 이들과 직접 접촉하지는 않지만 기관, 그룹, 지역사회, 제도, 사회의 변화를 통해 개인이나 가족에게 영향을 미치는 간접서비스로 구분할 수 있다. 다음으로 개입수준에 따라서는 미시, 중시, 거시 차원으로 구분할 수 있는데, 여기에서 거시 차원의 개입은 사회개발을 목표로 한 기관관리, 지역사회 조직, 옹호 및 사회활동, 의식화 운동, 정치적 행동, 정책실천으로 이루어진다. 개입대상은 가족, 교육, 보건 및 정신건강서비스, 사회복지, 노동, 정치, 여가, 주거, 법률 및 수감제도, 환경 제도를 포함한다(양혜정, 2022).

그리고 네팅 등(Netting et al., 2017)은 사회복지실천에서 개인과 가족에게 초점을 둔 미시수준과 그룹에 초점을 둔 미시와 거시수준, 조직과 지역사회, 정책에 초점을 둔 거시수준으로 구분하여 사회복지사의 주요 역할을 표 11-10과 같이 제시하였다.

표 11-10. 사회복지실천 수준에서의 개입과 역할

수준	개입의 초점	주요 역할
미시	개인	임상가, 돌봄 코디네이터
	가족단위	가족상담가, 사례관리자
미시와 거시	그룹	그룹워커, 수퍼바이저
거시	조직	휴먼서비스 관리자, 중간관리자 프로그램 조정자, 수퍼바이저
	지역사회	지역사회 개발자, 지역사회 조직가 지역사회 계획가, 사회행동가
	정책	입법 옹호자, 정책 분석가

미시수준에서의 개입의 초점은 개인과 가족단위이며, 미시와 거시수준에서는 그룹이 초점이 된다. 거시수준은 조직, 지역사회, 정책 순으로 영향받는 대상 범위가 넓어질수록 사회복지사의 역할 또한 더 넓은 범위의 변화를 촉진하는 과업을 요구받게 된다.

또한 김욱 등(2015)은 대상체계의 수준과 접근방법에 따라 미시적 실천은 대면접촉을 중심으로 한 직접적 실천으로, 거시적 실천은 정책이나 제도를 활용하여 문제와 욕구를 해결하는 간접적 실천으로 구분하였다. 이러한 접근들은 생태체계 관점에서 개입의 초점과 실천방법을 미시와 중시, 거시 차원으로 구분하는 방식을 취하면서 미시적 실천을 직접서비스로 거시적 실천을 간접서비스로 분류한다. 그러나 모든 사회복지실천은 지역사회의 맥락에서 이루어지고, 대부분의 사회복지사가 사회정책에 영향을 받는 조직에서 일하기 때문에 거시적 사회복지실천을 간접서비스로 분류하는 것에는 논쟁의 여지가 있다. 유태균(2020)은 사회복지실천 범위의 모호성을 지적하면서 사회복지실천의 차원을 대상의 구체성, 포괄성, 결과 직접성, 실천원리에 따라 분석하였고, 거시적 사회복지실천을 사회나 다수의 사회구성원에 대해 보편성과 일반성을 실천원리로 계획된 변화를 끌어내는 노력으로 구분하였다.

한편 사회복지사가 활동하는 경제적, 정치적 환경의 큰 변화에 대응하여 사회복지실천 현장의 미시적 실천과 거시적 실천의 통합이 요구되고 있다. 왜냐하면 개인과 가족의 심리내적 영역에만 초점을 맞춘 실천은 사회정의에 맞지 않고, 취약하고 소외된 사람과 협력해 사회 및 경제적 정의를 추구하기 위해서는 거시적 실천을 필요로 하기 때문이다. 구체적으로 거시적 실천에서는 개인과 가족, 집단에게 제공되는 서비스를 이해해야 하는데, 이러한 이해가 없으면 문제와 욕구에 대한 충분한 근거 없이 거시적 실천이 일어날 수 있다. 모든 미시적 실천은 제도적·구조적인 맥락 속에서 이루어지기 때문에 제도와 구조를 변화시키는 거시적 실천의 병행이 필수적이라는 것이다. 이러한 논의들은 미시적 실천은 공공 전달체계의 사회복지시설을 중심으로, 거시적 실천은 시민사회단체나 학자들 중심으로 이분화되어 있는 한국의 사회복지실천에서 심도 있게 살펴봐야 할 주제이다(양혜정, 2022).

12

Chapter

종결단계

배울 내용

1. 종결의 기술
2. 종결시기의 결정
3. 정서적 반응 다루기
4. 평가
5. 의뢰
6. 사후관리

학습 목표

1. 종결의 기술을 습득한다.
2. 종결의 유형을 파악한다.
3. 정서적 반응 다루기 기술을 습득한다.
4. 시기에 따른 평가의 유형을 설명할 수 있다.
5. 의뢰의 지침을 숙지한다.
6. 사후관리의 기술을 습득한다.

사회복지실천은 그림 9-1과 같이 초기단계, 사정 및 계획단계, 실행단계 그리고 종결단계로 이루어지게 된다. 사회복지실천의 초기단계는 9장, 사정 및 계획단계는 10장, 실행단계는 11장에서 살펴보았고, 본 장에서는 종결단계에 대해 구체적으로 살펴보고자 한다.

1. 종결의 기술

종결단계는 사회복지실천의 마지막 단계로 사회복지사는 클라이언트와 함께 실행단계를 통해 나타난 변화를 지속하기 위해 잘 마무리하는 단계라고 할 수 있다. 종결의 시기는 클라이언트의 욕구가 충족되었을 때, 클라이언트의 문제가 해결되었을 때, 클라이언트가 목표달성을 이루었다고 느낄 때 실시하게 된다. 하지만 예상하지 못한 상황에서 종결의 시기를 맞이하게 되는 경우도 있다. 종결의 시점에서는 지금까지 진행된 변화의 내용을 뒤돌아보고 클라이언트가 이후에도 유사한 어려움이 닥쳤을 때 어떻게 대처할 수 있을지의 내용을 확인하고 클라이언트가 잘 해나갈 수 있음을 지지하며 강점 및 대처기술 등을 확인시켜 줄 필요가 있다(김성철 외, 2020).

그리고 종결에 따른 감정처리에서 사회복지사들은 클라이언트의 감정을 민감하게 이해하고 이에 따라 적절히 반응할 준비가 되어 있어야 한다. 클라이언트의 감정이 긍정적이든 부정적이든 적대감이나 방어의식 없이 클라이언트의 감정표현을 수용해야만 한다. 종결 시의 주요 과업은 표 12-1과 같다.

표 12-1. 종결 시 주요 과업

- 적절한 종결시기의 결정
- 클라이언트와 사회복지사의 정서적 반응의 처리
- 개입을 통해 획득한 효과의 유지와 강화
- 필요한 경우 클라이언트를 다른 자원으로 의뢰하는 것

사회복지사들은 클라이언트의 감정처리를 도와줄 수 있는 방법으로 다음 두 가지를 나누어 볼 수 있다. 첫째, 클라이언트로 하여금 자신의 감정이 어떤 것인지 탐색하도록 하여 그러한 감정이 적절한가를 살펴보도록 도와주는 것이다. 둘째, 클라이언트의 감정에 영향을 미친 사회복지사의 행동을 탐색하고 그러한 영향을 미친 요인을 변화시킬 수 있는지를 생각해 보는 것이다.

지금까지의 활동단계가 성공적으로 완수되어 종결목표가 성취되고 변화가 일상생활환경 내에서 일반화, 안정화되고, 사회복지사의 중재를 필요로 하는 다른 문제상황이 없을 때 이루어지는 종결이 가장 이상적인 형태이다. 종결과정의 목표를 달성하기 위하여 클라이언트를 돕는 데 관련되는 것을 살펴보면 표 12-2와 같다(윤선오 외, 2023).

표 12-2. 종결과정의 목표달성과 관련된 사항들

- 변화된 것을 유지하여 관계를 떠날 수 있도록 클라이언트를 돕는 것이다.
- 종결에 따른 분리감정을 극복하고 종결의 고유한 의미를 이해하도록 클라이언트를 돕는 것이다.
- 클라이언트에게 필요하다면 앞으로의 도움을 활용할 수 있게 하는 것이다.

사회복지사가 클라이언트와의 접촉의 빈도와 기간을 감소시키는 것이 종결의 마지막 단계에 있어서는 유용한 것이다. 종결은 클라이언트의 본래의 생활상황으로

옮기는 변화 목표를 개발하는 데 중점을 두면서 초기 과정부터 점진적으로 실시한다. 사회복지사는 공식적인 관계가 끝난 후에도 클라이언트에게 필요한 도움이 제공될 수 있도록 지역사회의 자원에 대한 그의 지식을 동원함으로써 관계를 원만하게 종결할 수 있을 것이다. 사회복지사가 종결할 때 사용하지 말아야 하는 방법을 살펴보면 **표 12-3**과 같다(윤선오 외, 2023).

표 12-3. 종결할 때 사용하지 말아야 하는 방법

- "나는 당신을 만나고 싶지 않습니다. 당신은 귀찮은 사람이에요. 당신은 내가 바라는 대로 하지 않습니다"와 같이 공격적으로 표현하는 것이다.
- "당신이 그것을 할 수 있다는 것을 나에게나 당신 자신에게 증명해 보시오"와 같은 도전적인 방법으로 종결하는 것이다.
- 사정이나 목표에 근거를 두고 고려한 결정이라기보다는 오히려 사회복지사 자신의 감정이나 행정적 결정의 결과와 같은 독단적인 행동으로 종결하는 것이다.

2. 종결시기의 결정

초기에 개입한 개입목표가 달성되어 계획된 기간 안에 문제해결이 거의 이루어졌다고 생각되고, 사회복지사와 클라이언트가 더 이상의 만남이 도움이 되지 않으리라는 것에 합의하면 종결을 시작할 때라고 할 수 있다. 또한 사회복지사와 기관이 클라이언트에 대한 서비스를 할 수 있는 만큼 다 제공하였다고 판단되며, 더 이상의 개입 연장이 클라이언트의 의존심을 자극할 뿐, 큰 도움이 되지 못한다고 생각되는 경우도 종결이 필요한 때이다. 이러한 종결의 유형을 살펴보면 **표 12-4**와 같다(윤선오 외, 2023).

표 12-4. 종결의 유형

- 클라이언트의 일방적인 조기 종결(계획되지 않은 종결)
- 기관의 기능과 관련된 시간의 제약에 의해 결정된 종결(계획된 종결)
- 시간제한적인 개입모델에 따른 종결(계획된 종결)
- 시간제한이 없는 개방형 모델에 따른 종결(계획을 세워 나가는 종결)
- 사회복지사의 사정으로 인한 종결

3. 정서적 반응 다루기

클라이언트와 사회복지사의 정서적 반응 다루기는 종결단계의 가장 중요한 과업 중의 하나이다. 분리과정 동안 경험하는 정서적 반응은 서로 해결해야 한다. 클라이언트에게 종결은 중요한 감정적인 욕구를 만족시켜 온 관계가 사라진다는 고통스러운 과정을 의미한다. 그러므로 심리적인 스트레스를 최소화하면서 효과적으로 종결하기 위해서는 클라이언트의 정서적 반응을 잘 다루어 주어야 한다(윤선오 외, 2023).

1) 목적이 달성되지 않은 경우

클라이언트는 실망과 사회복지사에 대한 분노, 버림받는다는 느낌 등을 경험하게 됨으로써 감정을 수용하면서 부정적 감정을 표현할 수 있게 도와주어야 한다.

2) 사회복지사가 떠날 때의 정서적 반응 다루기

사회복지사는 클라이언트의 긍정적 · 부정적인 감정표현을 모두 허용하고, 다른 사회복지사에게 의뢰하는 것을 수용하도록 도와야 한다. 이전에 거부당한 경험이 있는 클라이언트는 상처받기 쉽고 자존심이 약해진다. 따라서 사회복지사는 떠나도 변화를 위한 노력을 계속해 나가기를 바란다는 언급을 하고 지지와 격려를 제공해야 한다.

4. 평가

최근 사회복지분야에서 사회복지조직의 책무성이 강조되기 시작하면서 프로그램 평가의 필요성이 강조되고 있다. 특히 1998년 「사회복지사업법」의 개정을 통해 모든 사회복지시설은 3년마다 최소 1회 이상 평가를 받도록 법제화되어 사회복지사가 자신이 제공한 사회복지서비스의 효과성과 클라이언트의 문제해결능력 그리고 기존에 설정된 목표의 달성 정도를 평가하고 오류나 부족한 부분에 대해서는 피드백을 통해 수정 · 보완하여야 한다. 평가는 사회복지서비스의 궁극적인 성공 여부를 확인하고 프로그램의 진행과정상의 문제점 확인, 그리고 프로그램 기획 및 개발에 필요한 정보를 수집하는 목적으로 이루어지므로 사회복지사는 평가의 절차 및 내용 등에 대한 계획을 수립하고 평가를 실시하는 자세를 갖는 것이 필요하다. 모든 평가에는 각각의 목적이 있고, 그에 따라 평가의 방법과 유형이 각기 다르게 나타난다. 평가의 유형을 시기에 따라 분류하면 표 12-5와 같다(윤선오 외, 2023).

표 12-5. 시기에 따른 평가의 유형

구분	내용
성과평가	결과평가라고도 하며, 설정했던 목표(양적, 질적)들이 얼마나 달성되었는가를 평가하는 것이다. 이는 원하는 변화가 사회복지실천 활동, 즉 개입을 통해 일어났다는 것을 검증해야 한다. 평가방법에는 단일집단 사전-사후 비교 방법이 있으며, 사회복지실천 평가에서 많이 사용하기도 한다. 그리고 통제집단과 실험집단 비교방법 등이 있다.
과정평가	사회복지실천과정을 분석하기 위한 것으로 성과평가에서 간과하기 쉬운 프로그램의 준비, 진행, 종결과정에서 환경적인 요인과의 관련성을 프로그램의 과정에 따라 분석하는 기법이다. 개입이 클라이언트에게 도움이 되었는지, 클라이언트가 원조 과정을 어떻게 인지했는지를 평가하는 것이다.
형성평가	프로그램 개발이나 개선의 목적에 필요한 정보를 수집, 사정하는 평가로 프로그램의 계획이나 실행과정에 수행된다. 모니터링과 피드백에 필요한 정보가 수시로 산출되어야 하므로 정보수집의 틀은 비교적 유연하게 적용한다.
총괄평가	프로그램 종결 후에 실시하는 평가로 프로그램의 성과와 그에 따르는 비용 등의 파악을 목적으로 수행된다. 과거지향적인 형성평가와 달리 목표지향적이어서 엄격하고 객관적인 조사기준이 필요하다.
사회복지사 평가	개입 과정 동안 사회복지사의 행동이나 태도 등이 개입에 어떠한 영향을 주었는지 알아보기 위해 클라이언트로부터 피드백을 받는 것이다. 긍정적인 피드백은 사회복지사로 하여금 자기 강점을 더 잘 알게 하고, 그것을 미래에 자주 활용하게 하며, 부정적인 피드백은 사회복지사에게 때로는 고통을 줄 수 있다.

구분	내용
클라이언트 만족도평가	개입기간 동안 클라이언트가 받은 서비스 혹은 프로그램에 대해 클라이언트의 의견을 구하는 평가방법이다. 프로그램이나 서비스 등 개입에 적극적으로 참여했거나 좋은 인상을 받은 클라이언트는 높게 점수를 주는 경향이 있고, 서비스에 만족하지 못했거나 소극적으로 참여한 클라이언트는 조사에 응하지 않았을 가능성이 크기 때문에 만족도 결과가 긍정적인 방향으로 치우칠 가능성이 있다는 점을 유의해야 한다.

한편 평가의 과정에서는 몇 가지의 필수적인 과정으로 구성된다. 즉, 목적이나 성격에 따라 부분적으로 다른 과정이 나타날 수는 있지만 대부분 **표 12-6**과 같이 7단계로 진행된다(한국청소년개발원, 1993).

표 12-6. 평가의 7단계

구분	항목	내용
1단계	평가근거와 목적의 확인 단계	누가 어떤 이유로 평가를 필요로 하고, 어떤 목적을 달성하기 위하여 평가를 실시하려고 하는가를 확인함으로써 평가활동을 정당화해야 한다.
2단계	평가준거의 설정 단계	평가대상 프로그램의 목적, 내용, 관련 요소 등을 정확하게 파악해야만 어떤 관점에서 어떤 점을 평가준거로 삼아 평가할 것인가를 설계할 수 있으며, 평가준거의 설정은 프로그램이 어떤 속성을 평가대상과 평가내용으로 삼을 것인가를 명료화하는 과정으로 이어지는 평가자료 수집과 평가기준의 설정이 체계적으로 이루어질 수 있다.
3단계	평가활동의 기획 단계	평가목적과 평가준거를 설정한 다음에는 그것을 바탕으로 구체적인 평가활동을 설계하게 되며, 여기에서는 평가목적을 효율적으로 달성하기 위한 평가전략을 수립하고 그에 입각하여 적합한 평가모형을 선정하거나 관련된 자원을 준비하고 전반적인 평가활동의 전개를 합리적으로 설계해야 한다.
4단계	평가자료 수집 계획의 수립 단계	프로그램의 가치나 장점, 또는 효과와 영향을 입증해 줄 수 있는 근거자료를 수집하기 위하여 특정방법과 도구를 활용하여 평가의 시기와 방법을 구체적으로 계획해야만 평가를 진행할 수 있게 된다. 평가기준에 관련된 자료를 수집하는 일이 평가활동의 핵심을 차지하는 일이기 때문에 여러 가지 관련 요인들을 고려하여 사전에 합리적이고 구체적인 자료수집 계획을 수립할 필요가 있다.

구분	항목	내용
5단계	평가자료 수집활동의 단계	수립한 평가자료 수집계획에 의거하여 자료수집 활동을 실제로 전개하는 일에 가장 많은 시간과 노력이 든다. 이는 본격적인 평가활동으로서 여기에서는 다양한 측정 활동을 포함한 자료수집 방법들이 적용되고 그를 위하여 다양한 자원이 동원된다.
6단계	평가결과의 분석과 판단 단계	여기에서는 수집한 자료를 평가준거에 입각하여 분석하며 그를 바탕으로 구체적인 평가기준을 설정하고 평가원칙을 명료화하며 기준과 원칙, 근거자료를 바탕으로 평가적 판단을 내리게 된다. 프로그램의 내용, 그에 대한 기대수준, 프로그램 실행과정과 결과 등을 고려하고, 수집, 분석된 자료에 근거하여 평가기준을 설정하고 관련된 평가원칙을 적용하여 평가적 판단을 내리게 되면 평가의 목적을 달성한다.
7단계	평가결과의 보고 단계	평가적 판단 결과를 평가 요구자와 의뢰자 및 평가 관련자들에게 보고함으로써 평가활동은 종료된다. 이 단계에서는 평가결과를 누구에게 어떤 형식으로 언제, 어떻게 보고할 것인가를 사전에 계획하고 그에 따라 체계적이고 적절한 보고 활동이 이루어져야 한다. 평가자는 평가결과 보고서의 작성과 배포, 평가결과의 활용에 관심을 기울여야만 의도한 평가목적을 성공적으로 달성할 수 있게 된다.

5. 의뢰

의뢰(referrals)는 클라이언트의 문제상황이 아직 호전되지 않았거나 문제나 욕구가 충분히 해결되지 않았을 경우 사회복지사가 클라이언트를 다른 기관이나 외부 자원에 연결하는 것을 말한다. 의뢰과정은 조심스럽게 다루어야 한다. 왜냐하면 클라이언트는 의뢰를 사회복지사가 자신을 거부하는 것으로 받아들이거나 새로운 관계형성에 대한 두려움으로 좌절하거나 필요한 도움을 더 이상 받으려 하지 않을 수 있기 때문이다. 헵워스와 라슨(1993)이 제시한 의뢰과정의 지침은 표 12-7과 같다.

표 12-7. 의뢰과정의 지침

- 새로운 서비스에 대한 불신, 걱정, 잘못된 개념에 대한 클라이언트의 감정을 끌어내 다루어 주고, 의뢰과정이 꼭 필요함을 강조하면서 준비시킨다.
- 클라이언트에게 최선의 서비스가 무엇인지를 함께 결정한다.
- 의뢰의 가능한 대안들을 제시하고 항상 클라이언트의 자기결정권을 존중한다.
- 다른 기관에서 클라이언트에게 줄 수 있는 도움에 대해 비현실적 보증을 하는 것은 피해야 한다.
- 의뢰하는 다른 기관의 기능을 명확히 하는 것은 좋지만, 그곳의 사회복지사가 사용하게 될 방법까지 구체적으로 안내하는 것은 좋지 않다. 왜냐하면 사회복지사마다 스타일과 사용하는 방법이 다르므로 이는 클라이언트에게 선입견을 갖게 하고 만약 그 방법이 사용되지 않을 경우 실망할 수도 있기 때문이다.

6. 사후관리

클라이언트는 사회복지사와 전문적 관계를 종결한 후 1~6개월경이 지났을 때 사후 만남을 갖는 것이 클라이언트의 변화를 평가하고 유지하는 데 필요하다. 사후관리는 클라이언트에게 사회복지사가 개입 이후에도 계속 관심을 가지고 있다는 것을 보여 줌으로써 변화를 지속할 수 있는 동기를 제공한다. 또한 종결 이후 발생한 새로운 문제나 잔여문제를 다룰 수 있는 여유를 주기도 한다. 사회복지사는 사후관리에서 필요 시 클라이언트의 변화유지를 방해하는 요인들에 대해 살펴볼 필요성이 있는데, 변화유지를 저해하는 요인은 표 12-8과 같다(윤선오 외, 2023).

표 12-8. 변화유지를 저해하는 요인

- 습관적 패턴으로 돌아가려는 경향(알코올이나 약물남용 등)
- 개인적 또는 환경적 스트레스 요인
- 사회활동과 여가생활의 기회 부족
- 긍정적 지지체계의 부재
- 미숙한 사회기술
- 기능적 행동의 재강화 부족
- 환경 변화에 대한 미흡한 대처
- 또래 압력을 거절할 수 있는 기술 부족
- 역기능적 가족환경으로 복귀
- 부적절하게 형성된 새로운 행동

참고문헌

강미애(2013). 지역아동센터 사례관리 현황과 사례관리 운영체계에 관한 연구. 한영신학대학교 대학원 박사학위논문.

강순희, 김연진, 김이영, 김재현, 김중기, 김현실, 배경란, 시옥진, 이용환, 장지현(2022). **영유아 발달**. 경기: 수양재.

강이슬(2023). 한국 사회복지실천교육에 관한 연구: 사회복지실천론과 사회복지실천기술론을 중심으로. 강남대학교 일반대학원 박사학위논문.

고관우, 김경민, 김현수, 백창환, 서민호, 유승창, 이수진, 전대성(2023). **사회복지조사론**. 경기: 양성원.

공계순, 서인해(2006). 증거기반 사회복지실천에 대한 이해와 한국에서의 적용가능성에 관한 연구. **사회복지연구**, 77-102.

국무총리실, 행정안전부, 보건복지부(2011). 사회복지담당공무원 확충에 따른 시군구 복지전달체계 개선방안.

권중돈(2014). **인간행동과 사회복지실천**. 서울: 학지사.

김경미(2013). 정신보건시설 사회복지사의 인권태도에 관한 연구. 카톨릭대학교 사회복지대학원 석사학위논문.

김경은, 이화정, 최은희, 황명구, 송연선(2020). **인간행동과 사회환경**. 경기: 양성원.

김경호(2006). **사회복지실천기술론**. 서울: 청목출판사.

김귀숙(2022). 사회복지사의 전문직 정체성이 자기효능감에 미치는 영향: 감성지능의 매개변수를 중심으로. 신한대학교 대학원 박사학위논문.

김규수, 정운석(2001). 민간 사회복지서비스 전달체계에 관한 연구. **사회복지 개발연구원**, 27, 439-459.

김기덕, 최명민(2014). 바우만(Bauman)의 근대성 이론을 통한 한국사회복지실천의 유동성 분석. **한국사회복지학**, **66**(4), 53-75.

김성이(1991). 사회복지학과의 교육 현황과 발전 방향. **대학교육**, 50, 98-108.

김성천(1995). 한국에 적용된 사회사업 실천이론의 연구동향에 관한 비판적 분석. **한국사회복지학**, 27, 35-65.

김성천, 김수경(2020). 한국 사회복지현장의 비판적 실천에 관한 연구: 사회복지사의 경험을 중심으로. **한국사회복지학**, **72**(4), 33-61.

김성철, 김성숙, 모아라, 박란이, 박정하, 박종란, 송희경, 염영옥, 이만복(2020). **가족복지론**. 경기: 양성원.

김승권, 황성철, 김연우(2011). **취약 · 위기가족 및 다문화가족의 예방 맞춤형 복지체계 구축 및 통합사례관리연구(2차년도)**. 서울: 한국보건사회연구원.

김승연, 장익현, 김진우, 권혜영(2018). 해외사례와의 비교를 통한 한국형 커뮤니티케어 개념 정리 및 추진방향. 보건복지부 학술연구 용역.

김영종, 김은정(2022). **사회복지개론**. 서울: 학지사.

김예경(2000). 사회복지 전문 직업성 인식과 직무만족도의 관계 연구. 이화여자대학교 대학원 석사학위논문.

김욱, 이홍직, 강선경, 김학주(2015). **사회복지 총론**. 서울: 도서출판 오래.

김융일, 조흥식, 김연옥(1995). **사회사업실천론**. 서울: 나남.

김이영, 박남수, 송나리, 시옥진, 이찬숙, 최윤지(2019). **아동생활지도**. 경기: 수양재.

김이영, 배헌석, 이우언(2021). **인간이해를 위한 심리학**. 경기: 양성원.

김재운, 최진태(1997). **현대인의 윤리학**. 서울: 대영문화사.

김종배, 김지현, 류혜원, 서민호, 신영미, 오승하, 오은정, 이영희, 전대성, 정복임(2023). **가족복지론**. 경기: 양성원.

김학영(2017). 수퍼비전이 공공영역 사례관리자의 역할수행에 미치는 영향: 희망복지지원단 통합사례관리사를 중심으로. 동양대학교 대학원 석사학위논문.

김현호, 박선희, 김영일, 박길남, 이규태, 이영희, 전대성, 최병태(2023). **사회복지실천론**. 경기: 양성원.

김혜란, 공계순, 박현선, 홍선미(2024). **사회복지실천론**. 서울: 학지사.

김혜란, 홍선미, 공계순(2006). **사회복지실천기술론**(2판). 경기: 나남출판.

김혜련, 강영호, 박은자, 최정수, 이연희, 김영삼(2006). 한국인의 사망과 질병 및 의료이용의 요인분석과 정책과제. 한국보건사회연구원, 60-72.

김효선, 김녹현, 이경희, 이우언, 조성옥, 최영자, 황동섭(2023). **사회복지실천론**. 경기: 공동체.

김홍수(2014). 사회복지시설 종사자의 인권의식이 학대행위에 미치는 영향. 대구한의대학교 대학원 박사학위논문.

남찬섭, 최권호(2023). 한국 사회복지사 자격제도와 사회복지 교육: 시장화된 사회복지 교육에 대한 비판적 고찰. **비판사회정책**, 80, 87-119.

대한신경정신의학회(2013). 정신이 건강해야 삶이 행복합니다. HIDOC.

민경산(2015). 가족치료와 회복탄력성의 상관관계 연구. 한세대학교 대학원 석사학위논문.

민소영, 임선영(2014). 사례관리 수행의 영향요인 분석: 정신보건실천현장을 중심으로. **한국지역사회복지학**, 48, 223-247.

박귀영, 오현숙, 이우언, 전미숙, 정명희, 최병태(2023). **가족복지론**. 경기: 양성원.

박병현, 배화숙(2003). 사회복지의 전문성 제고를 위한 과제. **사회복지연구**, 12, 99-117.

박성아(2023). 성공적 지역사회통합돌봄사업을 위한 활성화 방안 연구. 동서대학교 대학원 석사학위논문.

박성애(1996). **간호관리**. 서울: 현문사.

박승규(2001). 사회사업가의 전문직업적 정체성에 영향을 미치는 요인들에 관한 연구. 강남대학교 사회복지대학원 석사학위논문.

박승민(2009). 증거기반 사회복지실천을 향하여: 흡연 임산부 금연프로그램의 효과성, 지속성, 비용효과성 분석. **극동사회복지저널**, 5, 7-13.

박용오(2005). 사회복지사의 직무만족이 전문직업적 정체성에 미치는 영향. 연세대학교 행정대학원 석사학위논문.

박인희(2013). 수퍼비전 내용이 사회복지사의 사례관리자 역할 수행에 미치는 영향: 가치와 원칙의 내용을 중심으로. 숭실대학교 대학원 석사학위논문.

박정화(2019). 사회복지사의 감정노동과 주관적 삶의 만족에 관한 연구: 전문직관과 상사의 윤리적 리더십의 조절 효과를 중심으로. 서울여자대학교 대학원 박사학위논문.

박종우(1992). 한국 사회복지학교육에 관한 일고찰. **사회복지연구**, 4(1), 113-134.

박종우(1994). 사회사업가의 전문직업적 정체성 연구. 서울대학교 대학원 박사학위논문.

보건복지부(2018). 지역사회 중심 복지구현을 위한 커뮤니티케어 추진방향. 보건복지부 커뮤니티케어 추진단.

보건복지부(2018). 지역사회통합돌봄자체추진 가이드북.

보건복지부(2019). 노인 돌봄서비스 사업안내.

보건복지부(2019). 지역사회통합돌봄 선도사업 8개 지자체 사업 주요 내용.

보건복지부(2020). 2020 공공부문 사례관리 연계협력 안내.

보건복지부(2020). 2020 지역사회 통합건강증진사업 안내.

보건복지부(2022). 희망복지지원단 업무안내.

서미경, 김영란, 박미은(2000). **사회복지실천윤리**. 서울: 양서원.

서윤호(2010). **다문화주의와 문화다양성(다문화법제의 기본개념 분석)**. 서울: 법학연구소.

송유미, 송인욱, 이선자, 최형임(2023). **사회복지실천론**. 경기: 공동체.

신명철(2018). 직무환경이 사회복지사의 행복감에 미치는 영향: 직무만족과 감성지능의 매개효과를 중심으로. 협성대학교 일반대학원 박사학위논문.

신성자(2012). **사회복지실천기술론**. 경기: 양서원.

신성자, 고유나, 김수정, 박용권, 성희자, 이원준, 전보경, 정숙희, 최은지(2021). **사회복지실천기술론**. 경기: 양성원.

신성자, 홍금자, 라동석, 김진이(2000). **사회복지실천론**. 서울: 고헌출판부.

양만재(2016). 반-억압실천론(Anti-oppressive practice)의 도입과 활용의 필요성에 관한 시론적 연구: 한국사회복지실천 중심으로. **비판사회정책**, 53, 96-145.

양옥경, 김정진, 서미경, 김미옥, 김소희(2000). **사회복지실천론**. 서울: 나남.

양혜정(2022). 거시사회복지실천 전략으로서의 복지정책 법제화 과정에 관한 연구. 서강대학교 신학대학원 박사학위논문.

엄명용, 노충래, 김용석(2020). **사회복지실천의 이해**. 서울: 학지사.

오혜경(2008). 인권과 장애인복지실천. **사회복지리뷰**, 13, 27-57.

원해찬솔(2016). 정신보건사회복지사의 윤리적 선택. 경상대학교 대학원 석사학위논문.

유범상, 정연정(2022). **사회복지실천기술론**. 서울: 한국방송통신대학교출판문화원.

유태균(2020). **거시사회복지실천 입문편**. 경기: 공동체.

윤견수, 소영진, 김동환, 이종범(2000). **딜레마와 행정**. 서울: 나남.

윤선오, 저영옥, 김현경, 목경열, 서민호, 윤동화, 이장희, 정명희(2023). **사회복지실천기술론**. 경기: 수양재.

윤원일(2021). 공공부문 사례관리 수행인력의 직무만족도에 영향을 미치는 요인에 관한 연구. 광주대학교 사회복지전문대학원 박사학위논문.

윤현숙, 김기환, 김성천, 이영분, 이은주, 최현미, 홍금자(2002). **사회복지실천기술론**. 서울: 동인.

이광혁(2019). 노인의 지역사회만족도 예측요인에 관한 연구: 생태체계이론을 중심으로. 경희대학교 동서의학대학원 석사학위논문.

이기원, 현영렬, 한영상, 송재만, 최연우, 이순임(2022). **평생교육방법론**. 경기: 양성원.

이동욱(2018). 정신건강증진시설 종사자의 인권의식에 영향을 미치는 요인에 관한 연구. 대전대학교 사회복지대학원 석사학위논문.

이민영(1999). 사회복지전공자들의 빈곤에 대한 태도: 태도수준과 영향요인을 중심으로. 이화여자대학교 대학원 석사학위논문.

이선영(2004). 생태체계관점에서 본 정신장애인 삶의 질 영향요인 연구. 서울여자대학교 대학원 박사학위논문.

이영호(2008). **사회복지실천기술론**. 경기: 공동체.

이원숙, 임수정(2020). **사회복지실천론**. 서울: 학지사.

이은영(2013). 지역아동센터의 사례관리수행 영향요인. 서울기독대학교 대학원 박사학위논문.

이익선(2018). 직무와 조직의 특성이 사회복지전담공무원의 통합사례관리에 미치는 영향. 연세대학교 대학원 석사학위논문.

이인정, 최해경(2012). **인간행동과 사회환경**. 경기: 나남.

이정효(2007). 증거기반실천(EBP)을 바탕으로 한 ADHD 아동의 Social Story Program 효과성 검증. **사회복지개발연구**, 285-308.

이준우(2021). **통합과 융합의 사회복지실천**. 경기: 인간과복지.

이준우, 김광선(2023). **사회복지 역사**. 서울: 신정.

이태원, 이유리(2010). 다문화 가족 정책을 통한 사회통합수준 분석. **인문연구**, 62, 335.

이현주(2013). 증거기반실천을 위한 정신보건 프로그램의 효과성에 대한 메타분석: 정신장애인을 중심으로. 가톨릭대학교 대학원 박사학위논문.

이혜경(1996). 복지사회와 사회복지교육: 학부과정 사회복지 교육의 방향모색을 위한 연구. 이화여자대학교.

이혜경, 남찬섭(2005). 한국 사회복지학의 고등교육 50년: 사회복지의 제도화와 고등교육의 대중화를 배경으로. **한국사회복지교육**, 1(1), 69-95.

장경희(2018). 노인장기요양시설 요양보호사의 노인인권의식에 영향을 미치는 요인. 광운대학교 상담복지정책대학원 석사학위논문.

장유림(2010). 학교사회복지사의 증거기반실천태도에 관한 연구. 계명대학교 대학원 석사학위논문.
정귀임(2017). 임상간호사의 간호조직사회화 영향요인. **보건의료산업학회**, 11(4), 53-65.
정문자, 정혜정, 이선혜, 전영주(2012). **가족치료의 이해**. 서울: 학지사.
정선영, 손덕순, 김정화(2021). 공공과 민간사례관리 현장에서 사례관리자가 느끼는 실제적인 사례관리와 과정에 대한 인식. **한국사회복지교육**, 56, 36-60.
정송이(2018). 사회구성주의 관점에서 본 산업재해 근로자의 트라우마와 분노. 서울신학대학교 신학전문대학원 박사학위논문.
정은희(2008). 증거기반실천(Evidence-Based Practice) 적용에 대한 지역사회 일선 정신보건 서비스 종사자의 태도연구. 서울대학교 대학원 석사학위논문.
조남신(2013). 사회복지사의 전문직 정체성에 영향을 미치는 요인에 관한 연구: 의료 사회복지사와 학교사회복지사 비교. 인천대학교 대학원 박사학위논문.
조미리(2014). 교육복지사업 지역사회교육전문가의 사례관리자 역할수행에 영향을 미치는 요인에 관한 연구. 숭실대학교 대학원 석사학위논문.
주옥인(2020). 전자바우처사업의 서비스 효과성 및 이용자 만족도에 관한 연구: 서울시 3개구 노인돌봄서비스를 중심으로. 세한대학교 대학원 박사학위논문.
주현정(2020). 공공복지서비스와 공동생산 실천 탐색: 읍면동 맞춤형복지를 중심으로. 성공회대학교 대학원 박사학위논문.
차정진(2021). 정신건강사회복지사의 전문직 정체성이 사례관리수행에 미치는 영향. 부산대학교 대학원 석사학위논문.
천순덕(2005). 직무스트레스 요인이 상사-부하 교환관계와 직무만족, 조직몰입 및 이직의도에 미치는 연구. 경희대학교 대학원 박사학위논문.
천슬기(2023). 사회복지전담공무원의 조직특성과 임파워먼트가 통합사례관리 역할수행에 미치는 영향: 충청남도를 중심으로. 공주대학교 대학원 석사학위논문.
최선화(2022). **풀어쓴 사회복지실천기술**. 경기: 공동체.
최원규(2007). 한국사회사업학회의 태동과 해산(1957-1972). 한국사회복지사학회 50년사편찬위원(2007). 한국사회복지학회 50년사. 한국사회사업학회.
한국개발연구원(2006). 재정 효율성 제고를 위한 시장원리 활용방안.
한국사례관리학회(2012). **사례관리론**. 서울: 학지사.
한국사회복지행정연구회(2016). 읍면동 복지 허브화 사업 효과성 검증 및 발전 방안 연구.

한국청소년개발원(1993). **인간관계수련활동.** 서울: 서원.

행정안전부, 보건복지부(2020). 읍면동 찾아가는 보건복지서비스 매뉴얼.

행정안전부, 보건복지부(2022). 읍면동 찾아가는 보건복지서비스 매뉴얼.

허은실(2010). 노인인권개념 및 학대에 관한 고찰. 한서대학교 정보산업대학원 박사학위논문.

현영렬, 정복임, 이학곤, 서민호, 나선후, 김채언, 김이영, 강희성(2024). **성인학습 및 상담.** 경기: 양성원.

홍기원, 백영경, 노명우, 이재은, 정보원(2006). **다문화정책의 방향과 문화적 지원방안 연구.** 서울: 한국문화관광정책연구원.

홍봉수, 강장미, 유희선, 김문수, 전경란, 한성수(2024). **사회복지실천론.** 경기: 공동체.

홍봉수, 김명수, 유희선, 김도열, 박동숙, 이혜경(2023). **사회복지실천기술론.** 경기: 공동체.

Baker, J. P., Densky, A. S., Wesson, D. E., Wolman, S. L., Stewart, S., Whitewel, l. J.,Langer, B., & Jeejeebhoy, K. N. (1982). Nutritional assessment: A comparison of clinical judgement and objective measurements. *N Engl J Med, 22, 306*(16), 969-972.

Bargal, D. (1981). Social values in social work: A developmental model. *Journal of Sociology and Social Welfare, 8*(1), 45-61.

Berk, L. E. (2000). *Child development* (5th ed.). Boston, MA: Allyn & Bacon.

Bertalanffy, L. V. (1969). *General system theory.* New York: George Braziller.

Biesteck, E. P. (1975). *The casework relationship.* London: Unwin University Books.

Bronfenbrenner, U. (1979). *The ecology of human development: Experiments by nature and design.* Cambridge, Mass: Harvard University Press.

Bronfenbrenner, U. (1994). Ecological models of human development. *International encyclopedia of education, 3*(2), 37-43.

Brown, J. A. (1992). *Handbook of Social Work Practice.* Springfield Ⅲ: Charles C. Thomas Publisher.

Cave, Martin. (2001). Voucher Programmes and their Role in Distributing Public. Services. *OECD Journal on Budgeting. 1*(1), 59-88.

Compton, B. R., & Galaway, B. (1984). *Social Work Processes* (3rd ed.). Homewood, IL: The Dorsey Press.

Corey, C. (1998). *Case Approach to Counseling and Psychotherapy.* California: Brooks/Cole

Publishing Company.

Cournoyer, B. R. (2004). *The Evidence-Based Social Work Skills Book.* NY: Allyn and Bacon.

Cournoyer, B. (2001). **사회복지실천기술연습.** [The Social Work Skills Workbook (3rd ed.)] (김인숙, 김용석 역). 서울: 나남출판(원저출간: 1991).

Cullen, J. B. (1978). *The Structure of Professionalism: A Quantitative Examination.* New York: Petrocelli.

Egan, G. (2002). *The Skilled Helper: A Problem-Management and Opportunity-Development Approach to Helping.* Montrey, CA: Brooks/Cole.

Fishbein, M., & Ajzen, I. (1975). *Belief, Attitude, Intention, and Behavior: An Introduction to Theory and Research.* Reading. MA: Addison-Wesley.

Fraser, M. W. (2003). Intervention research in social work: A basis for evidence-based practice and practice guidelines. In A. Rosen & E. K. Proctor(Eds.), *Developing practice guidelines for social work intervention: I ssues, methods, and research agenda* (pp.17-36). New York: Columbia University Press.

Gibbs, L. E., & Gambrill. E. (2002). Evidence-Based Practice: Counterarguments to Objections. *Research on Social Work Practice,* 12, 452-476.

Gilbelman, M. (1999). The Search for Identity: Defining Social Work-past, Present, Future. *Social Work, 44*(4), 298-310.

Greenwood, E. (1957). Attributes of a profession. *Social Work, 2*(3), 45-55.

Greenwood, E. (1980). Attributes of a Professin Revisited. in N. Gibert and H. Specht(Eds). *The Emergence of Social Welfare and Social Work* (2nd ed). Itasca, Ⅲ: F. E. Peacock.

Hall, R. H. (1968). Professionalization and Bureaucratization. *American Sociological Review, 33*(1), 90-104.

Hare, I. (2004). Defining Social Work for the 21st Century: The International Federation of Social Workers' Revised Definition of Social Work. *International Social Work, 47*(3), 407–424.

Healy, K. (2005). *Social Work Theories in Context: Creating frameworks for practice.* Houndmills: Palgrave Macmilan.

Henry, S. (1981). *Group Skills in Social Work.* Itasca, IL: F. E. Peacock.

Hepworth, D. H., & Larsen, J. A. (1990). *Direct Social Work Practice: Theory and Pratice* (3rd ed). pacific Prove, CA Brooks/Cole Publishing.

Hepworth, D. H., & Larsen, J. A. (1993). *Direct Social Work Practice: Theory and Skills* (4th ed.). Pacific Grove, CA: Brooks/Cole Publishing Company.

Johnson, L. C. (1995). *Social Work Practice: Generalist Practice* (5th ed.). Newton, MA: Allyn & Bacon.

Jones, M. C. (1924). A laboratory study of fear: The case of Peter. *Pedagogical Seminary,* 31, 308-315.

Leach, M. J. (2006). Evidence Based Practice: A Framework for Clinical Practice and Research Design. *International Journal of Nursing Practice,* 12, 248-251.

Loewenberg, F. M., & Dolgoff, R. (1996). *Ethical decisions for social work practice.* Itasca, IL: F. E. Peacock Publishers.

Miley, K. K., O'Media, M., & DuBois, B. L. (1995). *Generalist Social Work Practice: An Empowering approach.* Boston: Ally and Bacon.

Miller, S. E. (2010). A conceptual framework for the professional socialization of social workers. *Journal of Human Behavior in the Social Environment,* 20, 924-938.

Morales, A. E., & Sheafor, B. W. (1998). *Social Work: Profession of Many Faces* (8th ed.). Boston, MA: Allyn & Bacon.

Mullahy, C. M. (1998). *The Case Manager's Handbook.* Huntington, NY: Aspen.

Mullen, E. J., & Streiner, D. L. (2004). The Evidence forand Against Evidence-Based Practice. *Brief Treatment and Crisis Intervention, 4*(2), 111-121.

NASW.(1999). **사회복지실천이론의 토대.** [The Foundations of Social Work Practice (2nd ed.)]. 이팔환, 박영희, 원기연, 김경, 서홍란, 김광운, 정원철, 이경희, 전형미, 이해영, 이문국, 박옥희, 이용표, 이기량, 박정문, 정유진, 권현정 역). 경기: 나눔의 집(원저출간: 1998).

Netting, F. E., Kettner, P. M., & McMurtry, S. L. (1993). *Social work macro practice.* New York: Longman.

Netting, F. E., Kettner, P. M., McMurtry, S. L., & Thomas, M. L. (2017). *Social Work Macro Practice.* Boston: Pearson.

Osborn, A. F. (1953). *Applied imagination.* NY: Charles Scribneis Sons.

Osborn, A. F. (1998). 창의력 개발을 위한 교육. [Applied imagination principles and procedures of creative problem-solving] (신세호 역). 서울: 교육과학사(원저출간: 1953).

Payne, M. (2014). *Modern Social Work, Theory* (4th). Basingstoke: Palgrave Macmillan.

Phillips, H. (1957). *Essentials of Social Group Skills*. New York: Columbia University Press.

Pincus, A., & Minahan, A. (1973). *Social Work Practice: Model and Method*. Itasca, IL: Peacock.

Richmond, M. (1917). *Social Diagnosis*. New York: Rusell Sage Foundation.

Rosenthal, R. N. (2004). Overview of evidence-based practice. In A. R. Roberts & K. Yeager (Eds.), *Evidence-based practice manual: Research and outcome measures in health and human services* (pp. 20-29). New York: Oxford University Press.

Smally, R. E. (1967). *Theory for Social Work Practice*. New York: Columbia University Press.

Tormala, Z. L., & Petty, R. E. (2002). What doesn't kill me makes me stronger: The effects of resisting persuasion on attitude certainty. *Journal of Personality and Social Psychology*, 83, 1298-1313.

Vasak, K. (1982). *The International dimensions of human rights*. Paris: Greenwood Press Unesco.

Witkin., S. L., & Harrison, W. D. (2001). Whose Evidence and for What Purpose? *Social Work, 46*(4), 293-296.

Wolpe, J. (1958). *Psychotherapy by reciprocal inhibition*. Stanford, CA: Stanford University Press.

Wolpe, J. (1969). *The practice of behavior therapy*. Oxford: Pergamon.

Wolpe, J. (1976). Behavior therapy and its malcontents: Multimodel eclecticism, cognitive exclusivism and "exposure" empiricism. *Journal of Behavior Therapy and Experimental Psychiatry*, 7, 109-116.

Woodside, M., & McClam, T. (2006). *Generalist case management: A method of human service delivery* (3rd ed), Belmont, CA: Thomson Brooks/Cole

Zastrow. C., & Kirst-Ashman. K. (2007). *Understanding Human Behavior and the Social Environment* (7th ed.), California: Thomson Brooks/Cole.

찾아보기

ㄱ

가계도 / 298
가족치료 / 198
가치 / 68
간접실천 / 17
개인사정보고서 / 264
개입 / 306, 320
거시적 실천 / 18
경험적 가족치료 / 208
계약 / 303
계획수립 / 302
공감적 이해 / 190
공공부문 사례관리 사업 / 37
과정기록 / 275
관찰 / 302
구조적 가족치료 / 204
기록 / 258

ㄷ

다문화 관점 / 144
다문화주의 모형 / 150
대상관계 이론 / 208
대화적 가족치료 / 199
동화주의 모형 / 149

ㅁ

모자이크이론 / 147
문장완성검사 / 313
문제상황 / 17
문제중심 기록 / 273
문제해결 평가 기록지 / 316
문제해결과정 / 309
문제해결기술 / 308
문제해결능력 / 317
미시적 실천 / 18

ㅂ

보웬의 가족치료 / 210
브레인스토밍 / 312

ㅅ

사례관리 / 217
사정 / 294
사회관계망 그리드 / 300
사회구성주의 관점 / 152
사회문제 / 12
사회복지 / 68
사회복지사 선서문 / 91
사회복지사 윤리강령 / 89
사회복지실천 / 12
사회복지실천 종결보고서 / 269
사회복지실천과정 / 283
사회복지실천교육 / 28
사회복지실천기록 / 266
사회복지실천이론 / 31
사회복지실천현장 / 34

사회복지윤리위원회 / 88
사회사업 / 29
사회서비스 / 45
사회통합정책 / 148
사회화 과정 / 102
사회환경 / 23
사후관리 / 334
샐러드볼이론 / 146
생태도 / 299
생태체계이론 / 130
생태체계적 관점 / 126
서비스 실행 / 268
서비스 탐색 / 265
서비스 형성 / 267
소시오그램(사회도) / 301
심리사회 관점 / 138

ㅇ

역기능적 사고 / 198
역할스트레스 척도 / 107
용광로이론 / 145
용암법 / 184
우선 순위 배기기 / 314
윤리 / 72
윤리기준 / 84
윤리적 결정 / 81
윤리적 딜레마 / 74
윤리적 원칙 / 78
읍·면·동 게이트웨이 / 40
의뢰 / 333
이야기체 기록 / 271
이완훈련 / 180
이직의도 척도 / 109
인간생태이론 / 135
인간중심 상담이론 / 187
인간행동 / 23
인권 / 58
인지적 왜곡 / 194
인지주의 상담이론 / 193
인터뷰 / 297
일반적인 딜레마 / 74
임파워먼트 관점 / 141

ㅈ

자기성찰 / 116
자기인식 / 114
자기표현훈련 / 183
자료수집 / 289
자유연상 / 175
재귀인 기법 / 197
전략적 가족치료 / 201
전문적 가치 / 69
전문직 정체성 / 95
전자바우처 / 45
전통적 실천방법론 / 172
정서적 반응 / 329
정신분석 상담이론 / 172
정신분석적 가족치료 / 206
종결 / 326
종결단계 / 268
종결시기 / 328
중간단계 / 266
증거기반실천 / 157
지역사회통합돌봄 / 49
직무만족 척도 / 105
직접실천 / 17

ㅊ

차별적 배제모형 / 148
체계이론 / 126

체계적 둔감법 / 181
체크리스트 / 314
초기단계 / 263, 287
초기면접 / 287

ㅌ

타임아웃 / 186
토큰경제법 / 182
통합사례관리 / 221
통합적 모델 / 22
통합적 접근 / 20

ㅍ

평가 / 330

ㅎ

해결중심 가족치료 / 214
행동조성법 / 182
행동주의 상담이론 / 177
혐오치료 / 185
홍수법 / 185

저/자/소/개

■ **김경민**

일본 류코쿠대학 박사후기 과정 수료
한서대학교 대학원 문학박사
현, 대구한의대학교 상담복지학부 교수
〈저서〉 사회복지개론, 노인복지론 외

■ **구근완**

전주대학교 대학원 경영학박사
현, 군장대학교 실버복지상담과 교수
　　군산시 교원단체총연합회 회장
〈저서〉 실버산업개론, 산업복지론, 노인복지론 외

■ **김지현**

서울기독대학교 일반대학원 문학박사
현, 명지대학교 미래융합대학 특임교수
〈저서〉 사회복지조사론, 가족복지론 외

■ **김태희**

영남대학교 일반대학원 행정학박사
현, 성운대학교 라이프융합학부 교수
〈저서〉 노인복지론 외

■ **김희진**

건국대학교 대학원 박사 수료
세한대학교 대학원 복지경영학박사
현, 세한대학교 글로벌복지한국어학과 교수
〈저서〉 아동복지론, 인간발달 외

■ **나선후**

조선대학교 대학원 미술학석사
세한대학교 대학원 경영학박사
현, 나주대학교 사회복지실천과 교수
　　미술평론가, 퍼해밍아트(개척, 명명)공연기획자
〈저서〉 아동복지론, 성인학습 및 상담 외

■ **서윤주**

위덕대학교 대학원 사회복지학박사
현, 수성대학교 보건복지경영과 교수
〈저서〉 사회복지실천기술론 외

■ **소재진**

경희대학교 대학원 행정학박사
두원공과대학교 보건복지행정과 교수
〈저서〉 사회복지와 인권, 지역사회복지론 외

■ **안경애**

순복음대학원대학교 박사 과정
현, 칼빈대학교 사회복지과 주임교수
〈저서〉 사회복지조사론, 노인교육론 외

■ **이용환**

한서대학교 대학원 사회복지학박사
현, 혜전대학교 사회복지과 교수
〈저서〉 사회복지학개론, 지역사회복지론, 정신건강론 외

■ **조미경**

한세대학교 대학원 사회복지행정학박사
현, 김포대학교 자유전공사회복지학과 교수

■ **황여울**

광신대학교 대학원 교육학박사
현, 세한대학교 스포츠융합복지학부 겸임교수
〈저서〉 노인교육론, 노년학, 사회복지현장실습 외

사회복지실천론

1판 1쇄 인쇄 — 2025년 1월 6일
1판 1쇄 발행 — 2025년 1월 10일

저　　자 - 김경민 구근완 김지현 김태희 김희진 나선후
서윤주 소재진 안경애 이용환 조미경 황여울

발 행 인 - 강철원
발 행 처 - 양성원
주　　소 - 경기도 파주시 검산로 173번길 29-12
전　　화 - 031-946-3861(代)
팩　　스 - 031-946-3864
이 메 일 - tnwpub@naver.com
홈페이지 - tnwpub.co.kr
출판등록 - 2015년 8월 31일 제 2015-000211 호

ISBN 979-11-6126-600-8

정가 22,000원